Das Buch

Mit Anfang Vierzig beschließt Denise Zintgraff, ihr Leben grundlegend zu ändern. Sie nimmt das Angebot an, Erzieherin eines saudi-arabischen Prinzen zu werden. Ein Harem in Riad wird für zwei Jahre ihr Zuhause und ihr ausschließlicher Wirkungskreis. Unglaublicher Luxus, Ruhe und Müßiggang prägen das Leben innerhalb der Mauern des Palastes. Denise Zintgraff teilt die Einsamkeit der Haremsfrauen, ihre sexuellen Phantasien, ihre Träume und Erwartungen, sie findet bei ihnen Trost und Geborgenheit. Ihr Buch läßt den Europäer tief in eine Welt voller Zauber eintauchen – und gewährt einen hochinteressanten Einblick in die heutige saudi-arabische Gesellschaft.

Die Autorin

Denise Zintgraff, geboren in Genf, lebt heute auf Ibiza und in der Schweiz. Bevor sie nach Saudi-Arabien ging, arbeitete sie in Europa und New York als Kunstakquisitorin für verschiedene Privatsammlungen und Galerien.

Denise Zintgraff
Emina Cevro Vukovic

Die Frau aus
Tausendundeiner Nacht

Mein Leben in einem Harem

Aus dem Italienischen
von Claudia Schmitt

Ullstein

Ullstein Taschenbuchverlag 2000
Der Ullstein Taschenbuchverlag ist ein Unternehmen
der Econ Ullstein List Verlag GmbH & Co. KG, München
© 2000 by Econ Ullstein List Verlag GmbH & Co. KG, München
© 1999 der deutschsprachigen Ausgabe
by Marion von Schröder Verlag in der
Verlagshaus Goethestraße GmbH & Co. KG, München
© 1996 by Denise Zintgraff and Emina Cevro Vukovic
Titel der italienischen Originalausgabe: Nell'harem (Sonzogno, Milano)
Übersetzung: Claudia Schmitt
Umschlagkonzept: Lohmüller Werbeagentur GmbH & Co. KG, Berlin
Umschlaggestaltung: DYADEsign, Düsseldorf
Titelabbildung: ZEFA
Druck und Bindearbeiten: Clausen & Bosse, Leck
Printed in Germany
ISBN 3-548-35957-4

Inhalt

Vorwort 7

Meine erste *Abaya* 9

Allah hat es so gewollt 24

Prinzenhochzeit 52

Der kleine Prinz empfängt mich 70

Eine Amerikanerin im Palast 103

Picknick in der Wüste 110

Die Grenze, die nicht
überschritten werden darf 128

Wir Haremsfrauen 153

Ein schwerer Abschied 177

Gedda, die große Mutter 183

Eine Sippe innerhalb der Sippe 194

Königliche Ferien 222

Wie eine Statue aus Stein 245

Der Preis der Freiheit 263

Innehalten und die Sterne betrachten 276

Nachwort 283

Vorwort

Dies ist kein Märchen, sondern eine wahre Geschichte. Sie erzählt, was ich während eines zweijährigen Aufenthalts in Saudi-Arabien erlebt habe.

Mein ausdrücklicher Dank gilt der Familie, die mich in Riad so gastfreundlich aufgenommen und es mir als Christin ermöglicht hat, die islamische Kultur von innen heraus kennenzulernen. Aus Respekt vor der Intimsphäre dieser Familie sind die in dem Buch vorkommenden westlichen Personen und ihre Namen frei erfunden. Ich möchte außerdem vorausschicken, daß mögliche Interpretationsfehler des Erlebten einzig meiner Unwissenheit zuzuschreiben sind.

Das Buch ist in der Hoffnung verfaßt, wenigstens einen kleinen Beitrag zur Verständigung zwischen Okzident und Islam leisten zu können – eine Verständigung, die aus den Herzen kommen möge.

Denise Zintgraff

Meine erste *Abaya*

Aus dem Spiegel blickt mich ein schwarzes Gespenst an. Bin das wirklich ich? Ich weiß, hinter der dunklen Maske verbirgt sich mein Gesicht, unter dem Chiffonschleier mein blondes Haar, unter der knöchellangen *Abaya* mein Körper. Trotzdem habe ich Mühe, mich in der vermummten Gestalt wiederzuerkennen. Erbarmungslos führt mir der Spiegel meine Verwandlung vor Augen, sie ist erschreckend, und doch geht von dem archaisch anmutenden Wesen da vor mir auch eine große Faszination aus.

Die *Abaya* ist aus weicher, luftiger Seide, sie fällt sehr schön und weht beim Gehen, so daß man sie vor der Brust zuhalten muß, um sie nicht zu verlieren. Der weite Umhang, den alle saudischen Frauen in der Öffentlichkeit tragen müssen, ist das äußere Merkmal meiner neuen Lebenssituation. Mein Reisekostüm habe ich auf einen Stuhl geworfen, es wird mir hier nichts mehr nützen. Ich befinde mich – freiwillig, wohlgemerkt – in einem Harem des Mittleren Osten, ich habe das Tor zum Orient durchschritten, aber langsam wird mir klar, daß dies seinen Preis hat. Die Maske, die ich vor dem Gesicht trage, führt mich in die Nacht, in die Ungewißheit. Drei Schichten schwarzer

Baumwollgaze, hinterm Kopf von einem Band zusammengehalten, ändern mein Leben. Über eine innere Grenze hinweg geleiten sie mich in ein unbekanntes Land.

Der Spiegel führt mir meine neue Identität bildhaft vor Augen. Ab sofort werde ich für alle bloß noch dieses schwarze Gespenst sein. Nur so wird die Welt mich sehen dürfen. Niemandem in diesem Wüstenstaat werde ich auffallen. Für Europa habe ich aufgehört zu existieren, denn ich bin hier unerreichbar. Für die Araber gehöre ich einem mächtigen Prinzen, den ich nicht kenne. In der Stille, hinter den Pforten eines der bestbewachten Paläste der Welt, muß ich lernen, mich mit dieser doppelten Negierung abzufinden. Vor mir stehen sich auf wenigen Metern Raum zwei Welten gegenüber – der Okzident in Form meiner Koffer, und der Orient in Form einer silbernen Truhe, die man für mich mit saudischem Folkloreschmuck angefüllt hat: schwere Beduinenketten, Amulette, Armreifen mit den verschiedenen Stammesmustern, Halsbänder.

Es wird schwierig sein, heute nacht Schlaf zu finden. Neugier und Abenteuerlust reichen nicht mehr aus. Aber bin ich wirklich ihretwegen hierhergekommen? Nein, der wahre Grund war ein anderer, eine seltsame Verliebtheit nämlich, in der sich meine Neigung zum Orient mit dem Zauber zweier strahlendgrüner, unergründlicher Augen verbunden ist.

Ich habe die Prinzessin in Paris kennengelernt, in einer ihrer vielen europäischen Wohnungen. Ihre imposante Erscheinung hat mich vom ersten Moment an beeindruckt. Sie ist ungewöhnlich groß und hat zunächst etwas matronenhaft auf mich gewirkt, als sie sich aber auf einem der vielen weißen Diwane des Salons niederließ, um ihren Frühstückskaffee einzunehmen, war ich hingerissen von ihren gemessenen, weichen Bewegungen und der Weiblichkeit, die sie ausstrahlte.

Wir hatten einander lange schweigend angesehen.

»Gefällt dir mein Land?« fragte sie mich in vertraulichem Englisch.

»Ich kenne es nicht.«

»Es ist sehr, sehr heiß dort«, erklärte sie mir. »Trotzdem ist Saudi-Arabien ein wunderschönes Land. Es wird oft kritisiert, aber immer von Leuten, die es nicht kennen. Ich möchte dir helfen, es zu entdecken.«

Daß ich vergessen hatte, meine Referenzen mitzubringen, war ihr völlig egal. Meine Vergangenheit interessierte sie nicht.

»Eure Papiere besitzen für uns keinen Wert, deshalb werde ich nicht in deine schauen, und du nicht in meine. Wir müssen Vertrauen zueinander haben«, sagte sie. »Du hast keine Kinder, stimmt's? Ich habe eins, einen Sohn, und den vertraue ich dir an; du gibst mir dafür deine Freiheit.« Sie beugte sich leicht zu mir vor: »Mein Sohn ist für mich das Wichtigste auf der Welt – das muß dir als Garantie genügen; mehr kann ich dir nicht geben und mehr kann ich dir nicht sagen.«

Während sie sprach, blickten ihre schillernden grünen Augen durch mich hindurch. Ich fand sie schön. Ihre Worte klangen ruhig und sicher.

Sie gab mir zu bedenken, daß ich in Saudi-Arabien als Frau nicht selbst Auto fahren konnte. Sie erklärte mir auch, daß ich mich außerhalb des Hauses bedecken mußte. Was genau damit gemeint war, veranschaulichte sie mir durch eine Geste, indem sie mit der Hand einen imaginären Umhang vor der Brust zusammenraffte.

»So kannst du also nicht herumlaufen«, fügte sie noch hinzu und reckte provokativ den herrlichen Busen. Zum Abschied sagte sie: »Du brauchst mir nicht gleich eine Antwort zu geben. Ich verstehe, daß du zuerst nachdenken mußt. Ich warte bis morgen. Ruf mich um zwei Uhr an. Wenn du zusagst, fliegst du in drei Tagen ab. Ich dränge dich nicht mitzukommen«, präzisierte sie, »aber wenn du's tust, machst du mir eine große Freude.«

Ich habe mich in diese Frau verliebt, in die Art, wie sie sprach und mich ansah, in ihre schillernden Augen. Sie war anders als alle Frauen, die ich bisher gekannt hatte. Ich wollte ihre geheime Welt ergründen. Während sie in der Abgeschiedenheit ihrer Wohnung zu mir sprach, von einem Heer von Bediensteten und Leibwächtern beschützt, die sie gegen jede Störung und jeden indiskreten Blick abschirmten, mit nichts als einem Morgenmantel bekleidet, das dichte schwarze Haar gelöst auf der Schulter, schien sie mir in ihrem immensen Abstand zu allem doch immer das Wesentliche zu erfassen. Ich fühlte mich von dieser im Verborgenen lebenden Frau verstanden.

»Wenn du eine Veränderung suchst – die kann ich dir bieten. Es wird nicht einfach für dich sein«, warnte sie mich. »Aber es geht nur so.«

Im Zug, der mich am selben Tag nach Genf zurückbrachte, konnte ich keinen klaren Gedanken fassen. Ich war aus purer Neugier zu dieser Verabredung gefahren. Es hatte sich alles zufällig ergeben, eine Laune des

Schicksals. Ein Freund, Innenarchitekt von Beruf, hatte mir berichtet, eine Kundin von ihm, eine arabische Prinzessin, suche jemanden, der »ihrem Sohn Märchen auf französisch erzählt«. Das Angebot war so ungewöhnlich und verlockend, daß ich spontan mich selbst vorgeschlagen hatte, aber zu dem anschließend vereinbarten Termin war ich hingegangen, ohne einen Umzug nach Saudi-Arabien ernsthaft in Erwägung gezogen zu haben. Ich dachte, das kannst du dir nach dem Treffen noch in aller Ruhe überlegen, und da saß ich nun im Zug und mußte mich praktisch innerhalb eines halben Tages entscheiden. Bei meiner Ankunft in Genf war ich aufgeregt und durcheinander. Um einen klaren Kopf zu bekommen, beschloß ich, zu Fuß nach Hause zu gehen. Es war fünf Uhr nachmittags. Als ich am *Grand Pont* anlangte, war ich total genervt vom Verkehrslärm, der selbst das Rauschen der Fontänen in der Seemitte noch übertönte. Ich bog in die Rue du Rôhne ein. Auf den Häuserdächern brannten bereits die Leuchtreklamen: *Piaget*, *Harry Winston*, *Hotel Monopole* ... Der See zu meiner Linken war eine einzige graue Fläche, über die ein eisiger Nordostwind fegte, die berüchtigte *Bise*, die schon manchen zum Selbstmord verleitet hat. Im Hintergrund glühten die Alpenspitzen im letzten Abendrot, trotzdem erschien mir die elegante Stadt Calvins, in der ich aus familiären Gründen zwei unendlich lange, schmerzhafte Jahre verbracht hatte, wie fast immer trist. Es war so kalt, daß ich meinen Mantelkragen hochschlagen mußte. Mit einer Hand hielt ich mir den Kragen unterm Kinn zu, mit der anderen schützte ich mein Gesicht. Solchermaßen vermummt, kam ich mir schon beinahe wie eine Araberin vor. Ich ging sehr schnell, rannte fast, bis ich zu dem kleinen Park mit der Uhr kam, dort blieb ich stehen und beugte mich über die Steinbalustrade am See.

»Ich verreise«, hörte ich mich plötzlich zu den Enten sagen. »Ich verreise, wir sehen uns eine Weile nicht wieder, ich halte diese Kälte nicht mehr aus.«

Danach fühlte ich mich befreit, fast glücklich, trotz der *Bise*. Nüchtern überdacht war der Vorschlag, einem kleinen Kind Märchen zu erzählen, doch gar nicht so schlecht, im Gegenteil: Hier bot sich mir die Chance, ein Weilchen abzuschalten, Urlaub von meinen Problemen zu nehmen und dafür obendrein bezahlt zu werden. Ich spürte, daß sich eine Wende anbahnte, und ich wollte mich ihr nicht verschließen. Zumal mir die Prinzessin mit ihrer lockeren Art jegliche Angst vor strengen Protokollen genommen hatte. Hätte sie mir einen Zehn-Jahres-Vertrag angeboten, ich wäre entsetzt geflohen; ich habe einen Horror vor langfristigen Bindungen. Statt dessen sagte sie aber nur diesen wundervollen Satz: »Du bist frei, jederzeit zu gehen.«

Während ich weitereilte, überlegte ich mir, daß es ja wirklich nicht das erste Mal war, daß ich mein Leben von Grund auf änderte. Hatte ich nicht vor vielen Jahren, praktisch über Nacht, mein Geschäft in der Schweiz verkauft, um ein »alternatives« Leben auf Ibiza zu führen? Und hatte ich nicht in New York meine Arbeit als *Buyer* aufgegeben, um mich mit Kunst zu befassen? Zu den meisten Veränderungen hatte ich mich völlig zwanglos verleiten oder verführen lassen, genau wie jetzt von den phantastischen Augen der Prinzessin.

Nach New York hatten mich die faszinierenden Berichte Micheles gelockt, eines Schweizer Künstlers und Freundes, der uns auf Tonband seine Eindrücke aus der amerikanischen Metropole geschickt hatte. Das war in den achtziger Jahren gewesen. Micheles Dandy-Stimme, die von »Dada Cheese in the Big Apple« erzählte, hatte mir einen Ausweg aus der Hippieszene Ibizas gewiesen, die mir langweilig geworden war wie alles, was sich festfährt und einer Weiterentwicklung verschließt. Wenn ich mit dreißig Jahren – frisch in Las Vegas geschieden – als Mitherausgeberin einer Underground-Zeitschrift den Sprung nach New York geschafft hatte, warum sollte ich dann nicht mit vierzig als Märchenerzählerin nach Saudi-Arabien übersiedeln?

Und dort ist alles viel schwieriger, als ich es mir gedacht hatte. Ein Tag im Harem hat genügt, um das einzusehen, aber Mama Amina hat gesagt, daß ich es schaffen werde.

Sie erschien gestern nachmittag unangekündigt in meiner neuen Wohnung. Carina, eine der drei Philippininnen, die mich »bedienen«, führte sie herein. Der Vollständigkeit halber sei angemerkt, daß ich noch nie in meinem Leben eigenes Dienstpersonal gehabt habe.

Mama Amina ist dunkelhäutig, sie hat raubtierhafte Gesichtszüge und dürfte um die Fünfzig sein. Ihr Haar wird von einem langen, schwarzen Nylonschleier verdeckt, der unter dem Kinn mit einem Gummi befestigt ist; auf dem Scheitel balanciert sie ein dreifach gefaltetes schwarzes Baumwolltuch. Bei ihrem gestrigen Besuch trug Mama Amina ein langes orangefarbenes Kleid mit riesigen weißen Punkten und grünen Spitzenbordüren; sie hatte eine Plastiktüte, einen Gebetsteppich und einen auffällig gemusterten Stoff dabei, und legte das alles auf einem Sofa im Wohnzimmer ab. Als ich ihr entgegenging, begann sie, schrille Trillerlaute auszustoßen, indem sie sich mit der hennagefärbten Handfläche auf die Lippen klopfte. Dann begann sie, mich von Kopf bis Fuß abzutasten, meine Beine, meine Hüften, meinen Busen zu befühlen.

»Zu mager«, sagte sie abschließend und ließ sich lachend auf den gelben Diwan fallen.

Als ich ihr gegenüber Platz nahm, sah sie mich aus ihren kajalumrandeten Augen an und erklärte, sie wolle mir jetzt beibringen, wie sich eine Frau hierzulande präsentiert. Ich signalisierte meine Lernwilligkeit; Carina, die zu unseren Füßen kauerte, übersetzte.

»Als erstes«, meinte Mama Amina, »müssen wir deine Frisur ändern.« Sie hob ihren Schleier und zeigte mir, wie sie selbst frisiert war. Ihr Haar ist so stark geölt, daß es förmlich am Kopf klebt; sie trägt es in der Mitte gescheitelt und zu einem Nest aufgedreht. Ehe ich mich versah, hatte sie auch mein Haar mit ein paar Klemmen hochgesteckt. »So, und jetzt die korrekte Sitzhaltung«, sagte sie und begann mit meinen Beinen herumzuhantieren. Ich hatte sie übereinandergeschlagen, Mama Amina stellte sie mir züchtig nebeneinander. Sie machte mir auch vor, wie man sich im Schneidersitz auf den Boden setzt und dabei die *Abaya* derart drapiert, daß sich der Körper darunter nicht abzeichnet.

Nach einer Weile kam Baby, eine meiner Philippininnen, herein und brachte uns einen Teller mit rohem

Gemüse und Salatblättern. Mama Amina langte augenblicklich zu. Während sie sich gierig die Happen in den Mund stopfte, klirrten ihre Armreifen – und davon hat sie eine ganze Menge, alle aus 24karätigem Gold. Die Uhr an ihrem rechten Handgelenk ist mit Diamanten gepflastert, und auf dem Uhrenarmband ist aus bunten Edelsteinen die saudische Fahne nachgebildet: eine Palme, darunter zwei gekreuzte Säbel. Ihre kleinen Hände mit den hennagefärbten Nägeln und einem Ring an jedem Finger angelten sich flink ein Gemüse nach dem anderen, dabei nannte sie jedes bei seinem arabischen Namen. Irgendwann bot sie mir eine Karotte an und zwang mich, sie zu essen. Dann stand sie auf und verschwand wortlos in meinem Bad.

»Sie nimmt jetzt ihre *Tahara* vor«, sagte Carina zu mir.

Ich verstand nicht.

»Das ist die rituelle Waschung vor dem Gebet«, erklärte Carina. »Sie wäscht sich das Gesicht und die Unterarme, dann fährt sie sich mit den nassen Händen übers Haar, und zum Schluß reinigt sie sich die Füße. Die Waschung muß vor jedem Gebet wiederholt werden, also fünfmal am Tag. Für dich als Ungläubige gilt das natürlich nicht. Um beten zu können, müßtest du zuerst das muslimische Glaubensbekenntnis ablegen, die *Shahada*.«

Als Mama Amina aus dem Bad zurückkam, traf sie die weiteren Vorbereitungen zum Gebet. Sie tat alles betont langsam, als handle es sich um eine eigens für mich inszenierte, rituelle Vorführung. Zunächst griff sie nach ihrer Plastiktüte, förderte ein uraltes Transistorradio zutage und stellte einen Sender mit der Stimme des Imam ein, der die Gläubigen zum Gebet ruft. Dann rollte sie in einer Zimmerecke ihren Teppich aus und legte ihn gen Mekka gerichtet auf den Boden. Sie erklärte mir, der Teppich diene dazu, sich von den weltlichen Energieeinflüssen zu isolieren und ein Feld der Konzentration und Andacht zu schaffen. Zum Schluß kniete sie auf dem Teppich nieder, zog ihren grellbunten Stoff über sich, so daß die grünen, lila und gelben Kringel sie völlig bedeckten, und begann zu beten.

Ich wollte schon aufstehen und in ein anderes Zimmer gehen, aber Carina hielt mich fest und bedeutete mir durch ein Kopfschütteln, daß das nicht nötig sei.

»Mama Amina ist ein guter Mensch«, meinte sie mit einem liebevollen Blick auf die Betende. »Sie ist die einzige, die dir helfen kann, wenn du Probleme hast.«

»Erzähl mir ein bißchen von ihr.«

»Wir nennen sie *Yuma*, was auf arabisch *Frau* bedeutet, oder *Mama*, weil sie früher Amme war. Sie hat der Prinzessin und mehreren anderen Kindern der Königsfamilie die Brust gegeben. Amina ist Beduinin; weder sie selbst noch sonst jemand weiß, hinter welcher Düne der großen Wüste sie geboren wurde. Mit fünf oder sechs Jahren kam sie als Sklavin ins Haus der Frau, die später den König heiraten sollte. Ihre eigene Familie war zu arm, um sie durchzubringen. Amina ist eine enge Vertraute der Mutter unserer Prinzessin und lebt in deren Palast.«

Mama Amina betete eine Stunde lang völlig in sich gekehrt. Unter dem bunten Stoff, der sie bedeckte, schauten nur die hennaroten Fußsohlen hervor. Die seltsame Frau gefiel mir. Ganz allmählich entspannte ich mich und ließ mich von ihren Gebeten einlullen.

Irgendwann hörte sie dann plötzlich auf. Sie erhob sich, trat auf mich zu, umarmte mich und begann, freundlich auf mich einzureden. Sie war von meiner Ankunft nicht gerade begeistert gewesen, wie Carina mir übersetzte: Irgendwie steckte in den Ungläubigen doch immer der Teufel, aber jetzt war sie überzeugt, daß ich mich mit viel Geduld und Übung doch noch in eine anständige Frau verwandeln ließe. Ich hätte mich jedenfalls auch als ein schlimmer Fall erweisen können.

Als ich gestern zum erstenmal die große Mauer passierte, die den Königspalast umgibt, glaubte ich fast zu träumen: Ein paradiesischer Garten tat sich vor meinen Augen auf; Palmen, Blumen, Springbrunnen, wohin ich sah. Der Wagen, der mich am Flughafen abgeholt hatte, durchquerte dieses Eden im Schritttempo und blieb dann stehen: Vor mir, von einer Bougainvillea überwuchert, befand sich die Haremspforte. Ich durchschritt sie zu Fuß und schlenderte einen von Mimosen und Hibiskus gesäumten Weg entlang, der mich an kleinen Gärten, Veranden und stillen Innenhöfen vorbeiführte, wo sich überall Frauen aufhielten, die beim Klang meiner Schritte nicht einmal hochschauten. Nach längerem Gehen tauchte inmitten der üppigen Vegetation eine weiße Villa vor mir auf – mein neues Zuhause. Der Duft der Blüten, das Kalkweiß der Mauern, die Licht-Schatten-Spiele im Patio erinnerten mich an mein Haus auf Ibiza, und so fühlte ich mich gleich daheim.

Die Villa ist phantastisch, die Raumaufteilung und die Proportionen der Zimmer sind perfekt. »Und das ist nun dein Haus«, denke ich immer wieder, »das Haus, das die Prinzessin dir zugedacht hat.« Überall stehen Blumen und Silberschalen mit Pralinen, arabischen Süßigkeiten und Datteln. Mir gefällt alles bis hin zum kleinsten Detail. Im Wohnzimmer hängt eine ganze Sammlung von Gemälden orientalischer Meister aus dem vergangenen Jahrhundert: Dargestellt sind Reiterszenen in der Wüste, Soldaten, die im Morgenrot warten, nachdenkliche, wunderschöne Männer; die goldenen Bilderrahmen sind schlicht. In den drei kleineren Salons stehen sich Diwane gegenüber; wertvolle ägyptische Glasobjekte schmücken die Couchtische. Die Eßzimmermöbel sind aus massivem Silber, der Tisch wird mit Limoges-Porzellan und englischem Tafelsilber gedeckt. In allen Zimmern gibt es silberne Räuchergefäße, die großen Fenster haben schöne, arabeskenverzierte Gitter und gehen auf den Garten hinaus. Es herrscht absolute Stille, eine Stille, wie ich sie noch nie erlebt habe, durchbrochen nur vom Singen der Vögel und vom Plätschern der Springbrunnen.

Aber nachts, heute nacht, habe ich Angst. Das schwarze Gespenst im Spiegel ruft mir all die schrecklichen Dinge ins Gedächtnis, die man mir über Saudi-Arabien erzählt hat. »Keiner wird Sie retten können, wenn Sie gegen die Scharia verstoßen«, hat mein Genfer Rechtsanwalt mich gewarnt. »Sobald Sie saudischen Boden betreten, sind Sie völlig in arabischer Hand. Keine internationale Organisation kann Ihnen dann mehr helfen. Ich rat Ihnen wärmstens von diesem Vorhaben ab.« Ja, aber ich hatte nicht auf ihn hören wollen.

Jetzt gehe ich nervös auf den Seidenteppichen hin und her, die auf dem weißen Marmorflächen liegen, steige barfuß die Stufen meines über mehrere Ebenen angelegten Wohnzimmers hinauf und hinunter, wandle vom gelben Salon in den, der mit Damast tapeziert ist, und vom Empirezimmer ins Eßzimmer. Ich komme nicht zur Ruhe, bis mich im Morgengrauen der Muezzin mit seinem geheimnisvollen, hypnotischen Gesang überrascht; er lockt mich in den Innenhof hinaus. Die Luft ist warm und duftet nach Eukalyptus und Mimosen. Die Sterne, wie ich sie in solcher Zahl noch nie gesehen habe, verlöschen nach und nach. Gesang und Himmel verschmelzen in reiner, sanfter Harmonie. Friede kehrt in mich. Ich setze mich in die laue Nacht hinaus, die langsam dem Morgenrot weicht. Das klare, gleichmäßige Murmeln der Springbrunnen ist wie der Fluß des Lebens, der keine Unterschiede macht und keine Vorurteile kennt. Mit den ersten Sonnenstrahlen kehre ich ins Haus zurück. Im Bad, wo ich bei meiner Ankunft Unmengen von Kosmetika und Parfüms vorgefunden habe, wähle ich mir ein Badesalz aus. Ich liege entspannt im warmen Wasser, als sich von der Tür her eine Stimme meldet.

»Warum hast du mich nicht gerufen?« flüstert Carina.

Warum hätte ich sollen, frage ich mich müde und schaue sie an. Carina ist sehr hübsch, gut geschminkt, schick frisiert; in jedem anderen Land hätte sie scharenweise Verehrer. Sie reicht mir einen weißen Frotteebademantel.

Im Wohnzimmer zünde ich mir verbotenerweise eine Zigarette an und fordere Carina auf, sich neben mich zu setzen. Sie lehnt verlegen ab und kauert sich zu meinen Füßen auf den Boden. In ausgezeichnetem Englisch erzählt sie mir, daß sie aus Manila kommt und sich glücklich schätzt, einer Europäerin dienen zu dürfen: Sie hat mich gespannt erwartet und sich oft gefragt, wie ich mich wohl benehme und welche Augenfarbe ich habe. Carina arbeitet seit zwei Jahren für die Prinzessin und weiß über vieles Bescheid. Obwohl sie die Jüngste ist, steht sie über den beiden anderen Dienerinnen. Über Baby, die seit fünf Jahren in diesem Harem lebt und immer vergnügt wirkt, und über Nada, der Ältesten, die schon sieben Jahre lang die silbernen Kandelaber im Palast putzt, ohne ein einziges Mal hinausgekommen zu sein. An meinem ersten Morgen im Harem bekomme ich von Carina eröffnet, daß sie und ihre beiden Kolleginnen fortan jeden Handgriff für mich erledigen und immer um mich herum sein werden.

»Wenn du möchtest«, sagt sie, »schlafen wir am Fußende deines Bettes, um dir nachts bei Bedarf ein Glas Wasser zu bringen.«

Ich sehe sie verwundert an.

»Was ist?« fragte sie. »Schläfst du in deinem Land etwa allein? Und wenn du nachts Durst bekommst? Wer schläft am Fußende deines Bettes?«

»Nicht einmal ein Hund.«

Ich bitte sie höflich, sich zurückzuziehen. Dann bin ich alleine in diesem Haus, in dem es mir untersagt ist, die Turen zu schließen. Ich öffne meinen Koffer und entnehme ihm ein kleines Säckchen aus Brokat, von dem ich mich in meinem ganzen Nomadenleben noch nie getrennt habe. Es enthält ein Exvoto, ein ovales Medaillon, auf dem die Wallfahrtskirche meines Heimatorts und die Muttergottes mit dem Kind dargestellt sind. Ich drücke das Medaillon ans Herz. Es ist das teuerste Andenken an meine Mutter. Ich überlege, wo ich es verstecken könnte. Devotionalien und heilige Schriften nicht-islamischer Religionen sind in diesem Land strengstens verboten. Ich verberge das Säckchen in einer Schublade und habe plötzlich heftiges Heimweh. Zum erstenmal in meinem bewegten Wanderleben fühle ich mich einsam und fremd.

Allah hat es so gewollt

Heute habe ich meine »Ahnengalerie« strategisch im ganzen Haus verteilt: Die Fotos meiner kleinen Nichten habe ich auf den Glastisch im gelben Salon gestellt, ein Bild meiner Schwester mit ihrem Mann auf den Couchtisch im roten Salon, das Foto meiner Mutter auf den Nachttisch, ein kleines Porträt von mir selbst, fotografiert von einem Freund, einem New Yorker Maler, auf die Ablage mit den Parfümfläschchen im Bad und schließlich noch zwei alte Ansichtskarten von Paris auf den Schreibtisch. Leider habe ich von vielen Angehörigen meiner unkonventionellen Familie überhaupt kein Bild – etwa von meiner Großmutter väterlicherseits, einer bildschönen, russischen Aristokratin mit der Eleganz einer Marlene Dietrich. Sie unterhielt in der Schweiz eine Pension für gekrönte Häupter und engagierte eine etwas spinnige Russin – angeblich die ehemalige Gouvernante der Zarenkinder – als Kindermädchen für mich. Ihr Foto hätte mir in diesem Harem geholfen, mich über nichts zu wundern, genau wie in meiner turbulenten Kindheit am Fuß des unberechenbaren Monte Verità.

Carina, Nada und Baby betrachten die Fotos, loben mich dafür, wie und wo ich sie aufgestellt habe, fragen mich über meine Familie aus, überschütten mich mit Worten und Freundlichkeiten. Sie sind froh, daß ich keine schroffe, kalte Europäerin bin, wie sie erwartet hatten. Carina zeigt mir Fotos von ihrer Familie, sie hat eine Unmenge davon, besonders von ihren Kindern: Erstkommunion, Firmung, erster Schultag, Wochenendausflug ans Meer, Geburtstagsfest. Mit ihren dicht beringten, pummeligen Fingern reicht sie mir eins nach dem anderen. Sie erzählt mir, daß sie alle zwei, drei Monate neue Fotos von ihren Kindern bekommt; seit zwei Jahren war sie nicht mehr bei ihnen, seit zwei Jahren sieht sie sie nur auf Fotos wachsen. Von ihrem Mann besitzt sie lediglich ein kleines Porträt im Paßbildformat, ein Berufsfotograf hat es kurz vor ihrer Hochzeit aufgenommen: Im Hintergrund sieht man einen gemalten Rosengarten, Carinas Mann trägt einen Tergal-Anzug, ein weißes Hemd und hat sehr viele Haare auf dem Kopf.

Ich frage Carina, wer der Mann ist, den ich heute morgen in der Küche gesehen habe.

»Ein türkischer Diener«, sagte sie. »Er heißt Soliman und ist dreiundzwanzig Jahre alt. Mehr weiß ich nicht.«

»Komischer Typ«, sage ich.

»Warum?«

»Ich habe ihn heute morgen freundlich begrüßt und wollte ein bißchen mit ihm plaudern, aber er hat ganz einsilbig geantwortet und mir nicht ins Gesicht geschaut. Mir schien sogar, daß er zitterte.«

Carina lacht. Ich blickte sie verständnislos an.

»Was fehlt ihm, ist er krank?« frage ich. »So sah er mir eigentlich nicht aus. Ein bißchen mager vielleicht, aber sonst ... ein hübscher, junger Bursche.«

»Männer dürfen nur mit den Frauen ihrer eigenen Familie sprechen«, erklärt Carina mir lachend. »Wenn sie ihn dabei erwischt hätten, daß er mit dir spricht, wäre er womöglich ausgepeitscht worden oder ins Gefängnis gekommen. Auf vorehelichen Geschlechtsverkehr steht in Saudi-Arabien sogar die Todesstrafe; die Frauen werden gesteinigt und die Männer enthauptet. Aber selbst wenn sie nur miteinander plaudern, kann das schon üble Folgen haben. Unser Palast hat aus diesem Grund separate Eingänge: einen für die Männer und einen für die Prinzessin und alle Frauen. Der kleine Prinz benutzt den Eingang seiner Mutter, aber nur bis er acht ist; danach gehört er zu den Männern. Viele philippinische Freundinnen von mir haben für die Araber gearbeitet und mir schon daheim in Manila entsetzliche Geschichten erzählt, von Mädchen, die im Gefängnis gelandet sind, bloß weil sie sich alleine mit einem Mann unterhalten haben und dabei ertappt wurden. Früher wurden die Harems von türkischen Eunuchen bewacht, jetzt sind es türkische Diener wie Soliman; sie kümmern sich in unserem Palast auch ums Essen und unterstehen direkt dem Prinzen; wenn sie etwas sehen, was gegen die Regeln verstößt, melden sie es ihm sofort. Der Prinz selbst kommt nie in den Harem, obwohl er das Recht dazu hätte, aber ich glaube, daß er trotzdem alles erfährt. Verstehst du jetzt, warum Soliman gezittert hat? Aus Angst. Er darf mit keiner Frau sprechen.«

»So ist das also ...« Ich schlucke. »Dann spreche ich ihn künftig nicht mehr an.«

»Ja, das ist bestimmt das beste.«

Später unterhalten wir uns über die strengen Kleidervorschriften. Ich frage Carina, ob ich so, wie ich angezogen bin, im Harem herumlaufen kann – ich habe einen weiten Hausanzug an und trage das Haar offen.

»Aber sicher«, beruhigt sie mich. »Du bist sehr hübsch so. Als Nicht-Muslime kannst du dich innerhalb des Harems anziehen, wie du möchtest. Du mußt bloß tiefe Ausschnitte vermeiden und Arme und Beine bedecken. Mach dir keine Sorgen, du hast Glück: Du bist eine gebildete Frau und kommst aus dem Westen. Deshalb hat man dir ein schönes Haus gegeben und wird dich gut behandeln.«

»Hoffen wir's«, seufze ich und erhebe mich nervös. »Jetzt brauche ich eine Coca-Cola.«

»Ich bring sie dir«, erbietet sich Carina.

»Nein, das ist nicht nötig. Ich lasse mich nicht gerne bedienen«, sage ich.

»Das ist aber doch meine Arbeit«, erwidert sie leise und setzt dann noch leiser hinzu: »Ich muß vier Kinder unterhalten.«

Ich sehe sie an. Als Europäerin fällt es mir schwer, sie zu verstehen, aber ich verstehe sie.

»Könnte ich bitte eine Coca-Cola haben?« frage ich sie schließlich.

»Sofort«, erwidert sie erleichtert.

Damit ist ein Freundschaftsbund besiegelt, der mir etliche Kilo Übergewicht einbringen wird. Auch die kleinen Mahlzeiten Solimans tragen dazu bei. Ich erweise ihm fortan den Gefallen, ihn nicht mehr anzusprechen. Er dankt es mir täglich mit zwanzig und mehr leckeren Appetithäppchen, die er mir aus der Küche schickt, damit ich nach Lust und Laune schlemmen kann. Soliman füllt auch regelmäßig die beiden Kühlschränke meiner Villa mit arabischen Leckereien und mit exklusiven europäischen Delikatessen von *Fauchon*. Schließlich könnte ich mir ja aus purem Vergnügen einmal selbst etwas kochen wollen.

Nahime, die Sekretärin der Prinzessin, ruft mich an. Sie möchte wissen, wie ich geschlafen habe. Ausgezeichnet, lüge ich. Dann frage ich sie, weshalb der Muezzin die Gläubigen auch nachts zum Gebet ruft. Sie lacht und sagt, irgendwann werde sie mir alles in Ruhe erklären. Im Moment solle ich mich nur ausruhen, an meine neue Umgebung gewöhnen und ihr mitteilen, wenn mir etwas fehlt. Sie gibt mir ihre interne Telefonnummer und die meiner Dienerinnen; von externen Nummern spricht sie nicht; wenn ich aus dem Harem hinaus telefonieren möchte, muß ich mir von der Telefonzentrale eine Leitung geben lassen. Die Prinzessin lasse sich entschuldigen, sie sei auf Reisen und werde mich empfangen, sobald sie zurückkomme.

Ich gehe in meinen Patio hinaus, habe jedoch das Gefühl, einen Hochofen zu betreten. In der Sonne ist es 40 Grad heiß, und das im Oktober, der hierzulande als »kühler« Monat gilt. Die Farben des Gartens überwältigen mich; in dem grellen Sonnenlicht haben sie eine ganz ungewöhnliche Leuchtkraft, besonders das Gelb – es ist das intensivste Gelb, das ich je gesehen habe. Nach ein paar Minuten kehre ich ins klimatisierte Haus zurück. Es bleibt mir nichts anderes übrig als fernzusehen. Carina erklärt mir die Fernbe dienungen, sie liegen auf dem Couchtisch im roten Salon. Ich drücke auf einen Knopf; meine zwei Meter breite und einen Meter hohe, syrische Silbertruhe schwebt in die Höhe, und aus der darunter verborgenen Fußbodenversenkung taucht ein gigantischer Fernsehapparat auf. Beim Zappen überrascht mich die Vielzahl von Programmen, die ich hier empfangen kann: BBC, CNN, NRC, MTV sowie die staatlichen Sender Saudi-Arabiens, der Vereinigten Arabischen Emirate und der ehemaligen Sowjetunion, Südafrikas, Israels, Frankreichs und Ägyptens. Ich hätte mir nie träumen lassen, daß die Odalisken eines Harems so gut informiert sind.

Nichts, ich habe seit Tagen nichts zu tun in diesem perfekten Haus, dessen Stille fünfmal am Tag vom Gesang des Muezzin unterbrochen wird. Ich muß lernen, mich an die Zeiten Allahs zu gewöhnen; sie vermitteln Sicherheit: Die Stimme des Muezzin beherrscht das ganze Leben, auch meines, obwohl ich eine Ungläubige bin. Für den Moment ordne ich meinen Schreibtisch, stöbere neugierig in den Schränken herum, bewundere die italienischen Blumenarrangements, ergötze mich an den Schattenspielen der Fenstergitter und habe mir bereits angewöhnt, immer eine Sonnenbrille zu tragen, selbst im Haus, wo es hell ist wie an einem Strand im August.

Zweimal am Tag lasse ich geduldig die Beweihräucherungszeremonie über mich ergehen. Mit silbernen Gefäßen, in denen wertvolle Harze und Wüstenwurzeln brennen, parfümieren Nada und Baby zunächst die ganze Villa bis in den kleinsten Winkel, dann schreiten sie um mich herum und hüllen mich von Kopf bis Fuß in Rauch. Der raffinierte Duft soll jeden Zentimeter meiner Haut reinigen und erfrischen. Sie heißen mich, die Arme anzuheben, lupfen meinen Kasack und schwenken ihre dampfenden Kessel darunter, dann gehen sie in die Hocke und fahren meine Hosensäume damit ab; zum Schluß raffen sie mein Haar und beräuchern mir den Nacken. Das Ritual hat die Sinnlichkeit einer Liebkosung. Meine Gedanken verlieren ihre Konturen. Ich lasse alles mit mir machen und höre auf zu planen, zu begehren, zu urteilen. Ich nehme duftende Vollbäder, lasse mich von einer lachenden Nada frisieren, esse Pralinen, liege faul auf meinen Diwanen herum und höre Wüstentrommelmusik. Ich schlafe, wie ich noch nie im Leben geschlafen habe, fünfzehn bis achtzehn Stunden am Tag. Aber ich habe niemanden, mit dem ich diese Gedanken teilen könnte.

Heute werde ich von Baby zu Nahime begleitet. Wir machen uns nach Sonnenuntergang auf den Weg, ihre Villa liegt wie meine im Garten des Harems. Das in westlichen Ohren so geheimnisvoll klingende Wort »Harem« kommt aus dem Türkischen und bezeichnet jenen Teil des Hauses, der den Frauen vorbehalten ist – also Gattinnen, Schwestern, Töchtern, Tanten, Dienerinnen. Männer haben hier keinen Zutritt (*haram* bedeutet verboten). Eine arabische Frau darf im Harem nur ihren Ehemann und die allerengsten männlichen Verwandten empfangen: ihren Vater, ihre Brüder. Von diesem Zutrittsverbot für Männer einmal abgesehen, gibt es natürlich ganz unterschiedliche Harems. In der

Vergangenheit lebten hier auch Sklavinnen, Odalisken und Konkubinen. Heute weiß ich von einem muslimischen Gastarbeiter in Italien, der eine Wand durch seine Ein-Zimmer-Wohnung zog, um über einen Harem verfügen und seine Frau vor den Nachbarn verstecken zu können. Im Harem eines sudanesischen Bauern dürfen bis zu drei Frauen leben, jede in ihrer Kammer: eine hat sich um die Küche zu kümmern, eine um Hühner und Ziegen, eine um den Gemüsegarten. Viele arabische Prinzen haben dagegen nur eine einzige Gattin, aber trotzdem einen riesigen Harem, der mehrere Häuser und Gärten umfaßt. Zu unserem Harem gehört beispielsweise der riesige Trakt des Palastes, in dem die Prinzessin und ihr Personal wohnen. Das Gebäude erinnert an ein Hotel: Es hat Hunderte von Doppelzimmern mit Bad, in denen die Dienerinnen schlafen. Die anderen weiblichen Angestellten der Prinzessin wohnen wie ich in eigenen Häusern.

Wenn ich die verschlungenen Pfade des Gartens entlangschlendere und die weißen Villen mit ihren schönen Blumen betrachte, komme ich mir in unserem Harem fast wie in einem Feriendorf vor.

Heute habe ich mich angezogen, als wäre ich in der Karibik; mein türkisgrüner Hosenanzug ist weit und luftig, trotzdem bin ich schweißgebadet, als ich bei Nahime ankomme. Nahime ist die Privatsekretärin der Prinzessin und praktisch die Haremsvorsteherin – für viele der Frauen, die hier leben, eine wichtige Anlaufstelle.

Sie empfängt uns ausgesprochen herzlich, in einem langen Baumwollgewand, barfuß und mit Handy. Da wir englisch miteinander sprechen, duzen wir uns.

»Ich freue mich sehr, dich kennenzulernen«, sage ich ein wenig verlegen. »Und ich muß dich gleich bitten, Geduld mit mir zu haben. Ich kenne die Sitten und Gebräuche deines Landes nicht, du mußt mir alles erklären.«

»Soweit es in meiner Möglichkeit steht, gerne«, erwidert sie lachend. »Aber jetzt komm erst einmal herein, *amdullalah*. Du bist mein Gast und als solcher von Gott gesandt.«

Ich erröte und folge Nahime. Ihr Haus strahlt etwas sehr Gemütliches und Familiäres aus; überall stehen Rattansofas mit geblümten Chintzpolstern herum. Wir setzen uns und lächeln einander an. Nahime hat ein unglaublich sanftes Lächeln und eine sehr helle Haut. Von Baby weiß ich, daß sie vierzig ist. Ich finde, sie sieht älter aus, wahrscheinlich hat sie schon einiges im Leben durchgemacht; ihr scharf geschnittenes Profil wirkt stolz, aber ihre blauen Augen blicken traurig.

»Als du mich neulich gefragt hast, warum der Muezzin die Gläubigen auch nachts zum Gebet ruft, mußte ich richtig lachen«, sagt Nahime. »Die Frage war so direkt gestellt ...«

»Ich hoffe, ich war nicht unverschämt.«

»Nein, überhaupt nicht. Die Antwort ist sehr einfach: Im ersten Morgengrauen, wenn es draußen fast noch dunkel ist, fordert der Muezzin die Gläubigen auf, mit einem Gebet den neuen Tag zu begrüßen. Jetzt kennst du den Grund, ich will dir aber gleich sagen, daß uns Mohammedanern nicht viel daran liegt, über unsere Religion zu sprechen. Die Bekehrung Andersgläubiger ist kein Ziel des Islam. Wenn du möchtest, kaufe ich dir in der Stadt ein Buch, in dem du alles nachlesen kannst, was dich interessiert.«

»Das wäre nett. Ich kenne die arabische Kultur fast gar nicht. In unseren Schulen wird sie nur ganz am Rande behandelt.«

»Ich bin keine Araberin, sondern Libanesin, obwohl ich inzwischen schon fast zwanzig Jahre in Riad lebe. Magst du die libanesische Küche?«

»Das ist eine meiner Lieblingsküchen!«

»*Amdullalah*, dann will ich etwas für dich kochen. Kochen ist mein Hobby, und ich bin glücklich, einen Gast zu haben. Komm bitte mit.«

Nahime geht mir mit schleppendem Gang voraus. Sie hat ihr Handy dabei und führt mich in eine geräumige, helle Küche. Ruhig und mit sehr viel Muße beginnt sie, frisches Gemüse zu putzen. Ich schaue ihr sitzend zu, fasziniert von ihren gemessenen Handbewegungen. Sie sind knapp, genau wie ihre Art zu sprechen, die doch gleichzeitig etwas sehr Herzliches hat. Nahime hat mir vom ersten Augenblick an Vertrauen eingeflößt.

»Ich rate dir, dein Leben in diesem Land philosophisch zu betrachten«, sagt sie, während sie eine Zwiebel schneidet, die ihr die Tränen in die Augen treibt. »Dem Anschein nach mag hier vieles anders sein, aber das Schicksal der Menschen ist überall gleich. Wie es den Tag und die Nacht gibt, so gibt es im Leben der Menschen die Freude und den Schmerz. Das ist die Regel.«

»Ich habe letztes Jahr meine Mutter verloren und sehr darunter gelitten«, erzähle ich ihr, fast ohne es zu wollen.

»Hier wirst du eine Familie finden, die dir über deine Trauer hinweghilft. Die Prinzessin möchte, daß du dich in aller Ruhe an deine neue Umgebung gewöhnst. Sie weiß, daß das eine große Umstellung für dich bedeutet.«

»Stimmt. Daß ich zum Beispiel nicht mit Männern sprechen darf, ist für mich schon seltsam. Und daß man wegen einer Liebesbeziehung riskiert, gesteinigt zu werden ...«

»Urteile nicht vorschnell. Auch wenn du aus einer gemischten Gesellschaft kommst, muß du doch zugeben, daß es zwischen Männern und Frauen Unterschiede gibt ... in ihrer Denkweise, in ihrem Verhalten, in ihrer Entwicklung. Aus diesem Grund leben wir getrennt. Ihr im Westen glaubt immer, daß wir arabischen Frauen überhaupt nicht leben, aber das ist natürlich Unsinn: Wir leben, nur eben anders als ihr. Allah hat es so gewollt, und es wäre frevlerisch, sich dagegen aufzulehnen. Aber hab keine Angst, du bist in diesem Haus aufgenommen worden, und wer einmal aufgenommen ist, wird auch beschützt.«

»Ich habe schon in vielen fremden Ländern gelebt«, erzähle ich ihr. »Und überall bin ich mit den Menschen zurechtgekommen, so unterschiedlich wir auch waren. Das ist eine meiner wenigen Tugenden. Ich hoffe, sie läßt mich auch hier nicht im Stich.«

»Du gefällst mir ... obwohl du Christin bist. Und glaube nicht, ich kenne euch Christen nicht! Ich komme aus Beirut, vor dem Krieg nannte man es das kleine Paris ... Mein Mann war Fernsehregisseur. Wir sind jeden Abend ausgegangen. Ich war damals jung und sehr hübsch.« Nahime seufzt. »Aber lassen wir die Vergangenheit, es hat keinen Sinn, ihr nachzutrauern«, sagt sie dann und rührt heftig in einer Schale mit Tahina-Sauce herum.

»In unserem Harem lebt übrigens noch eine Frau aus dem Westen, eine Amerikanerin«, fährt sie fort, während sie sich einem anderen Kochtopf zuwendet. »Sie ist die Kosmetikerin der Prinzessin und zur Zeit mit ihr unterwegs. Ihr Name ist Carolyn, sie ist siebenundzwanzig. Laß dir von Carina ihre Telefonnummer geben und ruf sie mal an, wenn sie wieder da ist. Die Prinzessin meint, ihr könntet euch gegenseitig ein bißchen Gesellschaft leisten und habt dann weniger Heimweh.«

»Das ist ja phantastisch! Ich rufe sie bestimmt an«, erwidere ich glücklich.

Wie in einer plötzlichen Anwandlung fährt Nahime mit ihrem Kochlöffel in den Tontopf, der vor ihr auf dem Feuer steht, holt etwas heraus, legt es auf einen kleinen Teller, gießt Sauce darüber und reicht es mir.

»Hier, versuch mal, und sag mir, ob es dir schmeckt«, fordert sie mich auf.

Ich blase ein wenig auf das dampfende Häppchen, dann probiere ich es. Ein mit Reis und Fleisch gefülltes Weinblatt zergeht mir im Mund; die mit Kreuzkümmel gewürzte Tomatensauce gibt ihm einen köstlichen Geschmack.

»Du bist ja eine Meisterköchin!« rufe ich begeistert.

»Kochen ist mein Vergnügen, mein einziges. Aber wenn du möchtest, gehen wir an einem der nächsten Abende einmal miteinander aus. Ich zeige dir die Stadt.«

»Das wäre sehr schön.«

»Ich hoffe, wir werden Freundinnen, und du lebst dich gut bei uns ein«, sagt Nahime, während sie weiße Bohnen durch ein Sieb streicht. »Wenn ich dir einen Rat geben darf ... denke immer an eines: Wir Frauen reden viel, und im Harem mehr als sonst irgendwo. Abgesehen davon gilt hier wie überall: Wer Freundlichkeit sät, wird Freundlichkeit ernten. Vergiß das nie, und du wirst sehen, wie wohl du dich hier fühlst.«

Die Prinzessin ist von ihrer Reise zurückgekehrt. Sie empfängt mich, nicht ohne sich dafür zu entschuldigen, im Bett. In ihrem geblümten Pyjama, einen Berg weißer Spitzenkissen im Rücken, erscheint mir diese Frau als die Ausgeglichenheit in Person, und dieser Eindruck wird auch weiterhin bestehen. Sie fordert mich auf, in einem kleinen Sessel neben ihr Platz zu nehmen. Staunend und ein bißchen naseweis betrachte ich die Porträts ihrer Angehörigen: Es sind auf Goldplatten befestigte Edelsteinmosaiken. Die weißen Kandoras der Männer sind aus Diamanten gemacht, die Lippen aus Rubinen, die Augen aus Smaragden. Es gibt unzählige von diesen Bildern, sie stehen – zusammen mit mindestens fünfundzwanzig Telefonapparaten in allen Farben – auf mehreren Tischchen neben dem Bett.

Die Prinzessin erkundigt sich freundlich, ob mir mein neues Zuhause gefällt, und lobt mich für meinen mutigen Entschluß, ihrer Einladung gefolgt zu sein. Ich betrachte hingerissen ihre phantastischen grünen Augen. Eine ganze Weile unterhalten wir uns nur übers Wetter, über die Hitze, dann wechselt sie das Thema.

»Ich möchte mit dir über Amir sprechen.« Ihr Blick

schweift ab. »Amir ist ein Mann, ein Prinz«, sagt sie mit Nachdruck. »Er ist stark, aber auch unglaublich sensibel. Ich will sein Bestes. Er soll alles haben, was er möchte, und auch noch mehr.«

»Ich bin sehr gespannt auf ihn«, erwidere ich etwas eingeschüchtert.

»Zuerst wird er dich natürlich ablehnen.«

»Warum?« frage ich verblüfft.

»Weil er dich als Europäerin nicht ohne weiteres akzeptieren kann. Du mußt zuerst sein Vertrauen gewinnen, und ich sage dir gleich: Ich helfe dir nicht dabei, das mußt du alleine schaffen. Wie, ist mir egal. Mich interessieren nur die Resultate.«

Sie legt mir lächelnd eine Hand auf den Arm.

»Keine Angst. Du wirst sehen, Amir ist ein goldiges Kind und sehr intelligent. Mit seinen sechs Jahren spricht er schon fließend Englisch und ein paar Brocken Französisch, aber ich möchte, daß er noch mehr Sprachen lernt. Amir ist ein Prinz, ein saudischer Prinz, und er muß die Rolle übernehmen, die das Schicksal ihm zugedacht hat, das ist wichtiger als alles andere. Aber er soll, wenn er einmal groß ist, auch die Mentalität anderer Völker verstehen, und ich glaube, das ist einfacher, wenn er ihre Sprachen spricht.«

»Zweifellos«, pflichte ich bei. »In dieser Hinsicht bin ich auch froh, Schweizerin zu sein. Bei uns lernt man von klein auf den Respekt vor anderen Kulturen.«

»Siehst du«, meint die Prinzessin. »Es gibt vieles, was ich meinem Sohn nicht geben kann«, seufzt sie dann. »Ich habe immer in einem Harem gelebt, und ich beklage mich nicht darüber. Allah hat es so gewollt. Ich bin als Tochter eines Königs zur Welt gekommen, und dieser Rolle versuche ich gerecht zu werden. Aber es gibt Dinge, die ich meinem Kind nicht beibringen kann, einfach deshalb, weil ich sie selbst nie gelernt habe – du dagegen schon. Deshalb bitte ich dich, mir zu helfen. Bring ihm bei, was du für richtig hältst. Ich kann kein Französisch und verstehe also nicht, was du ihm sagst, aber ich habe Vertrauen zu dir. Amir lernt bestimmt schnell. Er ist jung und steckt voller Energie. Und ich denke, so, wie du ihn bereicherst, wird auch er dich bereichern. Besser als durch Amir könntest du uns Araber gar nicht kennenlernen.«

Sie macht eine Pause und sieht mich lächelnd an.

»Und nun hoffe ich, daß du dich bei uns wohl fühlst«, sagt sie und gibt mir die Hand. »Gott behüte dich.«

Maria, die ranghöchste Dienerin der Prinzessin, führt mich durch den Palast. Wir gehen endlose Korridore aus weißem Marmor entlang; sie gewähren immer wieder Einblicke in riesige Salons, wo sich in raffinierter Pracht orientalische Motive mit dem Louis-quinze-Stil abwechseln. Endlich sind wir im Gebäudetrakt des kleinen Prinzen, den sie hier *Amir's area* nennen. Vom Palast her kommend, betritt man als erstes sein Spielzimmer, seinen *Play-room*. Vor der Tür kauern vier Philippininnen – seine Spielzeugaufräumerinnen. Der *Play-room* hat in etwa die Ausmaße eines Fußballfeldes, die verschiedenen Spielbereiche sind durch weißen, rosafarbenen und grünen Teppichboden gekennzeichnet. Während wir ihn durchqueren, komme ich aus dem Staunen nicht heraus. So viel Spielzeug an einem Ort habe ich in meinem ganzen Leben noch nicht gesehen, nicht einmal in den größten New Yorker Kaufhäusern. Es gibt eine Schulecke mit Tafel und Bänken, ein Wohnzimmer mit rosaroten Sofas und Couchtischen, eine High-Tech-Zone mit Computern und Videospielen, einen Plüschtierzoo mit Hunderten von Pferden, Kamelen, Schafen und Hunden, einen Miniaturflugplatz mit Düsenmaschinen, Helikoptern, Raumschiffen und japanischen Monstern, und selbstverständlich einen Parkplatz mit Unmengen von Spielzeugautos. Außerdem stehen überall eimerweise Pralinen, Kekse und Lutscher herum.

Vom *Play-room* gelangen wir in ein Vorzimmer, und dort öffnet Maria die Tür zum Speisesaal des kleinen Prinzen: Er thront, von seinem »Hofstaat« umgeben, am Kopfende der Tafel und ißt ... Gemüsesuppe. Der Anblick wird mir in ewiger Erinnerung bleiben: mein kleiner Prinz mit einem Löffel Gemüsesuppe in der Hand.

Zu seiner Rechten hat man für mich einen Platz frei gehalten. Ich lasse mich mit klopfendem Herzen nieder und begrüße den Hofstaat: Mama Amina, zwei kleine Jungs – Amirs Spielkameraden –, die vier Kellner, die lächelnd hinter ihm stehen, mehrere Philippininnen. Alle antworten mir, bis auf ihn. Den linken Ellbogen auf den Tisch gestützt, ißt er ungestört weiter und mustert mich dabei geringschätzig. Amir hat schwarze Augen und lange Wimpern – ein hübsches Kind und ziemlich groß für sein Alter. Er trägt amerikanische Sportkleidung und scheint einen sehr ausgeprägten Willen zu besitzen. Ein außenstehender Beobachter fände die Szene wahrscheinlich total absurd: eine blonde Frau, die französisch parliert, ein Chor von

Philippininnen, die höflich *oui, oui* nicken, und ein sechsjähriger Junge, der die blonde Frau wortlos anstarrt, obwohl er der einzige ist, der sie halbwegs versteht. Heute ist mir klar, daß der einzige Sinn dieses lächerlichen Theaters darin bestand, dem Kind weiszumachen, ich spräche kein Englisch.

Nach dem Abendessen sieht sich der kleine Prinz, in nachdenkliches Schweigen versunken, ein *Capitan Magic*-Video an, dann läßt er sich baden, einparfümieren, von den Philippininnen in den Schlafanzug stecken und rennt zu seinen Eltern, um ihnen gute Nacht zu sagen. Als er schließlich im Bett liegt und sonst niemand mehr in seinem Zimmer ist, werde ich reingelassen. Mit einem Märchenbuch unter dem Arm nähere ich mich seinem blauweißen Himmelbett.

»OUT OF MY ROOM INFIEL, OUT OF MY ROOM INFIEL ...«

Amir brüllt wie ein Besessener und schleudert Kissen, um meinen Vormarsch zu stoppen. Ich vermute, daß man sein Geschrei bis in den entlegensten Winkel des Palastes hört; es wird immer noch lauter; schließlich bleibt mir nichts anderes übrig, als den Rückzug anzutreten, und da eilt auch schon der Hofstaat herbei, um den kleinen Prinzen darüber hinwegzutrösten, daß eine Ungläubige es gewagt hat, sein Schlafzimmer zu betreten.

In der Stille meiner Haremsvilla denke ich über Amir nach. Seine Mutter hat recht: Er ist sehr intelligent. In einem so strenggläubigen Land wie diesem, wo fünf Stunden am Tag gebetet und drei gearbeitet wird, hätte der kleine Prinz, um sich einer neuen Erzieherin zu erwehren, keine bessere Ausrede finden können als eine religiöse.

Trotzdem hat mich dieses »infiel« hart getroffen: ich fühle mich machtlos, verachtet.

Was die Prinzessin mir sonst noch über ihren Sohn gesagt hat, sollte ich erst später richtig verstehen, aber sie hat sich nie geirrt. Letztendlich traf alles zu, auch wenn ich es meistens erst am eigenen Leib erfahren mußte, um es begreifen zu können. Das mag daran liegen, daß sich die Prinzessin immer nur fürs Wesentliche interessiert. Die vielen, kleinen Nebenaspekte sind ihr egal, um die sollen andere sich kümmern.

Wieder der herrliche Geruch von Mimosen und Eukalyptus; der Garten, die Straßen von Riad, alles duftet – wie in der Nacht, in der mich ein weißer Cadillac vom Flughafen zum Königspalast gebracht hat. Damals habe ich durch die dichten Vorhänge hindurch nur Lichter in der Ferne erahnt und war mir vorgekommen wie in einem gefährlichen Traum. Jetzt atme ich mit geweiteten Nasenflügeln die warme, wohlriechende Luft ein. Neben mir sitzt Nahime, ich begleite sie zu Einkäufen in die Stadt. Wir haben den Palast nach dem Abendgebet, gegen elf Uhr, verlassen. Das sei der günstigste Moment, weil das nächste Gebet erst im Morgengrauen stattfindet. Anscheinend werden, kaum daß der Gesang des Muezzin ertönt, blitzartig sämtliche Kassen geschlossen; wer noch nicht bezahlt hat, wird im Kaufhaus eingesperrt und kann vierzig Minuten lang seinen vollen Einkaufswagen in der Gegend herumschieben. Aus kleineren Geschäften wirft man die Kunden einfach hinaus. Die Männer müssen sofort niederknien, egal, wo sie sind und was sie gerade tun; wer sich nicht auf der Stelle betend gegen Mekka verneigt, bekommt die Knüppel der Sittenpolizei zu spüren. Nur die Frauen dürfen das Gebet zu Hause nachholen, weil sie nicht in der Öffentlichkeit beten.

Das weiß ich alles von Nahime. Sie hat mir auch erklärt, daß das erste Gebet des Tages vor Sonnenaufgang stattfindet und daß manche Araber erst danach ins Bett gehen, um sich nicht im Morgengrauen aus den Federn quälen zu müssen. Die folgenden Gebete werden gegen sieben, vierzehn, achtzehn und einundzwanzig Uhr verrichtet. Da sich der Muezzin beim Gebetsaufruf nach dem Stand der Sonne richtet, ändern sich die Gebetszeiten von Tag zu Tag und von Stadt zu Stadt. Uhren und Kalender haben in Arabien keine Bedeutung, das ganze Leben orientiert sich an den Gestirnen. Löhne und Gehälter werden beispielsweise immer zu Neumond ausbezahlt. Auf Nahimes Rat hin trage ich nur eine *Abaya* und einen schwarzen Schleier über den Haaren. Die für saudische Frauen obligatorische Gesichtsmaske habe ich nicht umgebunden. Nahime meinte, so würde die Sittenpolizei gleich merken, daß ich eine Ungläubige bin, und das sei besser, da man Christinnen kleine Regelverstöße durchgehen läßt, für die Mohammedanerinnen hart bestraft werden. In keinem anderen islamischen Land wird die Scharia so streng befolgt wie in diesem, denn Saudi-Arabien ist die Heimat des Propheten, das Land der heiligen Pilgerstätten von Mekka und Medina.

Nahime hat mir bestimmt zu Recht geraten, mein Gesicht nicht zu bedecken, aber ich war doch ein wenig neidisch, als sie sich – kurz bevor wir das Haremstor passierten – mit einer eleganten Geste den langen Schleier aus schwarzer Organza über den Kopf zog. Er flatterte im Wind, während sie sich die Gesichtsmaske am Hinterkopf zuband.

Dem Umstand ausnützend, daß sie Libanesin ist, trägt Nahime heute eine Maske, die ihre Augenpartie ausspart; so kann sie die Preise der Dinge sehen, die sie kaufen möchte. Mit der traditionellen arabischen Gesichtsmaske, die aus vier Schichten Gaze besteht und auch die Augen bedeckt, scheint das unmöglich zu sein.

Nahime ist sehr freundlich zu mir, sie erklärt mir alles mit ruhigen, einfachen Worten. Trotzdem stört mich ein wenig dieser Ausdruck »Ungläubige«, den sie fortwährend gebraucht. Ich vermute, daß gebildete und intelligente Mohammedanerinnen wie sie den Begriff »ungläubig« verwenden wie wir etwa das Wort »naiv«. Ein naiver Mensch braucht weder schlecht noch dumm zu sein, aber er ist eben naiv. Für weniger tolerante Araberinnen sind wir Ungläubigen dagegen verworfene Weibsbilder, die am Tag des Jüngsten Gerichts in der Hölle landen – die gibt es im Islam nämlich auch, und sie ist der christlichen sehr ähnlich.

Doch wie auch immer, im Moment fühle ich »Ungläubige« mich ziemlich wohl. Der riesige schwarze Jeep, in dem wir sitzen, ist mit Perserteppichen ausgelegt, er hat rote Lichter auf dem Dach und wird von einem schweigsamen Chauffeur gesteuert. In den Seitentaschen der Türen stecken große Kleenex-Schachteln und eine ganze Menge Parfümfläschchen, die ich bereits ausprobiert habe. Nahime telefoniert, und ich schaue aus dem Fenster. Wir fahren an Palmenhainen und hohen Mauern entlang, hinter denen sich die Paläste der Prinzen verbergen. Nichts steht den Arabern ferner als die westliche »Fassadenkultur«. Die Straßen werden von langen Mauern flankiert, und die schweren, mit Metallbeschlägen verzierten Tore stellen mehr Barrieren gegen indiskrete Passanten dar als Öffnungen zur Straße hin. In klassischen mohammedanischen Städten deutet von außen nichts auf den Wohlstand der Besitzer und Bewohner der Häuser hin – eine Regel, die auch hier, in den modernen Vierteln Riads, beachtet wird. Hier erkennt man den Reichtum nur an den Wächtern vor den Toren, und an den kilometerlangen Mauern (und Gärten!), die ein Tor vom nächsten trennen.

Nahime hat mir gesagt, daß die Entfernung vom Königspalast bis zum Einkaufszentrum etwa eine halbe Stunde beträgt. Wir fahren gerade am King-Feisal-Hospital vorbei, einem der modernsten und bestausgestatteten Krankenhäuser der Welt. Es ist jedermann zugänglich, und die Behandlungen sind kostenlos. Dank der enormen Einnahmen aus dem Erdölhandel sind in Saudi-Arabien überhaupt alle Sozialeinrichtungen kostenlos, und Steuern braucht auch keiner zu bezahlen. Mehr noch: Alle Prinzen (und davon gibt es gut dreitausend) erhalten – unter der Bedingung, daß sie mindestens zweihundert Tage pro Jahr im Land verbringen – eine Apanage in Millionenhöhe. Sie dürfte so manchen, der andernfalls vielleicht gegen die eisernen Gesetze rebellieren würde, von der Flucht abhalten.

»Schau, das ist die Moschee, in der unser König betet«, sagt Nahime, die zu Ende telefoniert hat.

Hinter mehreren Reihen Palmen und einer Mauer

aus leuchtendem Alabaster erblicke ich die mit Arabesken verzierte, türkisfarbene Moschee und ihre große, goldene Kuppel.

Jetzt kann ich in der Ferne auch die Lichter des Einkaufszentrums erkennen. Seit wir losgefahren sind, habe ich auf den Gehwegen noch keine Menschenseele gesehen. Die modernen vierspurigen Straßen mit Unter- und Überführungen sind hell erleuchtet und blitzsauber. Nagelneue Luxuskarossen gleiten über sie hin. Ich komme aus dem Staunen nicht heraus.

Das Einkaufszentrum entpuppt sich als eine moderne Luxusversion des kalifornischen Traums: riesige, mit weißem Marmor verkleidete Gebäude, Neonreklamen und gigantische Parkplätze. Man kommt sich vor wie im Jahr 3000. Auf der erhöhten Zufahrtsstraße des *Shopping-Centers*, das Nahime für uns ausgewählt hat, sehe ich Autos mit Chauffeuren in weißer Livree, die schwarz verschleierte Frauen direkt vor den Marmorstufen des Eingangs absetzen.

In den Verkaufsräumen überraschen mich spiegelblanke Fußböden mit roten Läufern, Springbrunnen, hochglanzpolierte Messinggegenstände, gleißendes Licht, Verkäufer in weißen Kandoras, vor allem jedoch die vielen, seltsam anmutenden schwarzen Gestalten, die hier einkaufen: vom Scheitel bis zur Sohle vermummte Frauen, jeder Größe und jeden Umfangs, eine geheimnisvoller als die andere.

»Ich möchte mir einen Armreif kaufen«, sagt Nahime und schleppt mich ins Erdgeschoß, wo sich die Schmuckläden aneinanderreihen. In ihren Auslagen häuft sich das Gold. Im Inneren der Geschäfte quillt der Schmuck aus großen, quadratischen Behältern, die an Waschkörbe erinnern. Ketten, Armbänder und Fußkettchen aus 24karätigem Gold werden nach Gewicht verkauft. Nahime sucht sich rasch einen goldenen Armreif aus – eine Imitation der traditionellen silbernen Armreifen, die heute keiner mehr trägt. Nach kurzem Feilschen bezahlt sie und begleitet mich dann in die Kosmetikabteilung, die eingerichtet ist wie die eines beliebigen amerikanischen oder deutschen Kaufhauses. Nur, daß hinter den Ladentischen Männer stehen: Ägypter oder Sudanesen mit rotweißer *Ghutra*, alle groß, schlank und mit Schnurrbart. Ein europäischer Transvestit würde hier vor Freude in die Luft springen, aber ich bin verlegen. Einen Mann zu fragen, welche Lippenstiftfarbe oder Anti-Faltencreme er mir rät, fände ich doch etwas peinlich. Dagegen bin ich begeistert von den Länden, in denen arabische Düfte verkauft werden; sie ziehen mich magisch an. Ich bitte Nahime, in einen hineinzugehen und mir alles zu erklären. Man zeigt mir goldene und silberne Räucherpfannen, die, ähnlich wie Kerzenständer, einen Arm mit quadratischer Plattform haben, auf der die Räuchermittel verbrannt werden. Einige sind mit den traditionellen Mustern der verschiedenen Beduinenstämme verziert, andere erinnern an englisches Tafelsilber. In den Holzschubladen des Ladentisches werden die Räucherpulver und die kostbaren duftenden Wüstenwurzeln aufbewahrt – jede Familie, jedes Haus hat seine persönliche Mischung, die auf Bestellung zubereitet wird; der Preis liegt zwischen hundert und fünfhundert Dollar pro Unze. Auch die Parfüms werden auf Bestellung aus wertvollen Naturessenzen hergestellt. Danach füllt man sie in schöne ägyptische Glasfläschchen und stellt diese auf Spiegelkommoden aus. Zum erstenmal habe ich diese arabeskenverzierten, bunten Glasfläschchen vor Jahren in einer Parfümerie in der Kairoer Altstadt gesehen. Mit zwei Freunden verbrachte ich dort einen unvergeßlichen Nachmittag. Wir saßen auf altmodischen Samtsofas und probierten unter dem lächelnden Blick des vornehmen Besitzers Parfümessenzen aus, bis uns kein Fleckchen Arm oder Hals mehr übrig blieb. Die Luft war geschwängert mit Ambra und Moschus, Rosen- und Jasmin-, Sandelholz- und Blütenduft. Ich bin mir inmitten des Chaos von Duftnoten vorgekommen wie in einem Konzertsaal vor Beginn der Vorstellung, wenn die Musiker ihre Instrumente stimmen.

Zum Schluß sind wir, um überhaupt noch etwas riechen zu können, auf die Straße hinausgegangen und haben uns unter den ungläubigen Blicken der Passanten gegenseitig die Beine abgeschnüffelt. Plötzlich merkten wir, daß es dämmerte. »Laß uns den Sonnenuntergang anschauen gehen«, sagte einer. Wir bezahlten also rasch unsere Rechnung und rannten durch ein Labyrinth von Gassen einfach bergab auf der Suche nach einem Ort, von dem aus man den Sonnenuntergang sehen konnte. Irgendwie gelangten wir an den Rand einer riesigen Müllhalde – und das war der Platz! Wir setzten uns Hand in Hand auf den Boden und schauten zu, wie der rote Feuerball hinter der Rauchgardine des schwelenden Abfalls immer tiefer rutschte, bis nur noch ein schwarzer Berg zurückblieb, auf dem gebückte Lumpengestalten umherstreiften. Und es war wunderschön!

Hier gibt es so etwas nicht: Was ich bisher von Riad gesehen habe war alles neu, sauber und kontrolliert.

Nahime fragt mich, ob ich in ein Restaurant möchte. Es ist ein Uhr früh, aber ich nehme ihren Vorschlag gerne an.

»Ich habe eine gute Nachricht für dich«, verkündet Nahime, während sie mir vorausgeht.

Wir betreten das Restaurant durch eine Tür, über der eine verschleierte Frau abgebildet ist. Erwartungsgemäß sitzen an den Tischen nur Frauen, aber ich hätte nie gedacht, daß sie auch beim Essen ihre Gesichtsmasken anbehalten. Wenn sie einen Bissen zum Mund führen, klappen sie den Schleier seitlich auf, ohne sich dabei jedoch im geringsten zu enthüllen. Diese seltsame Geste und die Art, wie sie dasitzen, mit gesenktem Kopf und zur Seite gedrehtem Oberkörper, erinnert mich an ein Internat. Die Frauen kommen mir vor wie schwarz uniformierte, streberhafte Schulmädchen, die ihre Banknachbarinnen nicht abschreiben lassen wollen.

»Was möchtest du essen?« fragt mich Nahime, nachdem sie einen Tisch für uns ausgesucht hat.

»Was gibt es hier zu essen?«

»Alles.«

Ich wähle Lachs mit gemischtem Gemüse, und Nahime überredet mich dazu, auch verschiedene Backwaren – die Spezialität des Hauses – zu probieren. Dann geht sie zu einem Wandtelefon, gibt die Bestellung auf, winkt mich zu sich und zieht mich hinter einen Paravent. Hier müssen wir uns verstecken, bis die Kellner unsere Gerichte auf den Tisch gestellt haben. Langsam denke ich, hier spinnen alle: Dieses ganze Theater, nur damit kein männliches Auge auf uns fällt!

Als wir uns endlich an unseren Tischen setzen dürfen, frage ich Nahime nach der guten Nachricht. Sie lächelt verheißungsvoll:

»Du hast Glück, gerade jetzt nach Riad gekommen zu sein«, sagt sie. »In zwei Wochen wird mit einem prächtigen Fest die Heiratssaison eröffnet; das ist ein wichtiges Ereignis. Die Prinzessin hat beschlossen, dich bei dieser Gelegenheit in die Gesellschaft einzuführen.«

»Wer heiratet denn?« frage ich aufgeregt.

»Mehrere Prinzen der königlichen Familie. Du mußt dich schön machen, viel ausruhen und pflegen. Die Prinzessin soll stolz auf dich sein. Morgen schicke ich dir drei unserer erfahrensten Dienerinnen; sie zeigen dir, welche Kosmetika du benützen mußt, um frisch und strahlend auszusehen. Hochzeiten werden hierzulande groß gefeiert.«

»In Europa normalerweise auch«, sage ich.

»Bist du verheiratet?« fragt Nahime.

»Ich war es.«

»Ich auch«, bekennt sie, »aber unglücklich. Mein Mann hat mich oft geschlagen – auch wenn ich schwanger war«, fährt sie in gespielt neutralem Ton fort. »Deshalb habe ich keine Kinder.«

»Ich auch nicht.«

»Wir Frauen sind alle Schwestern. Wir verstehen uns immer.«

»Wenigstens hast du eine schöne Arbeit«, sage ich, um sie aufzumuntern. »Einen verantwortungsvollen Posten.«

»Im Libanon war jahrelang Krieg«, erklärt sie mir mit ruhiger Stimme. »Meine Familie brauchte Geld. Viele Jahre habe ich nur für sie gearbeitet. Jetzt arbeite ich, weil ich nicht wüßte, was ich sonst tun soll. Die Familie der Prinzessin hat meine eigene ersetzt, sie war immer sehr gut zu mir, ich kann mich nicht über mein Schicksal beklagen.«

»Natürlich«, erwidere ich lächelnd und unterdrücke die Tränen, die mir in die Augen steigen. Wenn ich nicht Angst hätte, aufdringlich zu erscheinen, würde ich sie umarmen, diese herzensgute Frau, die ihren Mutterinstinkt an mir ausläßt und mich alle zehn Minuten fragt, ob ich keinen Hunger habe. Was für ein gemeiner Kerl ihr Mann gewesen sein muß, kann man an ihrem Blick ablesen. Diese Frau war dazu geboren, Kinder zur Welt zu bringen, zu lieben und zu ernähren.

Um ihr eine Freude zu machen, esse ich den Kuchen auf, den sie mir bestellt hat.

Während wir vor dem Ausgang des Einkaufszentrums neben Dutzenden anderer, schwarz vermummter Frauen auf unseren Chauffeur warten – und Gott möge wissen, wie die Frauen hier von ihren Chauffeuren erkannt werden – nehme ich plötzlich eine Gruppe schreiender Männer wahr. Die Sache sieht nach einer Schlägerei aus. Drei oder vier von den Männern fuchteln mit großen Stöcken in der Luft herum, ein fünfter drischt auf einen Jungen ein, der sich unter den Stockhieben duckt, ohne die geringsten Anstalten zur Flucht zu machen.

»Das ist die *Mutawa*, die religiöse Sittenpolizei«, flüstert Nahime. »Die trifft man hier immer, deshalb komme ich so wenig wie möglich her.«

»Wie erkennt man sie?« frage ich erschrocken.

»An ihrem Bart und daran, daß sie ihre *Ghutra* nicht mit den üblichen schwarzen Seidenkordeln auf dem Kopf festhalten; manche haben auch eine Erkennungsmarke. Ihr offizieller Name ist ›Organisation zur Förderung der Tugend und Vorbeugung des Lasters‹. Sie führen sich auf wie die Herrscher der Straßen und prügeln die Leute wegen der kleinsten Verstöße gegen das islamische Gesetz.«

Ich verstumme bei ihren Worten. Als unser Chauffeur ankommt, steige ich rasch und ohne einen Mucks ein. Nahime, die neben mir sitzt, sagt auch nichts mehr; sie wirkt sehr müde. Schweigend fahren wir zum Palast zurück.

Der Chauffeur wählt jetzt einen anderen Weg, einen, der uns am Innenministerium vorbeiführt. Ich kann der Versuchung nicht widerstehen, das Seitenfenster herunterzukurbeln, um es mir besser anzusehen. Es ist das schönste aller modernen Gebäude, die mir je untergekommen sind: eine Art fliegende Untertasse, die von hauchdünnen Säulen getragen wird. Ein umlaufendes Band rot erleuchteter Fenster verstärkt den Science-fiction-Effekt. Man könnte denken, hier wohnt Batman.

Meine Gedanken kehren zu der brutalen Szene vor dem Einkaufszentrum zurück. Erst, als wir die Tore der Palastmauer passiert haben, wage ich aufzuatmen. Schnurstracks eile ich in den Harem zurück, in mein Haus, in mein Bett – froh, in Sicherheit zu sein. Eines weiß ich sicher: Allein gehe ich hier bestimmt nie aus.

Prinzenhochzeit

Vor dem Palast stehen die Limousinen Dutzender von Prinzessinnen Schlange. *Inshallah*, heute wird die Freude gefeiert, die Anmut, der Überfluß und die Liebe zwischen Mann und Frau. Ein Prinz und eine Prinzessin des saudischen Königshauses vermählen sich. Zu ihrer Hochzeit wird ein Gebäude eingeweiht, das so groß ist wie ein Schloß. Die Familien bereiten sich seit Wochen auf das Ereignis vor. Heute morgen haben die geladenen Prinzessinnen ihre persönliche Dienerschaft vorausgeschickt, und nun wartet alles darauf, sie in den neuen Räumlichkeiten des Brautpaars zu empfangen. Die vierhundert Dienerinnen des Hauses stehen Spalier. Ihre Livreen – lange Kleider mit weiten Röcken zu muschelbesetzten Westen – sind von einem Pariser Modeschöpfer kreiert worden. Jede Gruppe hat ihre eigene Farbe: orange, rot, purpur oder violett, je nach Aufgabengebiet. Eine Gruppe schenkt aus hohen Silberkannen Tee aus, die andere geht mit Räuchergefäßen aus massivem Silber herum, eine dritte bietet den Gästen Obstsäfte an, eine vierte Pralinen usw. Auch die Köche, die Tänzerinnen und das Frauenorchester stehen bereit und warten nur auf das Startzeichen. Aus Frankreich und Italien sind tonnenweise

Delikatessen und Blumen eingeflogen worden, das neue Tafelsilber für fünftausend Personen ist auf Hochglanz poliert, der Preis für die Braut ist bezahlt, die Papiere sind unterzeichnet, es ist alles perfekt. Eine Art modernes Versailles erwartet das Paar: riesige Salons, Laubengänge, Springbrunnen, Hunderte von Diwanen, zimmergroße Murano-Lüster, erlesenes antikes Mobilar und Marmor, wohin man schaut.

Eine nach der anderen kommen die Prinzessinnen die weiße Marmortreppe herauf. In ihre langen *Abayas* gehüllt kann man sie nicht voneinander unterscheiden, sie sehen alle gleich aus: schwarze, umrißlose Gestalten. Wenn sie aber am Ende der Treppe die Zipfel des Umhangs loslassen, den sie mit einer Hand vor der Brust zugehalten haben, und der düstere Schleier von ihren Schultern rutscht, so enthüllen sich ihre Schönheit, ihre Kleider, ihr phantastischer Schmuck. Ohne sich ein einziges Mal umzudrehen, durchqueren sie den Empfangssalon; ihre Dienerinnen, die Stunden auf diesen Augenblick gewartet haben, fangen die *Abayas* auf, bevor sie den Boden berühren. Es ist eine wundervolle, fast magische Szene, die sich hundert-, zweihundert-, tausendmal wiederholen könnte, ohne ihren Reiz zu verlieren.

Der gesamte weibliche Adel Saudi-Arabiens hält Einzug: zentnerschwere Matronen, die von Kopf bis Fuß funkeln, grün oder rot, je nachdem, ob sie Smaragde oder Rubine tragen; große, bildschöne junge Frauen mit hoher, klarer Stirn und pechschwarzem Haar; wahre Tonnen, die auf beiden Seiten von Dienerinnen gestützt werden müssen und so schwerfällig daherwanken, als brächen sie jeden Moment unter ihren 800-Karat-Diamanten zusammen; Frauen der alten Generation, ganz in Schwarz und mit Gesichtsmasken. Keine von ihnen würde dir ihre wahre Geschichte erzählen, du erfährst nur, was im Harem über sie geklatscht wird. Keine von ihnen würde dir gestehen, wie sie leidet: eher würde sie lügen – nicht aus Stolz oder weil es Sünde wäre, sondern weil ihre Rolle es so verlangt. Dreitausend Frauen sind hier versammelt, die schönsten und die häßlichsten des Landes.

Jetzt ist meine Prinzessin an der Reihe. In ihre *Abaya* gehüllt steigt sie die Treppe herauf. Ich weiß noch nicht, daß sie es ist, ich sehe nur eine schwarze Gestalt. Doch da schwebt der Schleier auch schon zu Boden und enthüllt eine atemberaubend schöne Frau, die aussieht, als wäre sie einem Renaissancegemälde entstiegen. Sie trägt ein Samtkleid mit hoher Taille und langer Schleppe, die breite Stoffbahn unterhalb der Brust ist mit Silberfäden und kleinen Smaragden bestickt. Sie hat wenig Schmuck heute angelegt – aber welch einen Schmuck... am Finger einen der berühmtesten Diamanten der Welt, in den Ohren zwei riesige Edelsteine. Ihre grünen Augen strahlen. Lächelnd begrüßt sie die Frauen ihrer Familie und geht dann zum Festsaal der Prinzessinnen weiter, dabei fächelt sie sich mit einem alten, diamantenbesetzten Fächer Luft zu.

Ich sitze in meinem schwarzseidenen Pariser Designeranzug auf einem der dreißig Diwane des Empfangssalons und genieße das gekonnt inszenierte, prachtvolle Spektakel. Während der rhythmisch untermalte Gesang eines Frauenorchesters an mein Ohr dringt, spaziert eine junge Prinzessin in rotem Chiffonkleid an mir vorüber; sie trägt pfundweise Rubine am Hals, in den Ohren, an den Handgelenken und Fingern; die Steine glitzern wie Feuer auf ihrer olivfarbenen Haut. Unter der Saaltür fliegt eine weitere *Abaya* davon, eine stolze Frau in strengem, dunkelgrünem Schleppenkleid, über und über mit Smaragden behangen, kommt darunter zum Vorschein. Sie wird von einer Jüngeren in pfirsichfarbenem Chiffongewand und Diamantenschmuck begrüßt.

In einer langen Prozession rauschen und schweben die Prinzessinnen an mir vorüber und betören mich mit ihrem Glanz, ihren Farben und Düften.

Der eigentliche Festsaal ist riesig: in der Mitte ein kostbarer Läufer, rechts und links davon Sesselreihen, am Ende ein um wenige Stufen erhöhtes Podium mit zwei thronartigen Sesseln. Die Musikerinnen und Sängerinnen, von denen eine dicker als die andere ist, haben ihren Platz auf einem Nebenpodium und unterhalten uns mit arabischen Liebesmelodien; Dienerinnen mit silbernen Räuchergefäßen gehen unablässig zwischen den Gästen umher und verbreiten köstliche Düfte. Die Familienangehörigen haben in den vorderen Stuhlreihen Platz genommen, die alten Beduininnen sitzen auf Kissen auf dem Boden – so auch die erste Frau des Königs, der viele zum Zeichen ihrer Verehrung den Rocksaum küssen. Sie wird hier übrigens nicht Königin genannt, dieser Titel existiert in Saudi-Arabien nicht. Die ganz jungen Prinzessinnen sind am tollsten aufgemacht. Sie suchen in diesem Saal voller Frauen einen Mann und haben sich lange und sorgfältig auf den großen Tag vorbereitet: künstliche Wimpern, Gala-Make-up, exklusive Haute-couture-Modelle. Die Matronen, die sie für ihre Söhne begutachten, mustern und messen sie mit den Augen. Eine ägyptische Regisseurin mit weißem Haar und Bürstenschnitt, klobiger Brillenfassung und schwarzer Hose, dirigiert energisch ein Team von sechs Filmtechnikerinnen, die Scheinwerfer und Kameras bedienen. Sie nehmen das Fest aus allen Blickwinkeln auf, was durch den dichten Rauchvorhang hindurch gar nicht so einfach sein dürfte. Der Film wird später dem Hochzeitspaar geschenkt, darüber hinaus aber auch heimlich in die Männertrakte der Paläste geschmuggelt; so können die Prinzen sie ausnahmsweise einmal ohne Schleier sehen, diese wunderschönen und normalerweise unerreichbaren, jungen Frauen. Zum Beispiel die drei Prinzessinnen, die gerade an mir vorüberschlendern: eine mit rotem Smoking und po-langem Haar, eine mit Pagenkopf und schwarzem Abendkleid aus hauchdünnem Stoff, und eine dritte ganz in grünem Chiffon. Die meisten dieser jungen Prinzessinnen sind nicht nur sehr schön, sondern auch ungewöhnlich groß, was ein Erbe des sagenumwobenen Königs Abd el-Asis Ibn Saud sein mag, der zwei Meter maß und Politik mit Vorliebe im Bett vertrieb. Um seine Gelüste zu befriedigen, standen ihm angeblich jederzeit vier Frauen, vier Konkubinen und vier Sklavinnen zur Verfügung, die überdies laufend ausgewechselt wurden. Vor allem jedoch vermählte er sich im Laufe seines Lebens mit Frauen aus dreißig verschiedenen Stämmen, hatte zweiundvierzig Söhne und eine unbestimmte Anzahl von

Töchtern – möglicherweise mehr als einhundertfünfundzwanzig. Sicher fließt sein Blut in den Adern vieler der hier Versammelten.

Was mich in diesem Saal am meisten fasziniert, ist die Langsamkeit der Gesten und Bewegungen. Unglaublich, wie lange eine arabische Frau allein für einen Augenaufschlag brauchen kann, und unglaublich, wie sinnlich sie dabei wirkt. Man kann sich das bei uns im Westen gar nicht vorstellen. Doch nicht alle Gäste sind träge und sitzen herum. Vor dem Podium tanzt – in kobaltblauen Chiffon gekleidet und mit Saphiren geschmückt – eine junge Prinzessin von geradezu umwerfender Schönheit. Sie hebt die Zipfel ihres Kleides an und bildet damit Schleier, hinter denen sie ihr Gesicht verbirgt. Ihre schmalen Hüften kreisen, und das pechschwarze Haar fließt in rhythmischen Wellen über ihren Rücken, während sie die Begegnung mit einem Mann parodiert, das Verlangen, die Scham. Andere Prinzessinnen versuchen sie zu imitieren, doch vergeblich, sie treibt das Spiel am weitesten, gibt vor, sich aus Verzweiflung über eine unerwiderte Liebe die Haare auszureißen, dreht und wiegt sich immer schneller, hüllt sich in ihre blauen Schleier und enthüllt sich wieder unter den begeisterten Zurufen und dem Händeklatschen der Frauen.

Die Prinzessin stellt mich einer Freundin vor, die mit Diamanten bestückt und hochschwanger ist. Sie wirkt etwas müde unter ihrer dicken Schminke, sieht aber trotzdem fabelhaft aus und trägt, wie alle Prinzessinnen, ein Abendkleid der Haute-couture; der kunstvolle Faltenwurf betont ihren dicken Bauch.

»Das ist mein fünftes Kind«, sagte sie auf englisch zu mir und legt sich eine Hand auf den Bauch. »Ich habe sehr jung geheiratet, ich weiß nicht einmal mehr genau, wann.«

»Bei uns im Westen gibt es kaum noch Frauen, die fünf Kinder bekommen«, sage ich.

»Ich weiß, ihr seid viel zu romantisch«, erwidert sie mit einem geheimnisvollen Lächeln. »Ihr legt auf ganz andere Dinge wert als wir – auf die Liebe zum Mann, beispielsweise. Uns bedeuten die Männer nicht viel, wir lieben vor allem unsere Kinder, die sind uns tausendmal wichtiger. Allah hat die Frau zur Mutter bestimmt, so ist das nun mal. Ich erziehe meine selbst«, fügt sie stolz hinzu. »Das macht in Saudi-Arabien fast keine Mutter, aber ich habe im Libanon studiert und dort gelernt, wie wichtig das ist. Mit unseren Söhnen dürfen wir ja sowieso nur zusammensein, bis sie neun Jahre alt sind. Und das ist leider sehr kurz ...«

Plötzlich beginnen die Beduininnen zu trillern. Die Scheinwerfer beleuchten einen Vorhang aus roten Rosen, der sich am anderen Saalende langsam hebt. Die Spannung hat ihren Höhepunkt erreicht, als darunter die Braut zum Vorschein kommt. Sie trägt ein Diamantendiadem, wirkt ziemlich verschreckt unter ihrem kunstvollen Make-up und wird von Mutter und Schwester begleitet. Im Schneckentempo schreitet oder besser *schwebt* sie auf dem Läufer zwischen den Stuhlreihen dahin. In ihrem langen weißen Gewand ist sie ein Inbild der Jungfräulichkeit. Sie braucht fast eine halbe Stunde, um vom Lächeln und den Zurufen der Versammelten angefeuert zu ihrem Thronsessel auf dem Podium zu gelangen, aber erst nachdem sie sich gesetzt hat und ausführlich von ihren Verwandten beglückwünscht worden ist, erscheint – zirka eine Stunde später – der Bräutigam in Begleitung seines Vaters. Er trägt eine weiße Kandora, einen ockerfarbenen Kaschmirumhang mit goldenem Saum, und auf dem Kopf die traditionelle weiße Ghutra. Von lautem Beifallsgeschrei begleitet geht er auf das Podium zu und läßt sich auf seinem Thron nieder.

»Ich habe in zwanzig Jahren Arabien viel gelernt, aber daß sich jemand freiwillig in diese Wüste begibt, kann ich immer noch nicht begreifen.«

Eine magere Frau mit olivefarbenem Teint und gebogener Nase flüstert mir auf französisch diesen Satz ins Ohr. Sie trägt einen schwarzen Smoking und steht neben mir, seit die Prinzessin sich entfernt hat, um das Brautpaar zu beglückwünschen.

»Ich heiße Fatima und bin Türkin«, stellt sie sich vor. »Ich vertrete hier sozusagen das osmanische Königshaus. Und was führt Sie hierher? Ich habe Sie noch nie unter uns gesehen. Sie sind Christin, nehme ich an …«

»Ja. Ich bin hier, um die arabische Kultur besser kennenzulernen.«

»Dann will ich Ihnen gleich die zwei Schlüssel zu ihrem Verständnis verraten: Geduld und Stille.«

Ich betrachte sie fasziniert. Fatima hat langes rotes Haar, das ihr in weichen Wellen auf die Schulter fällt.

»Sie machen sich keine Vorstellung davon, wie traditionsbewußt oder besser ›fortschrittsfeindlich‹ diese Frauen sind«, meint sie mit einem Blick in die Runde. »Ihre goldenen Käfige sind viel zu bequem, als daß sie daraus entfliehen wollten.«

»Sie glauben also nicht, daß die arabische Frau mehr Freiheit anstrebt und in Zukunft einmal haben wird?«

»Nein, ganz im Gegenteil: Es wird strenger werden. Ich bin trotzdem froh, hier zu leben. Als ich nach einem mehrjährigen Aufenthalt im Libanon nach Saudi-Arabien umgezogen bin, habe ich meine muslimischen Wurzeln wiederentdeckt. Der Modernisierungsprozeß der Türkei ist viel zu rapide verlaufen, das Land ist nicht auf orientalische Weise gewachsen. Denken Sie nur an die Regierungsformen: hier absolute Monarchie, dort Demokratie. Es ist alles ganz anders ...«

»Ich finde dieses Fest sehr schön«, bemerke ich ausweichend. »Wenn Sie länger hierbleiben, werden Sie noch weit prächtigere erleben. Aber viele halten den Überfluß, in dem wir heute schwelgen, für schädlich; er macht uns blind für den Sinn des Lebens. Wir Orientalen sind von Natur aus träge, und dieser ganze Reichtum hat uns noch träger gemacht. Seit wir nicht mehr auf den Rest der Welt angewiesen sind, haben wir uns abgekapselt und in uns selbst zurückgezogen. Auf diese Weise können wir nicht wachsen und auch nicht aus unseren Fehlern lernen. Der Reichtum hat die Beduinenstämme ungeheuer mächtig gemacht und die osmanischen Lehren und Werte ausgelöscht. Wir beide, ich und Sie, gehören einer Welt an, die inzwischen untergegangen ist. Wir kennen die Geschichte, den Einfluß der Kultur und damit auch unsere Grenzen. Für diese Leute dagegen existieren keinerlei Einschränkungen, und genau das hebt sie über alles hinaus: Sie stehen der Geschichte vollkommen verantwortungslos gegenüber.« Sie lächelt. »Fehlt Ihnen hier der Champagner?« fragt sie mich, während sie sich ein Glas Mangosaft von einem Tablett nimmt. Sie hat lange, elegante Hände und trägt am Ringfinger einen einzigen Ring, in den ihr Familienwappen eingeprägt ist.

»Kommen Sie mich besuchen, wenn Sie mal wieder mit jemandem französisch sprechen möchten«, fügt sie hinzu. »Ich habe einen Sohn, der in Japan lebt, und wenn ich nicht bei ihm oder auf Reisen bin, lebe ich zurückgezogen im Palast meiner Prinzessin, hier in Riad. Ich habe ihr geholfen, einen kulturellen Club für saudiarabische Frauen einzurichten. Er ist sehr schön, aber keine geht hin.«

Irgendwann begebe ich mich, dem hiesigen Brauch folgend, in den Schminkraum, um mein Make-up zu überprüfen. Der Raum ist groß und komfortabel eingerichtet. Auf einer Seite sind Diwane aneinandergereiht, auf der anderen silberne Waschschüsseln, Spiegel und Parfümablagen; Dienerinnen mit Wasserkrügen stehen bereit. Ich entdecke Sarah, die Schleiertänzerin in blauem Chiffon; sie hat sich auf einem der Sofas ausgestreckt und läßt sich gerade von einer Dienerin ihr mit Saphiren eingelegtes, goldenes Abendtäschchen reichen – sie selbst hat wahrscheinlich keine Lust, es mit sich »herumzuschleppen« – und pudert sich das Gesicht. Um ins Gespräch zu kommen, mache ich ihr ein Kompliment darüber, wie gut sie tanzt.

»Ich amüsiere mich köstlich auf diesen Festen«, erwidert sie und tupft sich mit einem Schwämmchen die schmale Nase ab.

»Wenn ich nicht als Prinzessin zur Welt gekommen

wäre und nicht hier, sondern im Westen, wäre ich vielleicht Schauspielerin geworden. Ich tanze und schauspielere für mein Leben gern, auch wenn die älteren Frauen das skandalös finden. Was soll's? Ich will mich vergnügen und glücklich sein.« Sie schlüpft aus den Schuhen und läßt sich von ihrer Dienerin die geschwollenen Füße massieren. Dabei wirft sie den Kopf zurück und fährt sich mit der Hand über das lange pechschwarze Haar.

»Vielleicht bekomme ich bald ein Kind«, gesteht sie mir lächelnd. »Wer weiß, ob ich zur Mutter tauge, manchmal komme ich mir selber noch vor wie ein Kind. Ich habe vor einem Jahr geheiratet ... Hatte ich eine Angst! Aber das Schicksal war mir gut gesonnen; ich liebe meinen Mann sehr.«

Der Salon, in dem das Bankett angerichtet ist, erinnert an die Märchen aus Tausend und einer Nacht: endlos lange, von goldenen Kandelabern erhellte Tische mit den edelsten Gerichten der europäischen und arabischen Küche, zehn Meter hohe Obstpyramiden, unzählige Torten, eine davon hat den Umfang von vierzig Quadratmetern. Ringsum stehen Kellnerinnen mit Silberkrügen, die Rosenwasser zum Händewaschen enthalten.

Die amerikanische Freundin der Braut, eine College-Kameradin, wirkt trotz allen Prunks etwas traurig. Sie ist in Begleitung ihrer Mutter aus den Vereinigten Staaten angereist. Zum Diner setzen sich beide an meinen Tisch, den einzigen, an dem sie ein westliches Gesicht entdecken. Die Mutter berichtet mir dankbar, daß sie von der Brautfamilie freundlichst aufgenommen worden sind und seit ihrer Ankunft nach Strich und Faden verwöhnt werden; ein Fest wie dieses hätte sie sich nicht einmal im Traum ausmalen können. Sie ist eine höfliche, praktisch veranlagte und lebenslustige Frau, aber ihre Tochter wirkt niedergeschlagen. Sie trägt ein Taftkleid, das rote Haar fällt ihr offen auf die Schultern. Seit drei Tagen sei sie in Riad, erzählt sie mir, und habe noch kein einziges Mal mit ihrer Freundin sprechen können; es gehe einfach nicht, die Braut habe zu viele Verpflichtungen; sie befürchte deshalb, daß ihre Freundin auch traurig sei.

Um sie ein wenig aufzuheitern, mache ich eine witzige Bemerkung über unsere pompösen Gedecke. Jeder Gast hat nämlich vier Kristallgläser vor sich stehen, dabei kann er lediglich zwischen Wasser, Obstsaft und einer Art verwässertem Joghurt wählen.

Gegen drei Uhr früh, als die Prinzessinnen den Speisesaal verlassen haben, werden die schweren Palasttore für die Frauen aus dem Volk geöffnet. Die arabische Gastfreundschaft und Freigebigkeit will, daß auch sie an dem Fest teilhaben. Zu Hunderten stürmen sie in ihren schwarzen *Abayas* herein, fallen unter Freudengeheul über die Tische her, stopfen sich mit den Händen die Münder voll, lassen ganze Gerichte in Plastiktüten unter ihren Umhängen verschwinden. Die Obstpyramiden stürzen ein, goldene Kandelaber und Messer purzeln auf den Boden.

Die Prinzessinnen haben sich in entlegenere Salons zurückgezogen und lagern auf lauschigen Diwanen. An den Türen haben sie ihre treuesten Dienerinnen zur

Wache aufgestellt, denn nun wird heimlich geraucht – ein Augenblick der Intimität, die um so tiefer empfunden wird, als man gemeinsam etwas Verbotenes tut. Selbst die Mutter des Bräutigams, eine wunderschöne Frau, raucht heute eine Zigarette, um ihre Nerven zu beruhigen. Sie trägt ein blauweiß gepunktetes Kleid mit schwerer Schleppe; Kragen und Manschetten sind aus kostbarer Spitze. Gerade massiert sie sich den geröteten Hals, um den sie ein riesiges Diamtencollier trägt, dabei beklagt sie sich bei ihrer Tochter darüber, wie schwer das Ding wiegt, und wie kaputt sie ist. Sie hat Angst, der Empfang sei nicht gelungen, und den Überblick habe sie nun auch verloren. Eine dicke alte Prinzessin in Schwarz nimmt sie tröstend in den Arm: »Mach dir keine Sorgen, es ist alles perfekt.«

Bei einem Spaziergang durch die Korridore komme ich an dem Saal vorbei, in dem die persönlichen Dienerinnen der Prinzessinnen feiern. Die Frauen sind von Kopf bis Fuß mit Gold behangen, sie plaudern und tanzen und werfen dabei immer ein Auge zur Tür, für den Fall, daß ihre Herrinnen sie brauchen. Im Gegensatz zu ihnen fange ich allmählich an, mich zu langweilen. Das Fest hat am Nachmittag begonnen, jetzt ist es vier Uhr früh, und vor zehn Uhr wird kein Chauffeur sich blicken lassen. Ich öffne eine Tür nach der anderen und sehe überall das gleiche: Salons, Diwane, plauschende Prinzessinnen.

Als ich mich schon fast zurückziehen möchte, entdecke ich plötzlich das Herz des Festes: Ein riesiger Saal öffnet sich vor meinen Augen, er ist gerammelt voll. Die rauchgeschwängerte Luft vibriert von Tamburen und von den Gesängen der Beduininnen, die im

Kreis auf dem Boden sitzen und rhythmisch in die hennagefärbten Hände klatschen. Fast alle tragen *Abayas*, schwarze Schleier und Gesichtsmasken, die nur die Augenpartie aussparen und je nach Stamm etwas anders aussehen. Die Äthiopierinnen dagegen tragen keine Masken, ihre edlen Gesichter sind von einer Schönheit, wie ich sie noch nie erlebt habe, und ihre Körper erinnern an Gazellenkörper. Aus den Streifen- und Kringelmustern ihrer bunten Trachten kann man entnehmen, welchem Clan sie angehören. Goldene Reifen schmücken ihre Hand- und Fußgelenke, Goldmedallions ihr Haar; es ist zu unzähligen Zöpfchen geflochten, die hochgebunden sind und wie Kronen auf ihren Häuptern sitzen.

Dies ist für mich das wahre Fest, das, von dem ich geträumt habe.

Jetzt versammeln die Äthiopierinnen sich zum Tanz, die Trommelwirbel werden lauter, und schon verwandelt sich die Tanzfläche in ein Karussell aus grellbunten Farben. Die hennagefärbten Füße stampfen rhythmisch auf den Boden, es ist ein Fruchtbarkeitstanz, die Beschwörung einer neuen Geburt, die der Welt Freude bringen soll. Die jungen Äthiopierinnen imitieren den Koitus, indem sie sinnlich mit den Hüften kreisen, und die älteren, die federgeschmückte Stöcke in den Händen haben, rufen die Geister der Fruchtbarkeit herbei.

Inmitten des erregten Durcheinanders halte ich Ausschau nach Fadilah, der marokkanischen Tanzlehrerin, die mich mit ein paar Stunden Unterricht auf das Fest vorbereitet hat. Sie lebt als einzige Marokkanerin im Palast der Prinzessinmutter. Ich habe ihr versprochen, daß ich mit ihr tanzen würde, wenn wir uns treffen.

Doch ich entdecke sie erst, als die Äthiopierinnen sich zurückziehen. Da erscheint nämlich sie auf der Tanzfläche – in einem schönen, orangefarbenen Chiffonkleid mit sehr viel Goldschmuck und einem langen Schal in der Hand. Bei den ersten Tamburschlägen wiegt sie sich nur sanft in den Hüften, aber mit Anschwellen der Musik verfällt sie in die gemessenen und raffinierten Schritte des klassischen arabischen Bauchtanzes. Fadilah beherrscht ihre schwierige Kunst meisterhaft. Die Beduininnen feuern sie mit Händeklatschen und Zurufen an. Ich nähere mich dem Kreis. Die Musik wird lauter, nimmt volkstümliche Formen an, Fadilahs Eleganz weicht spontaneren Bewegungen, die sinnlicher und weicher sind. Jetzt lockt sie mich ins Rund, indem sie mir ein Ende ihres Schals zuwirft und mich tanzend umkreist. Die am Boden hockenden Beduininnen kreischen vor Erregung, als Fadilah ihren Schal blitzschnell über mich wirft und mich mit rhythmischen Schritten und kreisenden Hüften an sich zieht. Ich lasse mich gehen, ahme ihre Bewegungen nach, angefeuert von den immer lauter werdenden Tamburen und Schreien. Die Beduininnen klatschen jetzt in rasendem Takt, der duftende Rauch bildet einen Nebelvorhang, der mich betört, ja, berauscht. In schwindelerregendem Tempo drehen sich tausend unbekannte Gesichter um mich, keines von ihnen ist europäisch, keines gehört zu meinem Stamm. Ich fühle mich verlassen – nicht einsam, sondern eher wie nach einem Verlust: Ich habe die Fähigkeit zum Widerstand verloren. Diese Frauen haben mich bezwungen, sie haben meine westliche Arroganz besiegt, meinen Glauben, ich könne auch in Arabien die Kontrolle über mein Leben in der Hand behalten. Ich spürte, daß ich völlig ihnen gehöre und suche verzweifelt nach einem eigenen Fruchtbarkeitstanz, nach irgendeiner Möglichkeit, mich und meinen Stamm von ihnen abzugrenzen.

Plötzlich werde ich von einem Lichtstrahl geblendet. Er kommt von der Hand einer kleinen, mageren Beduinin, die wie die anderen schwarz gekleideten Frauen auf dem Boden sitzt. Am Ringfinger trägt sie einen pflastergroßen quadratischen Diamanten – von ihm geht das Licht aus, ein phantastisches, unvorstellbar helles Licht. Nur durch diesen Stein erfahre ich, daß die Mutter der Prinzessin anwesend ist. Sie klatscht begeistert in die Hände und scheint entzückt von meinem Spiel mit den Schleiern. So mache ich die Bekanntschaft dieser Frau also hier, in diesem Saal, wo die Beduininnen nach alter Sitte feiern, und keine Prinzessin sich blicken lassen würde. Später gratuliert sie mir, weil ich als Weiße den schwierigsten aller Tänze gewagt habe.

»Du bist eine von uns«, sagt sie zu mir.

Verwirrt und glücklich werfe ich mich in die Arme Tufas, die mich herzlich an sich drückt.

Tufa, die gute Tufa ... Von der Prinzessin einmal abgesehen, ist sie die einzige in unserem Harem, die ihren Mann bei sich haben darf. Sie wohnt in einem kleinen Haus, das zur Hälfte innerhalb und zur Hälfte außerhalb des Harems liegt, so kann ihr Mann zu ihr gelangen, ohne einen Skandal heraufzubeschwören. Tufa trägt heute ein italienisches Seidenkleid und reichlich Goldschmuck. Sie hat eine dunklere Haut als die anderen Frauen und krauses Haar. Ihre großen Augen betrachten liebevoll die im Kreis der Beduininnen sitzende Prinzessinmutter.

»Möge der Tag fern sein, an dem Allah die Prinzessin zu sich holt, denn an diesem Tag macht er uns alle zu Waisen«, sagt sie. »Die Prinzessin vertritt Vater und Mutter für uns, alles Gute in dieser Welt kommt von ihr. Ihre Tugend ist uns ein Labsal, wie ausgedörrtem Land der Regen.«

»Du hast sie wohl sehr gern?«

»Ja, und ich bin ihr aus tiefstem Herzen dankbar; durch sie wurde ich zu neuem Leben geboren. Ich will dir in dieser Festnacht meine Geschichte erzählen, damit du verstehst, was ich meine ...«

Tufas Blick schweift in die Ferne.

»Ich weiß weder, wie alt ich war, noch wo ich gelebt habe«, fährt sie nach einer Weile fort. »Ich erinnere mich nicht an das Gesicht meiner Mutter. Meine erste Erinnerung ist ein Sack. Ich habe mit anderen Kindern gespielt, da kamen plötzlich Männer und steckten mich in einen Sack. Meine Familie muß sehr arm gewesen sein, jedenfalls hatte sie keinen bewachten Harem und keine hohen Mauern, um mich zu beschützen. Ich bin als Sklavin verkauft worden. Die Räuber der Wüste leben davon, Kinder zu entführen und später auf dem Markt zu verkaufen. Mich hat eine Familie gekauft; ich habe ihr Haus geputzt, bis ich im richtigen Alter war, um mißbraucht zu werden, also mit acht, höchstens zehn Jahren. Danach haben sie mich auf dem Markt weiterverkauft; ich war so gut wie nichts mehr wert – unvorstellbar, was aus mir geworden wäre, wenn mich nicht die Prinzessinmutter gekauft hätte. Ihr Edelmut bietet den Leidenden Zuflucht, immer hat sie die Elendsten der Elenden aufgenommen und war ihnen im Unglück ein sicherer Hafen. Ich küsse den Boden unter ihren Füßen.« Tufa deutet die Geste an. »Sie hat mich als Spielkameradin für die kleine Prinzessin gekauft und mir damit meine geraubte Kindheit zurückgegeben. Hinter den hohen Palastmauern konnte ich mich endlich sicher fühlen, wir haben gespielt und gelacht und sind ausgelassen in den riesigen Sälen herumgerannt. Der barmherzige Gott hat gewollt, daß die Tochter den Edelmut der Mutter erbt. Als ich achtzehn war, hat mir die Prinzessin einen Mann gesucht, was ein großes Privileg ist; mit der Gnade Gottes habe ich drei Söhne zur Welt gebracht. Keine Sekunde hat es mir an der Hilfe meiner Prinzessin gefehlt. Als ich Probleme mit der Hüfte bekam, hat sie mich zweimal in den Vereinigten Staaten operieren lassen, und meine Söhne besuchen dank ihrer Unterstützung eine gute Schule. Siehst du, wie großartig diese Familie ist? Ich verdanke ihr mein Leben.«

Während sie spricht, muß ich an ein Kinderbild der Prinzessin denken: schwarze Locken, eine Schleife auf dem Kopf, ein süßes Kleidchen mit Spitzenunterrock. Tufa ist nicht auf dem Bild, aber ich kann sie mir gut vorstellen: in einem langen Baumwollhemd, barfüßig und sicher schon damals mit einem dunklen Schleier auf dem Kopf.

Der kleine Prinz empfängt mich

Endlich erklärt Seine Hoheit, der kleine Prinz Amir, sich bereit, mich zu empfangen. Mama Amina hat meine Sache vertreten und tagelang auf ihn eingeredet, um ihn davon zu überzeugen, daß ich zwar Christin aber nicht böse sei. Ähnlich seine Eltern, die ihm alle möglichen Belohnungen und Strafen in Aussicht gestellt haben. Vielleicht hat sogar sein Großvater, der König höchstpersönlich, ein Wörtchen für mich eingelegt. Ich verbrachte derweil die Abende im Korridor in der Hoffnung, vorgelassen zu werden. Jetzt ist es so weit, ich darf die Schwelle seines Zimmers übertreten. Die philippinischen Dienerinnen bleiben auf Anordnung der Prinzessin draußen; sie setzen sich im Korridor auf den Boden und warten auf mögliche Befehle, wie etwa: Bonbons auswickeln, Bleistifte spitzen, Spielzeug holen.

Amir empfängt mich, von unzähligen Kissen umgeben, auf seinem riesigen, hellblauen Himmelbett. Er hat vier echte Wald-Disney-Telefone in Reichweite und duftet wie immer nach *Eternity*. Ich setze mich mit einem Dutzend Kinderbücher auf den Bettrand.

»Hallo«, sage ich.

Anstatt mir eine Antwort zu geben, schielt er mich

nur von der Seite her an. Er hat wunderschöne Augen mit sehr langen Wimpern.

»Ich möchte dir eine Geschichte erzählen«, sage ich auf französisch und versuche, mich von seiner abweisenden Miene nicht entmutigen zu lassen. »Komm«, füge ich lächelnd hinzu, »hilf mir eine auszusuchen.«

Ich schlage die Bücher auf und verteile sie auf dem Bett. Es sind die schönsten, die ich in Paris finden konnte; ich habe sie sorgfältig ausgewählt und vor allem solche mit großen bunten Zeichnungen genommen, die Kinder normalerweise ansprechen. Amir beäugt sie verstohlen.

»Womit fangen wir an?« frage ich ihn. »Mit der Geschichte vom kleinen Prinzen oder mit dem Märchen von Dornröschen? Oder möchtest du lieber die Geschichte von den kleinen Häschen hören? Die ist besonders schön, die kann ich dir empfehlen.«

Ohne ein Wort zu verlieren, springt Amir aus dem Bett, packt die Bücher und schleudert sie auf den Boden. Dann blickt er mich zornig an und brüllt auf englisch: »Wenn du nicht tust, was ich will, lasse ich dich köpfen!«

Ich starre ihn entgeistert an, aber drei Sekunden später gebe ich ihm eine sehr bestimmte Antwort: »Ich habe keine Angst vor dir«, sage ich und glaube, das wütende kleine Mädchen aus mir reden zu hören, das ich in meiner Kindheit manchmal gewesen bin. »Außerdem kannst du mich gar nicht köpfen lassen, merk dir das.«

»Ich bin stärker als du. Ich bin ein Wüstenlöwe, weißt du das nicht? Und du bist hier in meinem Haus, ich kann dich hinauswerfen, wann immer ich möchte.«

»Wenn du mich hinauswirfst, kriegst du eine andere Lehrerin. Und mit der geht's dir schlechter als mit mir, darauf kannst du Gift nehmen.«

»Warum geht's mir mit der schlechter?«

»Weil das eine echte Lehrerin sein wird. Ich nicht, ich bin nur hierhergekommen, weil ich dachte, es würde Spaß machen, dir französisch beizubringen. Ich dachte, du bist ein nettes Kind.«

»Du mußt tun, was ich will«, erwidert er trotzig und betrachtet mich abwägend.

»Ich tue, was du willst, wenn du tust, was ich will«, versuche ich zu feilschen.

»Wenn du möchtest, können wir spielen«, schlägt er vor.

»Aber deine Geschichten von Prinzen und Feen will ich nicht hören. Die sind blöd, aber weiß ich jetzt schon. Ich kenne viel schönere.«

»Gut, dann spielen wir«, sage ich, »aber auf französisch.«

»Okay, aber wir spielen, was ich will.«

»Abgemacht.«

Auf seinen lauthals gebrüllten, arabischen Befehl hin bringt uns eine Philippinin seine weißen Lieblingspferde. Amir sagt natürlich, er hätte das schnellere Pferd. Meines sei gut, aber schwächer. Wir simulieren wilde Rennen durch die Wüste, und als wir das satt haben, hüpfen wir auf sein Bett. Die extra dicken Federkernmatratzen, der Baldachin und die Sofas sind ideal zum Tarzanspielen; affenartig und mit lautem Gebrüll schwingen wir uns vom Bett auf die Sofas und wieder zurück. Nach kurzer Zeit ist das Zimmer ein einziges Schlachtfeld, aber mein kleiner Prinz scheint zufrieden, und ich bin es auch. Er gefällt mir viel besser, als ich es nach den ersten Präludien erwartet hatte.

Eine Reihe von Telefonanrufen unterbricht uns. Die Prinzessin, der Prinz, die Großmutter und Nahime wollen wissen, ob Amir brav ist. Sehr brav, erwidere ich und überlasse das mit kaputtem Spielzeug übersäte Schlachtfeld Mama Amina. Sie hat die Aufgabe, mit dem Kleinen zu beten und ihn einzuschläfern.

Später werden zwei Philippininnen mit Schlafmatten kommen und die Nacht am Fußende seines Bettes verbringen. In diesem Land schläft niemand unbeschützt, und Kinder schon gar nicht.

Wir haben eine Art Stundenplan aufgestellt: An den sechs Werktagen der Woche soll ich mit Amir zu Abend essen und ihm danach, vor dem Schlafengehen, eine halbe Stunde lang Geschichten erzählen. Die restliche Zeit bin ich frei – er nicht. Mama Amina hat mir stolz seinen üblichen Tagesablauf geschildert.

Amir wird im Morgengrauen geweckt und in seine Schuluniform gesteckt: graue Flanellhose, weißes Hemd mit Krawatte, dunkelbraunes Jackett, weiße Söckchen und schwarze Halbschuhe. Dann wird er mit einer ersten Dosis Parfüm eingesprüht (bis zum Abend ist es ein ganzes Fläschchen). Um halb sechs ist er in der King-Feisal-School, eine neue, ziemlich strenge Schule mit arabischen und amerikanischen Lehrern. Er verläßt sie um siebzehn Uhr dreißig, nach zwölf Stunden Schule! Zu Hause angekommen, darf er seinen Jogginganzug anziehen – das einzige Kleidungsstück, das er mag – und mit seinen kleinen »Sklaven« Muhammad und Ali spielen. Die beiden Spielkameraden wurden nach altem Brauch in Mekka für ihn ausgesucht und leben im Palast. Nach dem Abendessen badet Amir, dann sagt er seinen Eltern gute Nacht und verbringt vor dem Einschlafen noch eine halbe Stunde mit mir. Häufig bleibt dazu aber gar keine Zeit, weil zum normalen Tagesprogramm noch alles mögliche andere dazukommt: Reitstunden, Besuche bei seinen unzähligen Tanten, zu denen er jedesmal einen neuen Anzug aus der Armani-Kinderkollektion anziehen muß (was er haßt), und ärztliche Routineuntersuchungen im Krankenhaus, wo er zweimal pro Woche drei Stunden lang durchgecheckt wird (ein Wahnsinn, da er kerngesund ist). In Wirklichkeit ist das Leben dieses verwöhnten kleinen Prinzen also die reinste Hölle.

Amir und ich haben uns schnell verstanden. Unsere Abende verlaufen fröhlich und turbulent. Heute krabbeln wir auf allen vieren im Zimmer herum und imitieren einen Tiger und einen Ozelot, die miteinander kämpfen. Unser Gebrüll überwindet sämtliche Sprachgrenzen, wir haben einen Riesenspaß.

Plötzlich kommen seine Eltern herein. Sie erklären freundlich, daß sie an unserem Französischunterricht teilnehmen wollen. Ich richte mich verlegen auf, Amir ist blitzschnell unter die Decke geschlüpft und macht ein Engelsgesicht. Während ich unter den auf den Boden »gerutschten« Büchern nach einer Tierfabel suche, erfindet Amir die Ausrede, er sei aus dem Bett gefallen. Die Prinzessin läßt sich bei seinen Worten lachend auf ein Sofa plumpsen, ihr Mann lacht auch, ja, die beiden biegen sich geradezu vor Lachen. Ich bin ziemlich verwirrt, nicht zuletzt, weil es das erste Mal ist, daß ich Amirs Vater begegne – der phantastisch aussieht. Er ist jung, hat schöne Augen, eine sehr helle Haut, ein strahlendes Lächeln, breite Schultern und schmale Hüften. In den Märchen aus Tausend und einer Nacht würde er so beschrieben: »Seine Hüften sind schlank wie ein junger Zweig, und seine Gesäßbacken wölben sich wie sanfte Dünen; der Finsternis gleicht sein Haar, und sein Antlitz der strahlenden Sonne.« Lichtjahre entfernt vom europäischen Vorurteil des schmuddeligen, fetten Arabers! Dieser Prinz mit amerikanischem Universitätsabschluß und dem Look eines Dressman könnte jeder Frau den Kopf verdrehen. Er trägt ein weißes T-Shirt, eine weiche, weite Hose und Sandalen aus Eidechse. Das Beeindruckendste an ihm ist seine Größe. Die saudischen Prinzen und Prinzessinnen sind alle groß – wahrscheinlich ein Erbe der schönen Tscherkessinnen, die in den Harems ihrer Vorfahren lebten. Amirs Vater mißt mindestens zwei Meter, und seine Erscheinung wirkt direkt etwas einschüchternd. Dabei ist er durchaus kein steifer Typ, im Gegenteil, gerade schnappt er sich ein Kissen und wirft es Amir ins Gesicht. Lachend und munter wie ein kleiner Löwe, der seine Freiheit zurückerlangt hat, hüpft Amir aus dem Bett und wirft es mir an den Kopf. Die Prinzessin will uns nicht nachstehen, sie greift ebenfalls nach einem Kissen und schleudert es auf ihren Mann; der springt aufs Bett und begräbt Amir unter einem Berg von Kissen. Es geht immer wilder zu. Bald springen wir alle vier lachend, grölend und kissenwerfend im Zimmer herum. Es gibt einen Moment, da denke ich: Wie kommst du eigentlich dazu, in einem arabischen Prinzenpalast auf Sofas herumzuhüpfen und mit Kissen um dich zu werfen? Aber Amir läßt sich ständig etwas Neues einfallen, um weiterspielen zu können, und sein Vater steht ihm nicht nach. Die beiden sind unermüdlich, sie haben dieselben tiefgründigen schwarzen Augen, dieselbe Beweglichkeit, denselben Spieltrieb im Blut und hören nicht auf, mit allem herumzuwerfen, was ihnen in die Quere kommt.

Die Prinzessin dagegen läßt sich erschöpft auf einen Diwan sinken und schaut zu, wie ihre beiden Männer miteinander spielen und kämpfen. Ich beobachte sie dabei. Aus ihren Augen, die stärker funkeln als Smaragde, spricht nicht nur die Liebe einer Frau zu ihrem Mann und einer Mutter zu ihrem Sohn, dem lange ersehnten Wunschkind, sondern auch ein heimlicher Schmerz. Nach wenigen Minuten steht sie auf und geht leise hinaus.

Auf dem Bett wird Amir von seinem Vater in die Arme geschlossen. »Wie ich dich um deine Fröhlichkeit beneide, mein Sohn«, sagt er lächelnd. »Verliere sie nie! Es ist wichtig, lustig sein und spielen zu können. Aber jetzt möchte ich mir mit dir zusammen ein paar französische Märchen vorlesen lassen. Ich will lernen, was du lernst, und was ich als kleines Kind nicht habe lernen können.«

Nach einer letzten Umarmung läßt sich der Prinz auf einem der himmelblauen Sofas nieder und schlägt die langen Beine übereinander. Amir schlüpft unter die Decke. Ich setze mich zu ihm aufs Bett und beginne die Geschichte vom Stachelschwein Tommy und seinen unglücklichen Abenteuern im Wald zu erzählen. Meine beiden Prinzen hören zu und bekommen schläfrige Gesichter, aber Amir unterbricht mich hin und wieder mit einer entrüsteten Frage: »Warum ist Tommy so dumm? Warum hat er immer Pech? Warum weiß er von nichts?«

Der Vater beobachtet ihn grinsend und legt sich die Hand aufs Herz. Er betet seinen Sohn an. Für diese Leute sind ihre Kinder das Kostbarste im Leben. Eine Kinderliebe wie hier habe ich noch in keinem anderen Land erlebt. Meistens spricht man über nichts anderes.

Wenn ich Amir abends verlasse und in mein Haus zurückgehe, begegne ich immer wieder Philippininnen, die in den abgelegten Morgenröcken der Prinzessin, gerollte Schlafmatten unterm Arm, durch den Palast geistern. Wer von ihnen noch keine offizielle Unterbringung hat, schläft, wo es ihm gefällt, in irgendeinem der großen, leeren Säle; die Prinzessin verläßt ihre Schlafzimmer und die angrenzenden Salons sowieso nie. Sie hat keine Ahnung, was unter ihrem Dach vor sich geht, und sie kümmert sich auch nicht darum – ob aus Trägheit oder Diskretion, weiß ich nicht. In Europa würde sicher niemand seine Hausangestellte im Louis-quinze-Zimmer übernachten lassen, aber hier schert das keinen: Personal und Herrschaft leben nicht getrennt sondern miteinander, und das fast immer friedlich. So fix ihre Rollen sind, so flexibel sind die räumlichen Grenzen. Diese Leute lassen sich Paläste bauen, in denen hinterher mit der größten Nonchalance biwakiert wird. Es ist unmöglich, ihre Andersartigkeit zu erklären: Ich spüre sie, ich erlebe sie, sie äußert sich in Amirs Gebrüll, in den Kissenschlachten seiner Eltern, in der Herzlichkeit der Haremsbewohnerinnen, die mich berühren und streicheln. Es ist etwas sehr Direktes, Unmittelbares, etwas, das unter die Haut geht. Der Luxus ihrer Paläste ist nur ein oberflächlicher Aspekt ihres Lebensstils, dem sie kaum Bedeutung beimessen. Abgesehen von den ersten Hippies habe ich nie jemanden erlebt, der so weit vom bürgerlichen Denken entfernt gewesen wäre.

Ich muß nichts unter Beweis stellen, ich muß mir nichts verdienen. Ein Araber setzt grundsätzlich den guten Willen des anderen voraus, die Nahime mir erklärte. Jeder versucht ganz selbstverständlich, seine Sache so gut wie möglich zu machen – was könnten die anderen also an ihm auszusetzen haben? Niemand würde mich hier für eine schlecht gelungene Arbeit schelten oder für eine gut gelungene loben, und keiner würde von mir erwarten, daß ich arbeite, ohne Lust dazu zu haben. Der Islam legt ein paar allgemeine Lebensregeln, wie etwa die Geschlechtertrennung, fest und an die muß man sich halten, aber im übrigen lebt man hier völlig frei. Jeder wird angenommen, wie er ist, auf Lebzeiten adoptiert mit all seinen guten und schlechten Eigenschaften. Ein Mensch ist faul? Okay, dann soll er eben faul sein. Hier hat er die Freiheit dazu.

Der arabische und der mir vertraute, westliche Lebensstil sind grundverschieden: Jeder Vergleich wäre nutzlos. So nutzlos wie alles, woran ich bis zu diesem Augenblick geglaubt habe.

Nachdem ich drei Monde hier verbracht habe, empfinde ich eine Harmonie, wie ich sie vorher noch nie empfunden habe. Die Tage vergehen, ich zähle sie nicht. Ich genieße die Ruhe, die dieses Leben mir bietet; sie ist ein wahrhaft königliches Geschenk. Es beruhigt mich zu wissen, daß morgen und übermorgen alles genauso sein wird wie heute, in der Stille dieser Gärten. Der Harem ist ein Bollwerk. Das Klausurleben, das ich hier führe, verhilft mir zu innerem Frieden, es verdrängt Ängste und Zweifel. Eine seltsame Verwandlung geht mit mir vor. Jeden Tag erforsche ich eine neue Seite meiner selbst. Ich habe Zeit dazu. Die Außenwelt interessiert mich immer weniger. Ich vergesse sie einfach. Kein westliches Bild stört meine Träume. Ich entdecke den Genuß des Alleinseins wieder. Ich lausche meinem Herzen und entdecke – weit entfernt vom sarkastischen Grinsen der Leute, die mich als Nonne oder Gefangene sehen –, daß die Freiheit in mir selbst ist. Ich überrasche mich dabei, nichts zu begehren.

Freitag morgen, Feiertag. Ein Kindermädchen Amirs ruft mich an: Der kleine Prinz verlangt, daß ich auf der Stelle zu ihm komme. Im Spielzimmer treffe ich Amir, Muhammed und Ali an; die drei tragen das Trikot des Fußballclubs von Riad, *El Masser*: blaue Shorts und blaugelbe Hemden. Amir schlägt mir ein Match vor. Er und Muhammad spielen gegen mich und Ali.

Ich werde in die Geheimnisse des Spiels eingeweiht, aber die Lektion ist hart. Der schlanke, zwölfjährige Muhammad, ist ein Meister im Dribbling, Amir vollführt Kunststücke mit dem Ball, den er zwischen Fußspitze und Ferse hin und her wandern läßt; der zehnjährige Ali, ein gutmütiges Pummelchen, hat alle Mühe mit den beiden brüllenden Berserkern Schritt zu halten, die sich bei jedem Tor stürmisch umarmen. Und ich komme schon gleich gar nicht mit. Während die

Philippininnen gemütlich am Boden lagern, schnaufe ich wie eine alte Lokomotive und staune darüber, wie gut die kleinen Jungs in Form sind.

Nach einer halben Stunde ist Amir der Sache überdrüssig.

»Schade, du spielst ziemlich schlecht«, sagt er. »Aber wart's ab, mit der Zeit lernst du es auch noch«, fügt er dann etwas freundlicher hinzu. »So gut wie ich wirst du natürlich nie, und bei *El Masser* hast du überhaupt keine Chance. Egal, wenigstens machst du bei Männerspielen mit – Mama Amina tut das nie. Ich glaube, ich könnte dir einiges beibringen. Aber deine doofen Märchen interessieren mich nicht, merk dir das. Du mußt mir lustigere Dinge erzählen, oder Männergeschichten. Streng dich ein bißchen an, vielleicht fällt dir ja was ein.«

»Du hast mir mal gesagt, du wüßtest schönere Geschichten«, erwidere ich. »Warum erzählst du mir nicht eine?«

»Nur, wenn du dich nachher ins Tor stellst.«

»Einverstanden.«

»Also, dann erzähle ich dir die Geschichte von meinem Großvater, Abd el-Asis. Das ist die schönste von allen. Komm.«

Er rennt in eine Spielzimmerecke mit Kamelen, wählt das größte unter ihnen aus und setzt sich damit auf den Boden.

»*Baba* Abd el-Asis«, beginnt Amir, von seinen Kamelen umgeben, zu erzählen, »war als Kind sehr schlau und sehr stark. Er hatte vor nichts Angst, genau wie ich. Als kleiner Junge lebte er in seinem Palast in Riad. Aber eines Nachts, als er schlief, kam Rashid mit seinem Stamm und zündete alles an. Da ist *Baba* Abd el-Asis von seinem Vater in einem Quersack versteckt und an den Sattel eines Kamels gebunden worden. In dem Sack war es finster, aber er hatte keine Angst. Er weinte nicht, er war mucksmäuschenstill, auch als er Schüsse hörte und das Kamel losrannte. So sind sie mit den Kamelen wochenlang geflohen, bis sie nach Kuwait kamen. Dort hat Scheich Mubarak vom Stamm der al-Sabah regiert, ein Verwandter von uns. In Kuwait hat *Baba* Abd el-Asis jeden Tag in der Wüste trainiert: Pferde- und Kamelreiten, Schwert- und Messerkampf, auf Palmen klettern ... Und die ganze Zeit über hat er nur darauf gewartet, groß zu werden, damit er nach Riad zurückkehren konnte, um seine Feinde zu töten und die Ehre der Saud zu rächen. Als er endlich einundzwanzig und groß und stark war, der Stärkste von allen, ging er zu seinem Vater und sagte: ›Ich ziehe aus, um Riad zurückzuerobern, und komme nur wieder, wenn ich siege; lieber will ich sterben, als zu verlieren.‹ Darauf hat er im Namen Allahs die heiligen Schwüre abgelegt, wurde von seinem Vater gesegnet und zog mit vierzig Kameraden los. Sie ritten auf Kamelen und waren alle mit Gewehren und Krummsäbeln bewaffnet. Als sie zur Oase von Haradh kamen, begann der Ramadan. *Baba* Abd el-Asis betete den ganzen Tag zu Gott, und abends setzte er sich mit seinen Kameraden ans Lagerfeuer und aß Datteln, Fladenbrot und die Tiere, die sie gejagt hatten. In der Nacht schlief er nicht, sondern betrachtete die Sterne und fragte Allah, wie er Ibn Rashid besiegen konnte, der selbst den Engländern angst machte. Zum Schluß kam er auf die kluge Idee, nicht nach Norden zu ziehen, wo Riad lag, sondern nach Süden, um die Stadt von hinten anzugreifen. Du weißt aber nicht, daß im Süden die Rub al-Khali ist, die Wüste ohne Oase, in der man stirbt.«

»Und wie hat dein Großvater es geschafft, zu überleben?«

»Tagsüber hat er sich in den Dünentälern versteckt und immer nur einen Tropfen Wasser getrunken, wie ein echter Wüstenlöwe. Und nachts zog er mit seinen Kameraden weiter und schaute dabei immer zu den Sternen hinauf, um sich nicht zu verirren. Der letzte in der Karawane verwischte mit einem Zweig die Spuren der Kamele. Nach einer Woche standen sie vor den Toren von Riad. Sie kamen in der Nacht dort an; alles schlief, weil man am Abend vorher das Ende des Ramadan gefeiert hatte. Der Feind von *Baba* Asis, Rashid, war nicht da: Er war weit weg im Krieg und hatte nur wenige Soldaten in der Festung Musmak zurückgelassen. *Baba* Asis fand, das sei der richtige Moment, um anzugreifen – ich habe dir ja schon gesagt, daß er sehr schlau war. Mit zehn oder zwölf Kameraden kletterte er über die Stadtmauer, oder besser: Er kletterte zuerst auf eine hohe Palme und sprang von dort über die Mauer auf ein Hausdach. Dann drang er in die Wohnung des Statthalters Ajlan ein, der wie jede Nacht in der Festung Musmak auf der anderen Seite des Platzes schlief. Mein Großvater fesselte und knebelte Ajlans Frau und seine Diener, und dann versteckte er sich, um den Statthalter bei seiner Rückkehr zu überraschen. Im Morgengrauen kam Ajlan aus der Festung ... aber jetzt paß auf ...«

Amir rennt los, holt sich einen Plastiksäbel, steigt auf ein Sofa und beginnt – vermutlich in Nachahmung des Großvaters – wie ein Besessener zu brüllen: »Attacke! Attacke!!« Dann läßt er nacheinander sämtliche Teddybären, Plüschhunde und Schafe auf dem Sofa über die Klinge springen.

»Und der Statthalter?« frage ich ihn, als er sich etwas beruhigt hat.

Er schnappt sich ein Gewehr und erschießt mich.

»Der Statthalter«, erzählt er dann weiter, »versuchte sich zu retten: Als er merkte, daß *Baba* Asis und seine Männer bei ihm im Haus waren, wollte er durch ein Fenster in die Festung zurückklettern, aber in der Hast blieb er auf halbem Wege stecken. Seine Soldaten versuchten ihn am Kopf hineinzuziehen, und *Baba* Asis' Kameraden versuchten ihn an den Beinen hinauszuziehen. Zum Schluß wurde er erschossen. Seine Männer ergaben sich. Und wir haben gesiegt.«

Wie jeden Freitag, den er in Riad verbringt, besucht Amir heute nach dem Spielen seine Großmutter. Die Kinder, Mama Amina, Carina und ich begleiten ihn. Mama Amina ist heute todschick, sie trägt ein violettes Kleid, auf das große grüne Blätter aufgedruckt sind, und wie üblich kiloweise Gold; natürlich hat sie auch ihren Gebetsteppich dabei. Ich habe mich ebenfalls sorgfältig zurechtgemacht: Über meinem weiten schwarzen Hosenanzug trage ich eine *Abaya*, und die Haare habe ich unter einem Schleier versteckt. Sogar eine riesige schwarze Sonnenbrille habe ich mir aufgesetzt. Mama Amina unterzieht mich einer strengen Musterung; sie schüttelt immer wieder den Kopf und stochert sich mit einem Zahnstocher aus parfümiertem Wurzelholz nervös zwischen den Zähnen herum;

zum Schluß zupft sie meinen Schleier zurecht, während sie irgend etwas über die neumodische Sitte, keine Maske mehr zu tragen, vor sich hin brummt. Als sie endlich fertig ist, telefoniert sie Achmed, dem Chauffeur, er solle sich bereithalten. Wir verlassen das Haus. Vor dem Haremstor bleibt Mama Amina noch einmal stehen, um ein letztes Mal meine Kleidung zu überprüfen, dann faltet sie mit einer raschen Geste das schwarze Tuch auseinander, das sie immer auf dem Kopf trägt, und zieht es sich übers Gesicht. Ich begreife zwar nicht, wie sie durch diese Maske hindurch etwas sieht, der Stoff scheint nämlich ziemlich dick zu sein, aber sie schreitet, ihren Gebetsteppich unter den Arm geklemmt, stramm wie ein General auf den kleinen Vorplatz des Gartens zu. Dort erwartet uns der Chauffeur mit einem Kombi, einem der vielen Wagen, die Amir besitzt. Angeblich sind auch Porsches und Ferraris darunter, der kleine Prinz bevorzugt aber den Kombi, weil der mit Videogames eingerichtet ist und bequeme Sitze hat, die sich umlegen und in Betten verwandeln lassen; so kann er während der Fahrt Zeichentrickfilme ansehen oder sich mit seinen Spielkameraden herumwälzen, wie er es heute tut. An ihr mörderisches Gebrüll habe ich mich wohl oder übel gewöhnt. Auch Mama Amina brüllt – bald an Amir gewandt, der sie ignoriert, bald an den Chauffeur Achmed, der ihr leise und ehrerbietig antwortet und sie liebevoll *Yuma*, also Frau, nennt. Mama Amina ist beständig in höchstem Aufruhr, nicht aus Nervosität, sondern aus Liebeseifer und aus ihrer überschäumenden Vitalität heraus. Sie fühlt sich zum moralischen Leitbild dieser Prinzenfamilie berufen, und das erfüllt sie mit Stolz. Jetzt zieht sie sogar die Vorhänge des Kombis zu, damit kein indiskretes Auge zu uns dringen kann. Ihren Schleier legt sie trotzdem nicht ab, der Chauffeur ist ja auch ein Mann, und damit er nicht auf schlechte Gedanken kommt, hantiert sie so lange an meinen Beinen herum, bis sie eine einigermaßen anständige Haltung für mich gefunden hat. Ich lasse sie gewähren und betrachte die Straße oder das Wenige, was ich durch die Frontscheibe davon erhaschen kann. Manchmal ertappe ich den Chauffeur bei einem schüchternen Blick in den Rückspiegel und grinse in mich hinein. Wahrscheinlich ist es das erste Mal, daß er eine westliche Frau im Wagen hat. Achmed hat ein freundliches, rundes Gesicht, dunkle Haut, eine ziemlich breite Nase und einen Schnurrbart. Mama Amina erzählt mir später, er komme aus dem Sudan und versuche etwas Geld zu sparen, um sich in seiner Heimat zwei Frauen und zwei Kamele kaufen zu können. Er träumt davon, sich in der Umgebung von Karthum niederzulassen, im Quellgebiet des Nils.

Der Palast der Großmutter liegt etwa zehn Minuten von unserem entfernt. Die Straße führt an hohen Mauern entlang, hinter denen die Gärten der Prinzenpaläste liegen. Außer Palmen und Militärposten ist wenig zu sehen. Vor dem Tor der Großmutter angekommen, nähern sich unserem Kombi augenblicklich mehrere schwer bewaffnete Soldaten mit angelegten Maschinengewehren. Als der Chauffeur den Namen Amirs nennt, treten die Wächter zurück, richten zum Gruß ihre Gewehre auf und wünschen dem kleinen Prinzen im Chor ein langes Leben und glorreiche Siege. Dann stemmen vier von ihnen das gigantische, schmiedeeiserne Tor auf: Vor uns liegt eine herrliche, palmengesäumte Allee; sie steigt leicht an und endet vor dem weißen Palast der Großmutter. Der Chauffeur fährt uns bis vor den Eingang, dort verlassen wir Hals über Kopf den Wagen und rennen Amir hinterher, der wie ein Blitz davongewischt ist und mit seinem Fußball herumkickt. Nach längerer Verfolgungsjagd gelingt es Mama Amina und Carina, ihn unter lautem Gezetere einzufangen; gemeinsam steigen wir die marmorne Freitreppe hinauf und betreten den riesigen, etwas altmodisch wirkenden Palast. Die endlosen Korridore sind völlig ausgestorben. Mama Amina übernimmt die Rolle der Fremdenführerin; sie weist mich auf die luxuriösen Salons hin, an denen wir vorüberkommen, auf die Fotos des Königs, auf einen besonders wertvollen Wandteppich. Sie hört in diesem wuchtigen, stillen und etwas traurigen Palast, an dem achtzehn Jahre lang gebaut wurde, wahrscheinlich noch das Echo der Umtriebe aus der Anfangszeit des saudischen Herrscherhauses, ich höre nur den hohlen Klang, den Amirs Fußball beim Aufprall in den hohen Gängen hervorruft. Schließlich taucht wie ein Gespenst eine kleine, verschleierte Beduinin vor uns auf. Sie sagt, die Großmutter erwarte uns im Garten.

Wir verlassen das Haus durch den Hinterausgang, durchqueren einen Palmenhain und einen Rosengarten und kommen schließlich zu einer weißen Villa, vor der im Schatten von Palmen die Großmutter sitzt. Sie ist von ihren Beduininnen umringt, alle mit Schleier auf dem Kopf, alle mit Gold behangen und alle in grellbunt gemusterte Kleider gehüllt. Die Großmutter –

eine winzige Frau – ist dagegen wie immer schwarz gekleidet und trägt keinerlei Schmuck. An den nervösen, kleinen Händen hat sie Handschuhe und über dem Kopf einen langen Schleier, der nur ihre Augen ausspart. Sie sitzt in einem Gartensessel, schützt sich mit einem schwarzen Männerschirm vor der Sonne und starrt gedankenverloren in die Ferne, während eine leichte Brise ihre Schleier bläht. Sie schweigt, ebenso wie die zwanzig Beduininnen, die auf Teppichen um sie herumsitzen, darunter einige unglaublich fette Frauen mit riesigen Hintern.

Amir rennt zu ihr und umarmt sie, dann improvisiert er vor ihren lächelnden Augen ein paar Ballkunststücke. Die Beduininnen applaudieren ihm begeistert und begleiten seine Vorführung mit lautem Trillern und anfeuernden »*jella, jella*«-Rufen. Der kleine Macho zieht eine richtige Show ab, er imitiert seinen Lieblingshelden, *Capitan Magic*, den Fußballspieler einer japanischen Trickfilmserie, und die frenetisch in die Hände klatschenden »Tonnen« geben die tollste Claque ab, die ich je erlebt habe. Am Ende läuft Amir glücklich davon, um mit Ali und Muhammad zu spielen. Mama Amina und ich können endlich die Prinzessin begrüßen und uns zu ihr setzen.

Die Beduininnen lächeln mich freundlich an und wirken wie immer sehr geheimnisvoll auf mich. Die meisten von ihnen kenne ich, da sie immer zugeschaut haben, wenn Fadila mir hier im Palast Tanzunterricht gab. Sie sind die ehemaligen Sklavinnen der Prinzessin, die keine Philippininnen um sich haben möchte. In Saudi-Arabien war die Sklaverei bis 1962 gesetzlich erlaubt. Heute sind alle diese Frauen »frei« und haben

Truhen voller Gold. Aber in Wirklichkeit dürften sich ihre Lebensbedingungen im Vergleich zu damals, als sie noch Leibeigene waren, kaum geändert haben. Sie leben im Harem und begleiten ihre Prinzessin zu Festen. Die Bande, die sie mit ihr verbinden, sind vierzig, fünfzig Jahre alt und durch nichts mehr aufzulösen.

Von ihnen bekommen wir Orangensaft, Pfefferminztee und Süßigkeiten angeboten, und das alles lächelnd. Ihr Lächeln ist strahlend, sanft, weiblich – ein Lächeln, wie man es im Westen überhaupt nicht kennt. Ich fühle mich aufgehoben unter diesen freundlichen, trägen Frauen, die mich annehmen, wie ich bin, im Vorübergehen streicheln und am Rock zupfen, um mir Obst oder Parfümflakons in Samtschächtelchen anzubieten. Ich fühle mich richtig daheim unter ihnen und das erschreckt mich, denn ich habe Angst, wie sie zu enden, mit einem Hintern, der immer größer wird, und mit diesem geistesabwesenden Blick. Ich habe Angst und bin gleichzeitig glücklich. Oder besser gesagt: Ich habe Angst, *weil* ich glücklich bin, hier, in der Atmosphäre tiefen, reinen Friedens, die in diesem Palast herrscht.

Nachdem wir eine Erfrischung zu uns genommen haben, erhebt sich die Großmutter. Die Beduininnen rufen nach Amir. Die Großmutter nimmt ihn an der Hand, und er läßt sich ungewöhnlich brav von ihr führen; wir folgen den beiden. Die Großmutter möchte nachsehen, wie die Dattelernte voranschreitet. Sie geht langsam, den aufgespannten Männerschirm in einer Hand, ihr hübsches Enkelkind an der anderen.

Die Dattelleserinnen verneigen sich bei ihrem Vorüberkommen mit leichten, wellenartigen Bewegungen. Unglaublich agile Männer – es sind Schwarze – haben die hohen Palmen erklommen und schneiden mit scharfen Messern die reifen Datteldolden ab. Sie werden von Frauen am Boden aufgelesen und in großen Körben zum Sammelplatz getragen. Dort sitzen, im Schatten haushoher Palmen, weitere Mägde im Kreis; die Großmutter und ihr Enkel setzen sich zu ihnen. Singend teilen die Mägde die großen Dolden in kleine Zweige und legen sie der Großmutter vor, die sie mit großer Ruhe und Würde begutachtet und dann nach ihrer Qualität aufteilt. Sie erklärt ihrem Enkel, woran man die besten Datteln erkennt, die mit dem richtigen Reifegrad, sie läßt ihn die Früchte versuchen und probiert sie auch selbst. Amir hört ihr aufmerksam zu, und als eine Stunde später alle Datteln ordentlich in Körbe verteilt sind, steht er mit seiner Großmutter auf und begleitet die Mägde, die die Körbe auf ihren Köpfen tragen, zum Lagerhaus, wo die Datteln ruhen, bis sie auf die verschiedenen Prinzenpaläste verteilt werden.

Die Großmutter selbst nimmt die rituelle Verteilung der Datteln vor, sie sind das Brot der Familie, der Reichtum ihrer Sippe. Im Winter, wenn auch hier ein eisiger Wind geht, dessen Kälte einem bis in die Knochen dringt, verschenkt die Großmutter an sämtliche Bewohner aller Paläste – an Prinzen ebenso wie an Bedienstete – Socken aus Ziegenwolle, die zwar kratzen, aber sehr warm halten. Ebenso läßt sie den weiblichen Palastbewohnerinnen fast täglich schöne Kleiderstoffe zukommen und zu festlichen Gelegenheiten auch goldenen Schmuck. Das Herz des Beduinen ist groß, sagt ein altes Sprichwort. Diese winzig kleine, sanfte Frau, die ihren Schleier nicht einmal vor den eigenen Kindern hebt, von der es jedoch heißt, sie sei wunderschön, diese Frau scheint den Schlüssel zur Zufriedenheit, wenn nicht zum Glück gefunden zu haben. Unglücklich ist sie nur, wenn man sie zum Shopping nach Paris verfrachtet; ich sollte noch die Gelegenheit haben, sie einmal dort zu erleben.

Wahrscheinlich gelingt es ab und zu, sie davon zu überzeugen, daß eine Frau ihres Ranges so etwas tun muß, aber sie kann luxuriöse Limousinen, Juweliere und Mode-Ateliers nicht ausstehen. Sie macht sich nicht das Geringste daraus. Sie zählt lieber Datteln und schaut in die Sterne. Jetzt, mit Amir an der Hand, ist sie glücklich. Die beiden durchqueren den Palmenhain, um die große Hammelherde zu begutachten, die dahinter versammelt ist. Aufgrund eines Reinheitsgebots dürfen die Prinzen nur Fleisch von Tieren aus hauseigener Schlachtung bzw. Schächtung essen. Aus diesem Grund werden die Hammel überallhin mitgenommen: in Flugzeuge, Schiffe und sogar in Hotels. Der Garten der Großmutter ist riesig. Hier reitet Amir, und hier sind irgendwo auch die fünfhundert Autos der Familie geparkt. Ebenso befindet sich hier eine schöne Villa, in der Amirs Mutter ihre Freundinnen empfängt, und ein kleiner Palast, in dem ihr Bruder lebt.

Gott ist groß, Gott ist groß, Gott ist groß. Der Muezzin ruft zum Gebet, die Großmutter und ihre Beduininnen ziehen sich zurück. Im Garten bleibe ich, die Ungläubige, mit den Kindern, für die es keine Gebetspflicht gibt, bis sie acht oder neun Jahre als sind.

Nach dem Gebet wird in einem ruhigen Saal im ersten Stock mit der Großmutter zu Mittag gegessen. Wir sitzen auf bequemen Stühlen aus dunklem Holz um eine lange Tafel; das reich bestickte, weiße Tischtuch ist mit durchsichtiger Plastikfolie abgedeckt. Bedient werden wir von Kellnern in weißer Tunika, die träge zwischen Küche und Speisesaal hin und her wandern. Sie bringen uns *Kabsa*, Huhn mit Gemüse, *Laban*, Wasser, Obst – ein schlichtes Mahl, dem die Großmutter am oberen Tischende vorsitzt. Außer Amir, Ali und Muhammad sind noch andere Kinder da, darunter ein Junge namens Bendari; der Ärmste ist nudeldick und wird ständig gehänselt. Nach dem Essen zieht sich die Großmutter zurück, und wir begeben uns ins Spielzimmer, in dem früher Amirs Mutter und ihre Brüder gespielt haben – Mama Aminas mythisches Reich. Auf dem Weg dorthin kommen wir durch einen muffigen, seit Jahren nicht mehr benützten Kinosaal; alte Filmrollen sind über den Boden zerstreut und die Stühle aufeinander gestapelt. Auf Regalen entlang der teakholzverkleideten Wände stehen die Trophäen, die Amirs Onkel als Jugendliche gewonnen haben. Der angrenzende »Play-room« ist riesig: Ringsum weiße Kunstlederdiwane, in den Ecken Flipperspiele, in der Mitte alte Kisten voller Spielzeug. Und natürlich gibt es auch hier mehrere Fernsehapparate. Amir spielt wie immer Fußball, Mama Amina und ich sehen fern. Heute haben, wie jeden Freitag, die öffentlichen Hinrichtungen stattgefunden. In sachlichem Ton verlautbart der Nachrichtensprecher, kurz vor dem Wetterbericht, die Zahl der Enthauptungen, Steinigungen und Handabhackungen, mit denen Verstöße gegen die Scharia geahndet worden sind. Wie ich später bei Amnesty International in Erfahrung bringe, sind zwischen dem 15. Mai 1992 und dem 15. Mai 1993 einhundertfünf Menschen enthauptet worden, dabei handelte es sich vorwiegend um ausländische Arbeitnehmer, denen Drogenhandel oder Sexualdelikte zur Last gelegt wurden. Mama Amina und Amir jauchzen vor Begeisterung, besonders wenn die Enthauptungen verkündet werden, mit denen sie völlig einverstanden sind.

»Heute haben sie einem Mann den Kopf abgeschlagen«, teilt Amir mir zufrieden mit. »Mit einem einzigen Schwerthieb!«

»Wie barbarisch«, erwidere ich entsetzt.

Die beiden brechen in schallendes Gelächter aus. Nicht genug: Amir, der sich ganz offensichtlich an meinem erschrockenen Gesicht weidet, klatscht wie wild in die Hände und singt dazu: »Ich lasse dir den Kopf abschneiden. Ich lasse dir den Kopf abschneiden. Ich lasse dir den Kopf abschneiden …«

Mama Amina kreischt vor Vergnügen. Für mich ist die Sache nicht mehr spaßig. Ich glaube, mein Kopf war mir noch nie so lieb, wie in diesem Augenblick. Die beiden biegen sich vor Lachen – ich hasse sie.

Da taucht plötzlich ein kleiner Junge von etwa zehn Jahren auf, der mich von den beiden Quälgeistern erlöst. Er stellt sich lächelnd vor mich, macht einen Diener und begrüßt mich mit einem formvollendeten »Mylady«. Ich sehe ihn verwundert an. Er ist schön und sehr elegant in seiner beigen Hose und dem hellblauen Ralph-Lauren-Hemd. Aufrecht und in perfekter Haltung steht er vor mir. Man könnte ihn für einen Engländer halten. Endlich ein zivilisierter Mensch, denke ich. Nur sein dichtes schwarzes Haar verrät, daß er Araber ist.

Ich lächle meinen Retter dankbar an.

»Guten Tag, wer bist du denn?« frage ich ihn.

»Das ist mein Vetter Chalid«, antwortet Amir und zieht ihn am Ärmel weg. »Aber wir müssen jetzt spielen.«

Ich sehe den beiden nach. Sie sprechen englisch miteinander, aber dabei umarmen sie sich ständig, wie es sich für richtige Araber gehört. Natürlich gelingt es Amir, seinen Vetter zum Fußballspielen zu überreden. Sie fangen gleich damit an. Ein kleines Mädchen, das zu ihnen gerannt ist, wird verscheucht und setzt sich verdrießlich neben mich. Es trägt einen hellblauen Frottee-Trainingsanzug und sieht wunderhübsch aus mit seinem runden Gesichtchen, den langwimprigen, schwarzen Kulleraugen und dem herzförmigen Mund. Die dunklen Haare sind mit bunten Bändern zu einer aufwendigen Frisur geflochten.

»Hallo«, begrüße ich die Kleine.

»Guten Tag, Madame. Stimmt es, was ich über Sie gehört habe?« fragt sie mich in perfektem Französisch und schlenkert dabei mit den Beinen, die in Cowboy-Stiefelchen aus Eidechse stecken. »Stimmt es, daß Sie bei uns bleiben, um Amir Französisch beizubringen?«

»Ja, das ist wahr«, erwidere ich verblüfft, »ich bleibe so lange hier, bis er es so gut spricht wie du. Aber jetzt verrate mir mal, wer du bist.«

»Eine Prinzessin. Ich heiße Jasman und bin fünf Jahre alt. Der Junge, der da mit Amir spielt, ist mein Bruder. Er ist größer als ich, er ist schon acht, aber er spricht nur englisch. Die Männer tun sich eben schwerer als wir mit dem Lernen. Schauen Sie, da kommt meine Schwester Aisha«, sagt sie und deutet auf ein kleines Mädchen, das in diesem Moment in einer Gruppe von Menschen den Saal betritt. »Sie ist drei Jahre alt.«

»Und wer ist die blonde Frau neben ihr?« frage ich, denn inmitten der Schar von Philippininnen und Indonesierinnen, die die Kinder begleiten, habe ich eine Frau mit westlichem Aussehen entdeckt.

»Das ist Mrs. Allison, Aishas Gouvernante.«

»Aha. Und ihr seid gekommen, um mit Amir zu spielen?« frage ich die Kleine.

»Nein. Heute bin ich zu Großmutter gekommen, weil man mir gesagt hat, daß Sie und Amir mich später in ein Restaurant einladen und daß ich ganz alleine, ohne meine Dienerinnen, dorthin darf – das darf ich sonst nie. Wie schön: nur wir drei! Und wissen Sie was? Wir sprechen französisch, so kann keiner verstehen, was wir sagen.«

»Ja, Amirs Mama hat mir gesagt, daß wir heute mit einer seiner Kusinen essen gehen. Dann bist das also du?«

»Genau, und ich freue mich sehr, allein ausgehen zu dürfen«, sagt sie, während sie Amir niedlich zuwinkt, um seine Aufmerksamkeit zu erregen. Der hat jedoch nur Augen für seinen Fußball und würdigt sie keines Blickes. Die Kleine runzelt ärgerlich die Stirn und läßt sich von ihrer Dienerin das Handtäschchen geben.

»Vielleicht muß ich mich ein bißchen herrichten«, meint sie allen Ernstes und zieht aus ihrem himmelblauen Täschchen ein kleines Schmucketui hervor, das sie mir stolz zeigt.

94

»Man kann nie wissen«, erklärt sie mir. »Ich habe jedenfalls immer mein Parfüm dabei, Bürste und Kamm, ein paar Haarklemmen und einen Spiegel. Jetzt male ich mir die Lippen an, vielleicht gefalle ich Amir dann besser.«

Vor einem kleinen Silberspiegel trägt sie sich Lipgloss mit Erdbeergeschmack auf, dann kontrolliert sie den Plastikschmuck, der in ihr Haar eingeflochten ist – ein Sinnbild weiblicher Verführungskunst. Mit einem Seufzer packt sie ihren Lippenstift wieder ein.

»Schauen Sie, ich habe auch eine Masbaha, einen Rosenkranz, in der Tasche«, sagt sie. »Und Geld! Da kann ich auch zahlen. Ich habe die Scheine mitgenommen, wo hundert draufsteht. Dann müssen wir wenigstens nicht Teller waschen, wenn Amir sein Geld vergessen hat. Die Männer vergessen nämlich immer alles.«

»Du bist ja sehr vorausschauend«, lobe ich sie. »So, und jetzt würde ich gerne Mrs. Allison begrüßen. Entschuldigst du mich einen Moment?«

»Bis später«, erwidert sie schulterzuckend.

Lachend gehe ich auf den Diwan zu, auf dem Mrs. Allison und Mama Amina miteinander plaudern. Wir stellen uns vor. Dicht an sie gerückt sitzt in einem orangefarbenen Kleid die kleine Aisha, die ebenso hübsch ist wie ihre Schwester Jasman – dasselbe sanfte Gesichtchen, dieselben schwarzen Kulleraugen.

Mrs. Allison ist eine jener verwelkten, farblosen Engländerinnen um die Sechzig: blaßhäutig, schlecht toupiertes, graublondes Haar, wäßrige blaue Augen und von fülliger Figur. Sie trägt eine bodenlange weiße Hemdbluse und reichlich Ketten und Armbänder.

Offensichtlich hat sie im Laufe der Jahre das arabische Faible für Gold angenommen.

»Ich wundere mich jedesmal, wenn ich eine Frau aus dem Westen sehe«, sagt sie kopfschüttelnd. »Ich bin es einfach nicht mehr gewohnt, so komisch das klingt. Wie lange sind Sie schon in Saudi-Arabien?«

»Drei Monate.«

»Das ist sehr kurz«, meint sie lächelnd. Beim Sprechen wippt sie mit einem goldenen Pantoffel. »Fühlen Sie sich wohl?«

»Sehr.«

»Wie ich. Ich fühle mich hier wohler als in England, aber ich lebe auch schon siebzehn Jahre hier. Jedesmal, wenn ich sogenannten Heimaturlaub mache, möchte ich am liebsten gleich wieder zurück; meine Landsleute sind mir fremd geworden. Aber drei Monate sind nichts: Um dieses Land zu verstehen, muß man viel länger hier gelebt haben.«

»Eine tolle Erfahrung, nicht?«

»O ja! Aber ziemlich schwierig, jedenfalls für eine junge Frau wie Sie. In meinem Alter ist das etwas anderes. Wenn man einmal in den Sechzigern ist«, meint sie lachend, »hat man mit Männern nicht mehr viel am Hut.«

»Ich gelange immer mehr zu der Überzeugung, daß man auch ohne Männer auskommen kann«, stimme ich ihr mit einem Augenzwinkern zu.

»Vielleicht haben Sie recht«, erwidert sie immer noch lachend. »In England kriege ich immer das Gefühl vermittelt, ein nichtsnutziges altes Weib zu sein. Hier dagegen gelte ich etwas. Die wenigen westlichen Frauen, die es in Arabien aushalten, ohne verrückt zu werden, sind sehr respektiert. Haben Sie Chalid gesehen?«

»Ein fabelhafter Junge.«

»Ja, so wohlerzogene Kinder wie ihn gibt es selten, und darauf bin ich ziemlich stolz. Er ist jetzt groß und hat andere Betreuer, aber daß ein echter Gentleman aus ihm wurde, ist hauptsächlich mein Verdienst.«

»Kompliment!«

»Unsereins ist in Saudi-Arabien sehr eingeschränkt. Selbst die harmlosesten Dinge wie eine Katze zu besitzen oder zur Kirche zu gehen sind unmöglich. Trotzdem habe ich mich allmählich an das Leben hier gewöhnt. Und ich muß sagen, es fehlt mir nicht an Befriedigungen. Nehmen Sie Chalid: Daß er so für sein Auftreten bewundert wird, ist mir eine große Genugtuung.«

»Was mir hier besonders auffällt, ist die Herzlichkeit der Leute.«

»Stimmt, sie sind sehr herzlich, aber echte Freunde und die eigene Familie kann einem das nicht ersetzen. Mit der Zeit macht sich die Einsamkeit spürbar, und je länger man hier lebt, desto einsamer fühlt man sich – da kann man sich noch so gut angepaßt haben. Die Kluft zwischen uns und den Arabern ist einfach sehr tief. Das ist eine Tatsache, an der keiner vorbeikommt – bei aller Freundlichkeit und Sympathie.«

»Wenn ich mich hier nicht mehr wohl fühlen sollte, würde ich augenblicklich gehen«, erwidere ich entschlossen.

»Ich habe ein Haus in London«, erzählt sie mir lächelnd, »mit einem hübschen, kleinen Garten. Jahrelang habe ich davon geträumt, mir so etwas leisten zu können. Meine Urlaubstage in London verbrachte ich in Maklerbüros.« Sie lacht. »Abends habe ich mich in den Sessel meines Hotelzimmers fallen lassen, einen Portwein bestellt und Preise verglichen, Rechnungen aufgestellt. Das war eine Heidenarbeit, aber es hat Spaß gemacht. Ich träumte von dem Garten und den Katzen, die ich haben würde ... ich war richtig glücklich. Aber seit ich das Haus wirklich besitze, interessiert es mich nicht mehr. Die Kinder hier geben mir viel mehr. Ich frage mich, wie Saudi-Arabien in dreißig Jahren sein wird; diese kleinen Prinzen wachsen englischsprachig und mit westlichen Zeichentrickfilmen auf. Vielleicht ist das der Grund, weshalb ich hierbleibe. Ich bin neugierig, was aus diesem Land werden wird.«

»Glauben Sie nicht, daß diese kleinen Mädchen es eines Tages schwierig haben werden ... ich meine, sich in die traditionelle Rolle der arabischen Frau zu fügen?«

Bei meiner Frage drückt Mrs. Allison die kleine Aisha fest an sich. »Vielleicht ... ich wünsche ihnen alles nur erdenklich Gute«, erwidert sie sanft. »So hübsche, aufgeweckte und intelligente Kinder wie diese Prinzen und Prinzeßchen, trifft man wirklich nur ganz selten an. Kann schon sein, daß sie verwöhnt sind, aber sie haben etwas so Gewinnendes ... Finden Sie nicht?«

»Amir ist eine Nervensäge, aber trotzdem ein phantastisches Kind.«

»Sehen Sie.«

Wir betrachten schweigend das Spielfeld. Das Match ist zu Ende. Chalids Mannschaft hat gewonnen. Jasman läuft zu Amir, spricht mit ihm, umarmt ihn. Er heuert sie für das nächste Match an, und sie macht ihre Sache gar nicht mal schlecht mit ihrem himmelblauen Jogginganzug, den Cowboystiefeln und den bunten Schleifchen im Haar – etwas ungeübt vielleicht, aber sehr clever und wild entschlossen, sich von Amir nicht unterkriegen zu lassen. Ihre Nannies halten geschlossen zu ihr und feuern sie an. Amir ist binnen kurzer Zeit völlig naß geschwitzt.

Nach dem Abendgebet holt Achmed uns in einem nagelneuen Mercedes ab. Ich will gerade mit Jasman und Amir einsteigen, als Mrs. Allison und Mama Amina mich zurückhalten, um mir tausend Ratschläge mit auf den Weg zu geben. Sie schärfen mir ein, gut auf die kleinen Prinzen aufzupassen, da sie sonst nie ohne einen Schwarm von Bediensteten ausgehen. Endlich können wir losfahren. Jasman freut sich wahnsinnig über unseren Ausflug ins Restaurant und steckt schließlich auch mich mit ihrer Begeisterung an. Sie soll einmal Amirs Frau werden, so haben die beiden Familien es bestimmt. Demnach geht dieses fünfjährige Mädchen, das sich rasch noch Lipgloss aufgetragen und einparfümiert hat, bevor es ins Auto eingestiegen ist, heute zum erstenmal mit seinem Verlobten aus. Um nicht zu sagen, mit seinem Ehemann. Amir zeigt sich lange nicht so euphorisch. Mit Schmollmiene sitzt er zwischen mir und Jasman auf dem Hintersitz des Mercedes, sieht fern und umarmt dabei seinen Fußball – er klammert sich förmlich daran, und irgendwie tut er mir leid: Mir scheint, er will mit dieser Haltung verzweifelt seinen Willen behaupten, denn sicher ahnt er, daß seine Familie bereits ein ganzes Spinnennetz von Plänen und Projekten für seine Zukunft gewoben hat.

Der Abend ist wunderschön, am samtblauen Himmel scheint ein vornehmer, kleiner Viertelmond. Ich ziehe ein wenig die Gardinen zurück und schicke Achmed über den Rückspiegel ein komplizenhaftes Lächeln. Schweigsam wie immer chauffiert er uns an endlosen Palmengärten entlang.

Als wir beim Stadtpark im Zentrum ankommen, will Amir aussteigen. Frische, kleine Bäche säumen die gepflegten Wege, auf denen die Familie von Riad spazierengehen. Die laue Luft ist herrlich.

Auf den Rasenflächen sind Teppiche ausgebreitet, die Männer beten ihre *Masbaha*, die Kinder spielen. Während Achmed und Amir einem Fußball hinterherlaufen, kaufen Jasman und ich uns ein Eis; die Kleine besteht darauf zu bezahlen und prüft sorgfältig das Restgeld. Sie ist der erste Mensch, den ich in diesem Land Geld zählend erlebe. Als wir uns auf dem Teppich niederlassen, den Achmed für uns aus dem Wagen geholt hat, ist sie sehr nachdenklich.

»Stimmt es«, fragt sie mich ernst, »daß Amir nachts böse ist und daß er dir beim Schlafen nicht die Hand geben möchte und daß er manchmal seine Dienerinnen beißt?«

»Das weiß ich nicht, ich bin nachts nicht bei ihm. Wer hat dir das denn erzählt?«

»Amir ist sehr hübsch«, erwidert sie ausweichend, »aber er ist auch sehr böse.«

»Ich finde nicht, daß er böse ist. Vielleicht ist er nur ein bißchen zu lebhaft.«

»Glaubst du, daß er, wenn er groß ist, immer noch Fußballspieler werden will?«

»Nein, bestimmt nicht. Irgendwann wird er sich damit abfinden, ein Prinz zu sein.«

»Er ist nicht besonders zivilisiert; er kann nicht mal so gut reiten wie Chalid.«

»Er ist ja auch kleiner als Chalid.«

»Ich bin auch kleiner und trotzdem reite ich besser als er. In der französischen Schule habe ich viele Sachen gelernt. Ich möchte keine Prinzessin sein, wenn ich groß bin. Prinzessinnen dürfen keine Treppen fegen, aber mir macht das Spaß. Meine Dienerinnen lassen es mich manchmal machen, wenn wir alleine sind. Ich tanze und schwimme auch gern. Zu Hause habe ich ganz viele Badeanzüge. Wenn du mal zu mir kommst, zeige ich sie dir.«

Amir schleppt uns ins *Pizza Hut*. Wir essen im Familienbereich, Achmed im Männerraum. Jasman bestellt Gemüsesuppe und Pizza, Amir dasselbe. Wir sprechen französisch.

»Amir, stimmt es, daß du so schwer französisch lernst?« fragt Jasman. Sie strahlt vor Glück über dieses Tête-à-tête-Abendessen und wirft triumphierende Blicke zu den Nachbartischen hinüber.

Amir würdigt sie keiner Antwort.

»Ach«, seufzt Jasman. »Was mache ich bloß mit ihm, wenn wir an die Côte d'Azur fahren?« Doch dann lenkt sie in freundlichem Ton ein: »Aber jetzt lernt er's auch, du wirst schon sehen. Wir nehmen ihn einfach jeden Freitag ins Restaurant mit. Und dabei lernt er auch die guten Manieren im Umgang mit Damen. Meine Mama hat gesagt, daß er auf Hochzeitsfesten nie grüßt; er ist nicht wie Chalid; er hat einen schlechten Charakter.«

Amir stopft sich mit düsterer Miene ein riesiges Stück Pizza in den Mund. Für ihn ist dieser Abend schrecklich, und ich fürchte, er wird mich dafür bezahlen lassen. Ich beobachte ihn genau: Er ist total genervt, aber in seinen Augen liest man nur Gleichgültigkeit.

Wir begleiten Jasman vor Mitternacht nach Hause, wie im Märchen. Sie verabschiedet sich von Amir mit einem neckischen Lächeln und mit einem Küßchen, das er augenblicklich abwischt.

Eine Amerikanerin im Palast

Ich erhalte einen Anruf von Carolyn, der amerikanischen Kosmetikerin der Prinzessin. Sie ist zurück in Riad und will mich kennenlernen.

»Komm doch auf einen Kaffee zu mir«, sagt sie.

»Gerne. Wann?« frage ich.

»Sofort, wenn du möchtest. Carina soll dich herbeigleiten, sie kennt den Weg.«

Fünf Minuten später werde ich mit einem formlosen »Hello« empfangen. Carolyn sieht nett aus, sie ist schlank, hat einen sehr hellen Teint und schulterlanges blondes Haar. Ihre Kleidung – eine graue Strickweste und eine weit geschnittene Hose – ist elegant.

»Was für eine Freude, nach zwei Jahren Klausur endlich einmal jemanden zum Kaffee einladen zu können«, witzelt sie.

»Bitte, komm rein.«

Ihre Villa ähnelt der meinen, nur daß die Einrichtung hier viel schlichter ist: weniger Gemälde an den Wänden, weniger Schmuckgegenstände und Firlefanz. Über die Sofas sind große weiße Tüchern gebreitet, die Blumen in den Vasen sind ebenfalls alle weiß.

»Ich war sehr gespannt auf dich«, sage ich. »Nahime hat mir von dir erzählt; ich konnte es kaum erwarten, dich kennenzulernen.«

»Meine kleine Schwester hat geheiratet, deswegen

bin ich etwas später als die Prinzessin zurückgekommen. Ich war auch noch ein paar Tage bei meinen Eltern, sie wollten mich gar nicht mehr weglassen; ihnen gefällt es nicht, daß ich in Riad lebe«, erklärt sie mir seufzend. »Meine Mutter hätte uns gern alle unter der Haube. Wir sind vier Schwestern, ich bin die zweitälteste und als einzige noch ledig.«

»Ich bin auch nicht verheiratet oder besser gesagt, geschieden, aber als ich in der Zeit meiner Scheidung den großen Jammer hatte, weißt du, was meine Mutter da zu mir gesagt hat? ›Was soll das ganze Theater? Ehemänner sind Leute, die man in einer Bar trifft und in einer anderen wieder verläßt.‹ Sie selbst hat dreimal geheiratet.«

Carolyn lacht: »Dann sind wir beide also die einzigen in diesem Palast, die nicht bloß arbeiten, weil sie eine Familie zu unterhalten haben. Versuch das mal einem Araber zu erklären ... Wie hast du die Prinzessin kennengelernt?«

»Durch Zufall – wir haben einen gemeinsamen Bekannten. Den Entschluß, nach Riad zu kommen, habe ich praktisch innerhalb einer Woche gefaßt. Und ehe ich mich's versah, war ich schon im Harem. Wo hast du sie denn kennengelernt?«

»In New York. Sie hat sich, wenn sie dort war, immer von mir schminken lassen. Dann hat sie mich ein paarmal nach Riad eingeladen, um sie für große Hochzeiten zu schminken. Damals kam ich mir hier wie in einem Märchenland vor. Deshalb habe ich auch gleich zugesagt, als sie mir anbot, in Riad zu arbeiten; ich war ja immer gut mit ihr ausgekommen und der Lohn stimmte auch ...«

»Ich finde die Prinzessin eine absolut faszinierende Frau, immer so freundlich und ruhig.«

»Ja, die Ruhe hat sie weg. Manchmal habe ich das Gefühl, ich würde eine Leiche schminken; sie legt sich auf ihren Diwan und rührt keinen Finger«, sagt Carolyn und spielt nervös mit einem Kristallklunker. »Wenn das Telefon klingelt, wartet sie, daß jemand für sie den Hörer abnimmt. Ich glaube, sie hat in ihrem Leben kein einziges Mal das Licht an- oder ausgemacht und sich noch nie ein Paar Schuhe alleine angezogen. Sie ist ständig müde, dabei tut sie nichts, als den lieben langen Tag Pistazien essen.«

»Schminkst du sie jeden Tag?«

»Ja, fast jeden Tag. Manchmal auch zwei- oder dreimal am Tag. Bei den Arabern mußt du rund um die Uhr zur Verfügung stehen. Sie bezahlen dich gut, aber dafür bist du praktisch ihr Sklave. Ich kann nie sagen, wann ich frei habe. Es kann auch vorkommen, daß ich den ganzen Tag nicht arbeite, aber wenn das Telefon klingelt, muß ich losrennen. Du wirst schon noch merken, wie das ist.«

»Amir geht tagsüber zur Schule, ich bin frei.«

Carolyn bricht in spöttisches Gelächter aus, ihre graugrünen Katzenaugen verengen sich zu einem schmalen Schlitz. »Frei?« fragt sie und streift sich ihre schönen Schuhe mit dem hochmodischen Absatz vom Fuß. »Freiheit ist in Saudi-Arabien ein leeres Wort«, fährt sie fort und kuschelt sich in ihre Sofakissen. »Dich nehmen sie schon auch noch in die Zange, du wirst sehen. Ich für meinen Teil gedenke jedenfalls nicht mehr lange zu bleiben. Zwei Jahre Saudi-Arabien sind mir genug. Ich hoffe, ich halte es noch ein halbes Jahr aus, bis zu den Sommerferien, aber dann gehe ich end-gültig zurück.«

»Nach New York?«

»Nein, nach Los Angeles, ich möchte mit einer Freundin eine Kosmetiker- und Friseuragentur eröff-nen. Das Geld dazu habe ich hier verdient, deshalb bin ich ja überhaupt nach Riad gekommen.«

»Das finde ich eine tolle Idee.«

»Schade, daß du nicht früher gekommen bist«, seufzt sie und schenkt mir von dem Kaffee ein, den eine Phi-lippinin gebracht hat. »Wir hätten uns Gesellschaft lei-sten können. Aber ich war die längste Zeit hier.«

»Ja, wirklich schade«, nicke ich lächelnd.

Carolyn wirkt trotz ihrer eleganten Erscheinung irgendwie unproportioniert: Sie hat unglaublich lange Beine und sehr schöne Hände, aber einen viel zu kur-zen Hals.

»Wie hübsch die weißen Blumen sind«, sage ich, um irgendetwas zu sagen.

»Ja, ich mußte mich beinahe mit Nahime prügeln, damit sie mir nur weiße schickt. Und die Einrichtung habe ich auch verändert; die war mir vorher einfach zu barock.«

»Aus welchem Teil der Vereinigten Staaten kommst du eigentlich?«

»Aus einem Dorf bei Atlanta, aber ich bin viel gereist. Ein paar Jahre war ich Maskenbildnerin beim Film, da bist du dauernd unterwegs, von einem Kon-tinent zum anderen – wahnsinnig stressig. Davor habe ich länger in Paris gelebt, das war am Anfang meiner Berufskarriere; jetzt komme ich dort nur noch hin, wenn ich die Prinzessin zum Shopping begleite – und bei der Gelegenheit decke ich mich selber auch immer mit neuen Kleidern ein. Apropos: Weißt du, daß der Prinz in Paris ein Haus mit einem echt goldenen Schwimmbad besitzt? Ich bin darin geschwommen.«

»Ja, kaum zu fassen, wie reich diese Leute sind.«

»Kein Wunder: Die Einnahmen aus dem Erdölhandel wandern größtenteils in die Kassen der Herrscherfamilie, und wenn du bedenkst, daß sich gut ein Viertel der gesamten Erdölvorkommen auf saudischem Territorium befinden, verstehst du auch, woher die goldenen Schwimmbäder kommen. *Fortune Magazine* hat König Fahds Vermögen auf über zwanzig Milliarden Dollar geschätzt und in *Le Monde Diplomatique* habe ich gelesen, daß der König allein in Saudi-Arabien zwölf Paläste besitzt, darunter den sagenhaften Al Yamamh-Palast in Riad, und in Gedda einen, der auf einer künstlichen Insel gebaut wurde; eine Autobahn verbindet die Insel mit dem Festland.« Carolyn schenkt uns Kaffee nach. »Das Absurdeste an der saudischen Dynastie ist für mich ja die Thronfolgeregelung: König Fahd ist über siebzig; wenn er stirbt, folgt ihm sein zwei Jahre jüngerer Stiefbruder, Prinz Abdullah, und nach dessen Tod wäre Prinz Sultan an der Reihe, der auch nur ein Jahr jünger ist als sein Vorgänger. Findest du das nicht lächerlich? Sie sind alle über siebzig.«

»Und warum folgt König Fahd nicht einer seiner Söhne?«

»Das ist es ja: Bis jetzt haben immer nur die Söhne von König Abd el-Asis Ibn Saud den Thron bestiegen. Nach seinem Tod, 1953, ist sein ältester Sohn, Saud, gekrönt worden. Er regierte bis 1964 und wurde dann von seinem Bruder Feisal verdrängt; der regierte elf

Jahre, bis ihn einer seiner Neffen ermordete. 1975 wurde Chalid König, von dem es heißt, er sei mehr an der Falknerei interessiert gewesen als am Regieren; ihm folgte 1982 ein weiterer Sohn von Ibn Saud, nämlich der augenblickliche König Fahd. Interessant ist, daß ab dem Jahr 1980 von den insgesamt zweiundvierzig Söhnen el-Asis Ibn Sauds diejenigen die Macht innehaben, die man die ›sieben Sudeiri‹ nennt, also die sieben Söhne von Hassa el Sudeiri – sie war die Frau von Ibn Saud. Irgendwann ließ Ibn Saud sich von ihr scheiden, um sie seinem Bruder zu überlassen, aber dann wollte er sie wieder zurück und hat sie zum zweitenmal geheiratet. König Fahd ist ebenso ein Sohn von Hassa el Sudeiri wie Prinz Sultan. Auch Nayef, der Innenminister, und Salman, der Gouverneur von Riad, sind Söhne von ihr.«

»Ich kenne mich in diesen Dingen überhaupt nicht aus.«

»Klar, über Politik und über das Herrscherhaus wird im Harem nicht gesprochen, und als Frau lernst du sowieso nur die Prinzessinnen und ihren Hofstaat kennen, das wirst du schon noch merken. Aber das Thema ist wahnsinnig spannend; wenn ich in Paris oder New York bin, lese ich heimlich alles, was ich darüber in die Finger kriege. Obwohl die Wahrheit über Saudi-Arabien nicht so leicht rauszubekommen ist; die Königsfamilie soll derzeit riesige Aktienpakete von internationalen Medien- und Verlagsunternehmen kaufen, um die öffentliche Meinung beeinflussen und unter Kontrolle haben zu können.«

Seit Carolyn im Harem ist, besuche ich sie, wann sie kann, mitunter sogar mehrmals am Tag. In unserer Situation kommt man sich automatisch näher.

Heute überrasche ich sie dabei, wie sie bei voll aufgedrehter Musik in einem schneeweißen Trainingsanzug und mit Gewichten an Hand- und Fußgelenken, ihr Sofa rauf- und runterklettert.

»Step ist gut für die Figur«, schreit sie mir begeistert zu, ohne ihre Übung zu unterbrechen.

Ich setze mich in einen Sessel und schaue ihr zu: Ihr Gesicht ist schweißüberströmt.

»Wenn du möchtest«, sagt sie und bleibt stehen, »bastle ich dir Gewichte, damit du mitmachen kannst, ich fülle einfach ein paar Seidenstrümpfe mit Reis, und nachher soll Nahime uns in der Stadt richtige Gewichte besorgen lassen.«

»Bloß nicht!« wehre ich erschrocken ab. »Wenigstens hier im Harem möchte ich mich ganz dem Dolcefarniente hingeben.«

»Paß auf«, warnt sie mich, während sie mit ernster Miene ihre Hüpferei wieder aufnimmt. »Hier mußt du dir eiserne Regeln auferlegen ... wie die Kriegsgefangenen in Vietnam. Training ist das beste Mittel, um die Zeit auszufüllen – und das mußt du, wenn du in diesem Gefängnis nicht verrückt werden willst!«

Picknick in der Wüste

Sanft gleitet die Limousine der Prinzessin auf einer sechsspurigen Autobahn dahin. Die dicken Vorhänge sind zugezogen, ich kann die Straße nur durch die Frontscheibe sehen. Die Prinzessin sitzt neben mir und trägt einen amerikanischen Jogginganzug und wirkt ruhig und heiter. Wären nicht die grauen Vorhänge vor den Wagenfenstern, man könnte sie für eine texanische Milliardärin halten.

»Ich hoffe, es wird dir gefallen«, sagt sie. »Eigentlich unternehmen wir ja nichts Großartiges – ein kleiner Familienausflug, damit die Kinder ihren Spaß haben, ein Picknick, weiter nichts.«

»Ich liebe Picknicks«, erwidere ich mit Nachdruck.

Das Radio spielt arabische Liebeslieder, sie versetzen mich in Hochstimmung, obwohl ich kein Wort verstehe. Wir haben vor kurzem die Peripherie von Riad hinter uns gelassen, wo die Einwanderer aus Ägypten, aus dem Sudan, aus Eritrea und aus dem Jemen leben. In den mit Lichterketten geschmückten Schaufenstern ihrer winzigen Läden ist bunter Plastiktand ausgestellt.

Jetzt befinden wir uns in dem fünfzehn Kilometer von der Hauptstadt entfernten Dariyah, das auf einer

Anhöhe liegt. Ringsum breiten sich hohe, grüne Palmenhaine aus; sie sind alle mit Stacheldraht geschützt.

»Hier hat der glückliche Aufstieg meiner Familie begonnen«, erklärt mir die Prinzessin. »Jenseits dieser Palmenhaine liegen die ältesten Paläste der Familie Saud; wir möchten sie demnächst restaurieren lassen. Sie sind aus Lehm gebaut wie alle alten arabischen Städte und haben hübsche, runde Türme, zinnengekrönte Mauern und viele Innenhöfe. Wenn du möchtest, lasse ich dich einmal von Achmed hierherbegleiten, damit du sie besichtigen kannst. Es sind Orte des Friedens mit wunderschönen Gärten; abends ist es dort herrlich kühl.«

»Wann wurden sie erbaut?«

»Einige im achtzehnten, andere im neunzehnten Jahrhundert. Die Saud waren damals Scheiche von Dariyah, sie lebten von der Pferdezucht und vom Handel mit den Karawanen. Das Schicksal der Familie und das unseres Landes nahm eine bedeutende Wende, als mein Urahne, Scheich Muhammad, damals Stammesführer der Saud, einem *Kadi* namens Muhammad Abd Al-Wahhab in Dariyah Unterschlupf gewährte. Dieser *Kadi* hatte sein Leben dem Dienste Gottes verschrieben und aus Riad fliehen müssen, weil man seine strenge Glaubensauffassung dort nicht billigte. Muhammad Abd Al-Wahhab predigte Entsagung und Loslösung von allen Lastern, er kämpfte gegen den Aberglauben, die Götzenverehrung und gegen den Kontakt mit ungläubigen Völkern und Kulturen. Um das Gottesgesetz zu verbreiten, das Muhammad Abd Al-Wahhab wieder eingeführt hatte, eroberten die Saud innerhalb eines Jahrhunderts die gesamte arabische Halbinsel und die heiligen Städte Mekka und Medina.«

»Das wußte ich nicht. Ich dachte, das Königreich sei von Amirs Urgroßvater Abd el-Asis gegründet worden.«

»Nein, mein Großvater hat die Macht nur zurückerobert. Das war so: Die Saud hatten ihre Hauptstadt nach Riad verlegt, aber im Jahr 1890 mußten sie fliehen, weil die Stadt vom Stamme der Rashid geplündert und besetzt wurde. Mein Großvater, der zur Zeit der Flucht gerade zehn Jahre alt war, hat sie 1902 zurückerobert. Wir hatten tapfere Krieger; mein Großvater ist der berühmteste arabische Nationalheld. Wo immer du in Arabien unseren Namen aussprichst, wirst du aufgenommen und geehrt werden.«

Während wir die Straße von Dariyah hinunterfahren, öffnet sich unerwartet der Blick auf die Wüste: hinter uns Palmen, vor uns Sanddünen, so weit das Auge reicht. Die Prinzessin verstummt, als sei die Stille des endlosen Sandmeers in sie eingedrungen. Ich komme mir vor wie in einem Werbespot von Gulf Oil: Die gleißende Sonne schwebt wie ein glühender Feuerball über den Dünen, und die vorüberziehenden Karawanen wirken winzig, wie erdrückt von der Hitze.

»Riad ist eine moderne Stadt«, sagt die Prinzessin nach langem Schweigen. »Ihr Lebensstil hat kaum noch etwas mit dem unserer Vorfahren zu tun. Heute wissen nur die alten Leute noch, wie das Leben in der Wüste war. Ich selbst kenne es auch nur aus Erzählungen. Trotzdem komme ich immer gern hierher, hier fühle ich mich frei. Ich weiß, daß die Wüste meine

Heimat ist, und ich denke oft daran, wie hart mein Großvater kämpfen mußte, um alle unsere Stämme wiederzuvereinigen. Vor dem Exil haben wir die Wüste nie verlassen, dann haben die Rashid uns eine Zeitlang vertrieben. Aber wie es in allen unseren Liedern heißt: Die Beduinen kehren immer in ihre Wüste zurück.«

Während die Prinzessin spricht, fällt mir ein, gelesen zu haben, daß das Wort *badawi*, Beduinen, von *badu* kommt, was soviel bedeutet wie weite, freie Fläche, also Wüste. Und genau da lebten ursprünglich ja die Nomaden, zu deren Stamm die Prinzessin gehört.

Etwa zwanzig Kilometer von Dariyah entfernt stoßen wir unvermittelt auf ein großes Beduinenlager: Hunderte von schwarzen Zelten und ringsum riesige Kamelherden. Der Anblick ist für mich wie eine Rückblende in die Vergangenheit, zumal ich mir in unserer vollklimatisierten Limousine wirklich vorkomme wie im Kino.

Wenige Kilometer hinter dem Beduinenlager beginnt der Rub Al-Khali, die Wüste der Wüsten, eine grenzenlose, völlig gleichförmige Landschaft: Vom Wind gekräuselte Sanddünen, so weit das Auge reicht, nur hier und da an geschützteren Stellen ein Dornbusch.

In weiter Entfernung zieht zwischen den Dünen eine Kamelkarawane dahin, scharf zeichnet sie sich gegen den Horizont ab. Sie scheint aus dem Nichts aufgetaucht zu sein, um im Nichts zu verschwinden, aber dasselbe denkt sich wahrscheinlich der Kamelführer beim Anblick unserer »Blechkarawane« auf dieser perfekten Autobahn, auf der wir noch niemandem begegnet sind.

Unsere Karawane wird vom Prinzen angeführt, der – unkonventionell, wie er ist – seinen BMW selber lenkt. Ihm folgt eine leere Limousine mit Chauffeur und der Wagen, in dem die Prinzessin und ich sitzen, Hinter uns kommt eine weitere leere Limousine mit Chauffeur und dann der mit Videospielen ausgestattete Kombi Amirs, in dem außer dem kleinen Prinzen noch andere Kinder, Carolyn und natürlich Mama Amina fahren. Ihnen folgt ein Wagen mit weiteren jungen Gästen, zwei Kleinbusse mit zirka fünfzehn Bediensteten und zwei Lieferwagen mit Lebensmitteln und Wasser; mehrere Dienstwagen des Prinzen schließen den Zug ab. Insgesamt also rund zehn Autos, drei Kleinbusse und zwei Lieferwagen für ein Familienpicknick, ganz zu schweigen von den Lastwagen, die bereits zwei Tage zuvor mit »allem Nötigen« vorausgefahren sind, darunter zwei gigantische Sattelschlepper und ein Viehtransporter mit Hammeln zur Schächtung vor Ort.

Nach rund einer Stunde Fahrt erkenne ich in der Ferne drei große weiße und mehrere kleine Zelte sowie die beiden Sattelschlepper.

»Wir sind da«, verkündet die Prinzessin.

Ich hatte eine Oase erwartet, aber hier wächst nicht einmal ein Dornbusch. Wir befinden uns mitten in der Wüste – ringsum nichts als Sand.

Die Limousine hält an. Als ich aus dem gekühlten Wageninneren aussteige, trifft mich fast ein Hitzschlag. Dabei haben wir März, den traditionellen Ausflugsmonat. Es ist kühl in der Wüste, am Tag steigt das Thermometer gerade mal auf 35 Grad.

Ich sehe mich um und entdecke zu meiner Verwunderung neben den Zelten eine Flugzeuglandebahn – eine lange Betonpiste mitten in der Wüste. Ob es sich um eine militärische Einrichtung oder den Privatflugplatz irgendeines reichen Beduinen handelt? Weit und breit ist nichts, was auch nur entfernt an ein Gebäude erinnern würde, aber die Piste befindet sich in ausgezeichnetem Zustand.

Die Prinzessin ist meinem Blick gefolgt.

»Dort können die Kinder Fahrrad fahren«, erklärt sie mir. »Sie sollen ihren Spaß haben, deshalb sind wir hierhergekommen.«

»*Alors Denise, tu jeux avec nous?*« brüllt Amir mir zu, während er, seinen Fußball im Arm, aus dem Kombi klettert. Er hat mir schon tausendmal gesagt, daß er auf keinen Fall Prinz werden möchte, wenn er einmal groß ist. Sein Traumberuf ist Fußballspieler beim heimischen Club *El Masser*.

»*Pas maintenant, j'arrive plus tard*«, schreie ich.

Amir und die anderen Kinder rennen davon. Ich dagegen betrete hinter Carolyn und der Prinzessin eines der großen Zelte: Es ist mindestens hundert Quadratmeter groß und auf einer Seite zur Wüste hin offen, so daß man die anderen Zelte und den Wagenpark nicht sieht. Die Innenwände sind mit geometrischen Mustern in leuchtenden Farben bedruckt. Auf dem Boden liegen kostbare Teppiche, dreieckige Kissen und Sitzpolster. Der Kontrast zwischen außen und innen ist enorm: hier Farben in allen Schattierungen, dort nur schlichtes Weiß.

»Na, wie gefällt dir der Nomadenstil?« fragt Carolyn.

»Ich finde ihn phantastisch!« erwidere ich begeistert.

»Wart's ab, du heiratest noch einen Beduinen«, witzelt sie.

»Warum nicht?«

Eine Dienerin bietet uns Obstsaft an. In dem Zelt stehen überall Tischchen mit Tabletts voller Leckereien herum, und entlang der Wände thronen auf kleinen Regalen aus grellbunt gefärbtem Leder prächtige Obstkörbe.

»Essen wir etwas?« frage ich Carolyn.

»Um Gottes willen, nein! Mir reicht's schon, daß wir nachher aus Höflichkeit zu Mittag essen müssen. Willst du dick und wabbelig werden die die Beduininnen? Ich gehe vorsichtshalber raus zu Amir, bevor die mir noch etwas anbieten.«

Ich sehe Carolyn nach, wie sie sich in ihrem dunkelblauen Nonnengewand von Joshji, den Männerhalbschuhen von Clark und dem Glockenhut im Stil der zwanziger Jahre entfernt. Auf einer Pariser Modenschau würde man sie wahrscheinlich für todschick halten, aber die Frauen hier finden, daß sie sich entsetzlich kleidet, die Ärmste.

Ich bleibe im Zelt und mache die Bekanntschaft einer hübschen jungen Frau namens Amal: groß und wohlgeformt, grüne Augen, voller Mund. Wir trinken zusammen einen arabischen Kaffee und dabei erfahre ich, daß sie halt Ägypterin und halb Saudiaraberin ist; ihre Mutter ist eine Freundin der Prinzessin. Sie erzählt mir, daß sie das Abitur gemacht hat und derzeit als Krankenschwester in einem Hospital arbeitet –

eine Art Zivildienst für Mädchen, auf den man mit einem sechsmonatigen Kurs vorbereitet wird. Gesundheit und Hygiene sind in Saudi-Arabien fast eine Manie.

»Du hast es gut«, sagt Amal, während wir uns Erdbeer- und Schokoladentörtchen von *Fauchon* in den Mund schieben. »Du lebst im Schutz einer mächtigen Familie. Du kriegst nur die positiven Seiten dieses Landes mit und hast keine Ahnung von der Hölle, die unsereins durchmacht – ich meine, wir Frauen, die wir außer Hauses arbeiten müssen.«

»Warum? Gefällt dir deine Arbeit nicht?« frage ich sie.

»Doch. In Arabien kann eine Frau nur drei Berufe ausüben: Lehrerin, Krankenschwester und Ärztin; ich möchte Medizin studieren. Die Arbeit macht mir also Spaß, aber ich lebe unter dem ständigen Terror der Männer ... der Idioten, die sich in den Straßen herumtreiben. Meistens sind es Banden von Halbwüchsigen, sie rufen hinter dir her und belästigen dich. Und wenn etwas passiert, ist immer die Frau schuld.«

»Trägst du denn keine *Abaya*, wenn du aus dem Haus gehst?«

»Doch, natürlich. Aber diese Kerle merken an meinem Gang, daß ich noch jung bin, und das stachelt sie an. In Kairo war das nicht so.«

»Hierzulande steht ja auch die Todesstrafe auf außerehelichen Geschlechtsverkehr. Seit ich das weiß, verlasse ich den Harem kaum noch. Ich fühle mich dort einfach sicherer. Im Harem ist jeder Männerkontakt von vornherein ausgeschlossen; da muß ich wenigstens nicht dauernd aufpassen, nichts falsch zu machen.

Aber für dich wäre es vielleicht besser, du gingest nach Ägypten zurück, oder?«

»Mein Vater arbeitet in Riad, und in Kairo herrscht große Armut. Hier ist die Zukunft sicherer. Ich glaube, meine Familie wird mir einen saudischen Ehemann suchen.«

Auf Amirs Befehl hin holt sich jeder ein Fahrrad und begibt sich auf die Betonpiste. Amir und die anderen Kinder radeln um die Wette, der Prinz folgt ihnen in etwas gemächlicherem Tempo. Amal tritt ebenfalls eifrig in die Pedale. Mama Amina feuert uns mit beduinischen Zurufen an, ihr langes Gewand flattert im Wüstenwind. Sogar die Prinzessin radelt fünf Minuten mit. Carolyn und ich sind ausdauernder. Wir kommen uns etwas lächerlich vor, aber wir sind glücklich. Die Piste vor uns ist lang und führt nirgendwo hin. Wir radeln aus reinem Vergnügen – einem vor allem metaphysischen Vergnügen, denn bei der Bruthitze tun wir unserer Gesundheit damit wohl kaum etwas Gutes.

Auf der Autobahn, die bis zu diesem Moment völlig ausgestorben dalag, nähert sich ein grüner Wagen: ein riesiger, alter Rolls Royce. Nachdem er vor den Zelten geparkt hat, entsteigt ihm Amirs Großmutter väterlicherseits, eine große, magere Frau, die etwas sehr Respekteinflößendes hat; mehrere verschleierte, philippinisch-mohammedanische Dienerinnen bilden das Gefolge. Die Prinzessin eilt ihr entgegen und verneigt sich vor ihr. Es gibt nur zwei Personen auf der Welt, die diese Königstochter in Aufruhr versetzen können: ihre Mutter und ihre Schwiegermutter.

Mama Amina ruft mich zu sich, wir gehen in der Wüste spazieren und dabei erzählt sie mir tausend Geschichten. Der *Khansin*, der Wüstenwind, kann so heftig blasen, sagt sie, daß er ganze Karawanen unter sich begräbt. Ein erfahrener Führer konnte früher sehr viel Gold damit verdienen, daß er Karawanen sicher durch die unwirtliche Rub Al-Khali-Wüste geleitete. Mama Amina zeigt mir, wie ihre Vorfahren sich gewaschen haben: Sie entblößt ihren Oberkörper und reibt sich mit langsamen, kreisenden Bewegungen Arme und Brust mit Sand ein. Dabei erzählt sie mir, daß auch Neugeborene und Wöchnerinnen so gewaschen wurden. Dann legt sie sich auf den Boden, spreizt die Beine und häuft Sand auf sich.

»Das hat man gemacht, wenn man krank war«, erklärt sie mir. »Man hat sich vom Lager entfernt, in den Sand eingegraben und gewartet, daß es einem bessergeht.«

»Und? Hat es funktioniert?«

»Nicht immer, aber viele sind davon gesund geworden.«

Um ihr eine Freude zu machen, buddele ich mich auch ein. Wer weiß, denke ich, wie lange ich das aushalte. Die Hitze ist mörderisch. Mir scheint, ich habe sogar Halluzinationen: In der Ferne sehe ich auf den Dünen schwarze und weiße Pünktchen, die sich bewegen.

»Das sind die Bewohner der Wüste«, sagt Mama Amina.

»Wer?«

»Die Pünktchen da hinten, das sind Menschen, sie kommen zu uns. Wahrscheinlich haben sie erfahren, daß hier ein Fest stattfindet. In der Wüste spricht sich so etwas schnell herum.«

»Kommen sie zu Fuß?«

»Ja. Du stellst dir die Wüste leer vor, aber sie ist voll von großen Augen, die dich sehen.«

»Wie groß sind diese Augen denn?« frage ich scherzend.

»So groß wie der Raum, den sie betrachten. Immens groß.«

Im Lager ist es still geworden. Mit dem Sonnenuntergang ist die Stunde des Abendgebets gekommen. Die Kinder sehen sich in einem der Sattelschlepper, der zum Kinosaal umfunktioniert worden ist, einen Film an. Die Erwachsenen haben bereits auf ihren Gebetsteppichen Platz genommen. Während die Männer mit Blick auf die Wüste im Freien knien, haben sich die Frauen in dem anderen Sattelschlepper zurückgezogen; er ist eigens zu diesem Zweck mit einer Klimaanlage und Bädern für die rituellen Waschungen ausgestattet worden.

Fünfmal am Tag erinnert mich der Augenblick des Gebets an mein Fremdsein und konfrontiert mich mit einer Zeitspanne, die spürbar unausgefüllt ist und mit der ich immer noch nichts anzufangen weiß. Heute jedoch schlendere ich glücklich ein paar hundert Meter von den Zelten weg, setze mich auf den Boden und richte den Blick gen Westen. Die Wüste zieht mich an. Ich könnte tagelang reglos dasitzen und sie betrachten. Zu Beginn der Welt war die ganze Erde ein blühender Garten, erzählt eine Legende, die ich im Harem gehört habe. Die Luft roch nach Myrten und Rosen. Als Allah den Menschen schuf, sagte er zu ihm: »Genieße die Früchte der Erde, den taubenetzten Granatapfel, die duftende Orange und die süße Dattel. Doch sei fromm und gerecht und denke daran: Für jede schlechte Tat, die du vollbringst, werde ich ein Sandkorn auf die Erde fallen lassen.« Leider nahmen die Menschen, vor allem die Bösen, Gottes Warnung nicht ernst. Was macht schon ein Sandkorn, oder was machen auch hundert oder tausend Sandkörner in einem so großen Garten aus? fragten sie, aber es wurden so viele Sünden begangen, daß es bald Sturzbäche von Sandkörnern vom Himmel regnete. Und so kommt es, daß die Wüsten immer größer werden.

Der Schriftsteller Borges dagegen verbindet die Wüste mit der – ins Extreme gesteigerten – Idee des Labyrinths, ein Labyrinth, aus dem kein Ariadne-Faden wieder herausführt, ein Irrgarten, in dem man sich rettungslos verläuft und stirbt. Trotzdem kreisen meine Gefühle in diesem Augenblick weder um Sünde noch um Tod. Im Gegenteil, ich fühle mich heiter und entspannt. Die unendliche Weite hat etwas Erhabenes, das tief in meine Seele dringt. In der perspektivlosen Gleichförmigkeit der Wüste findet man zum Kern allen Seins zurück. Dankbar spüre ich das Leben in meinen Adern pulsieren; mein Atem wird eins mit dem Rauschen des Wüstenwinds.

Die Dämmerung bricht unerwartet und schnell herein. Man kann förmlich zusehen, wie die Sonne untergeht: Die riesige Scheibe färbt sich orange, der Himmel nimmt ein tiefes Samtblau ein. Wenige Minuten später ist sie verschwunden, nur der Horizont leuchtet noch in dunklem Violett. Der glühenden Tageshitze folgt unvermittelt die Frische der Nacht. Als ich zum Lager zurückgehe, ist es dunkel.

In unserem Zelt ist alles zum Essen vorbereitet. Tischtücher aus flämischem Leinen sind auf dem Boden ausgebreitet und »die Tafel« ist in westlichem Stil piekfein gedeckt: kostbare Teller, Kristallgläser, Silberbesteck. Ringsherum wurden Sitzkissen verteilt. Wir sind ziemlich viele Personen, mehr als heute morgen, da im Verlauf des Tages noch alle möglichen Tanten und Kusinen eingetroffen sind. Ich lasse mich neben Carolyn nieder. Bequem ist es nicht, aber lustig. Wir finden die ganze Szene und besonders die Kellner in Smoking und weißen Söckchen ausgesprochen erheiternd. Carolyn hat gehört, der Chefkoch namens Turki sei schrecklich aufgeregt, wie seine Delikatessen ankommen: Er hat nach beduinischem Festbrauch dreihundert verschiedene Spezialitäten zubereitet, die in einem Spezial-Lastwagen angekarrt worden sind. Andere, traditionelle Gerichte wurden vor Ort gekocht, darunter das saudische Nationalgericht *Kabsa*, eine Mischung aus Reis, Gemüse und frisch geschlachtetem Hammel. Die Kellner tragen riesige Silbertabletts mit Fisch und Fleisch auf. Vor uns stehen bereits Salate aller Art, Hülsenfrucht-Terrinen, libanesische Röllchen und Krüge mit *Laban*, dem erfrischenden Trinkjoghurt. Barfüßige Kellnerinnen in langen schwarzen Kleidern mit Häubchen und weißen Spitzenschürzen schenken uns Wasser ein, was gar nicht so einfach ist, da sie sich jedesmal bis zum Boden hinunterbücken müssen, um unsere Gläser zu füllen.

Kein Wunder, daß der eine oder andere Tischgast dabei eine kleine Dusche abbekommt. Höflich, wie die Araber sind, wird das jedoch übergangen, wie auch keiner von den Kellnern Notiz nimmt, die durch hektisches Herumwedeln mit Servietten der Mückeninvasion in unserem Zelt Herr zu werden versuchen. Nur Carolyn und ich benehmen uns daneben und lachen uns kaputt.

Das Essen schmeckt ausgezeichnet. Ich versuche, die Versammelten zu imitieren und auf arabische Weise zu essen: Mit der rechten Hand hole ich mir etwas Reis und ein paar Stückchen Leber oder Fleisch, dann drücke ich alles zu einem Bällchen zusammen, das ich mir rasch in den Mund schiebe. Mama Amina, die mit großem Appetit ganze Hammelkeulen verdrückt, feuert mich begeistert an und schreit Carolyn zu, sie solle es auch so machen, sie müsse zunehmen, sie sei zu dünn.

»Ich kann diese Mama Amina nicht ausstehen«, flüstert Carolyn mir zu, während sie in einem Salat herumstochert.

»Mir ist sie sympathisch«, sage ich.

»Was? Diese Analphabetin? Hast du gesehen, wie die sich schminkt? Und dann immer mit diesem blöden Schleier ... also, ich finde sie schrecklich. Mehr, als einen ständig zum Essen anhalten, kann die nicht.«

Uns gegenüber sitzt die Schwiegermutter der Prinzessin – eine faszinierende Erscheinung. Wie alle vornehmen älteren Frauen vermeidet sie es, den Leuten ins Gesicht zu schauen. Ich versuche ihrem Beispiel zu folgen, aber es gelingt mir nur halb. Wo sie schon einmal da ist, muß ich einfach ab und zu einen Blick auf sie werfen. Auch sie ist die Tochter eines Königs, und ihre dick geschminkten Augen müssen Dinge gesehen haben, die ich mir zu gerne erzählen lassen würde. Die Atmosphäre im Zelt ist entspannt, das Essen hervorragend, und die Leute sind so heiter, wie ich sie noch nie erlebt habe. Die Frauen plaudern und scherzen, die Kinder toben herum, und der Prinz, der auf einen Sprung ins Frauenzelt gekommen ist, schweigt lächelnd.

»Bete bloß, daß sie dich nicht als *Special guest* ehren wollen«, raunt Carolyn mir zu.

»Warum?«

»Das wirst du gleich sehen.«

In diesem Moment schleppen vier Kellner eine gigantische Platte herein, auf der ein vollständiger, gegrillter Hammel liegt. In kleinen Stücken gegart, ist er wieder zusammengesetzt und auf einer Reispyramide angerichtet worden. Ein beeindruckender Anblick. Nicht einmal der Kopf fehlt. Ein Kellner mit Chirurgenhandschuhen zieht die Eingeweide aus der Bauchhöhle und mischt sie unter den Reis. Dann legt er den Kopf auf ein Holzbrett, nimmt ein Metzgermesser zur Hand und spaltet ihn mit einem Hieb in zwei Teile. Eine der beiden Hälften legt er auf einen Teller, den er einem anderen Kellner weiterreicht. Und jetzt kommt dieser doch tatsächlich auf mich zu – oh, Schreck! Vom Gelächter der Frauen verfolgt, fliehe ich aus dem Zelt. Das ist unhöflich, ich weiß, aber beim bloßen Gedanken, diese Gehirnschale ausschlürfen, das Ohr des Hammels kauen und sein Auge runterschlucken zu müssen, dreht sich mir der Magen um.

Die Männer haben im Kreis um unsere Zelte zehn Lagerfeuer angezündet. Die mit Sonnenuntergang aus Riad eingetroffenen Musikerinnen spielen noch draußen in der rabenfinsteren Nacht, aber jetzt nach dem Abendessen hat keiner mehr Lust zu tanzen, nicht einmal die Philippininnen. In unserem Zelt ist Stille eingekehrt, die Stille der Wüste, der Nachtwind hat sie mitgebracht. Sie ist ein willkommener Gast. Die Gesichter wirken gelöst, verträumt. Manche lächeln selig, als erinnerten sie sich alter Zeiten. Die Szene hat etwas sehr Feierliches. Keiner rührt sich und man glaubt, einen einzigen Atem zu vernehmen, der alle auf ewig miteinander verbindet. Die Familie hat sich selbst und ihre Wüste gefeiert. Reglos und erfüllt sitzen sie da. Gott schuf die wasserreichen Länder zum Leben und die Wüsten, damit der Mensch seine Seele wiederfindet, sagen die Tuareg.

So leise wie möglich verlasse ich das Zelt; ich möchte zu den Kindern, die sich in einem der beiden Sattelschlepper einen Walt-Disney-Film anschauen. im Dunkeln ertaste ich mir meinen Weg hinter den Zelten, keiner kann mich sehen. Die Köche und Kellner ruhen sich auf Teppichen aus, die um die Lagerfeuer herum ausgebreitet liegen. Es ist kalt. Die Kellner tragen Smokings, die Köche ihre weißen Uniformen. Ich bleibe stehen, um sie zu betrachten. Die absurden Smokings würden mir ein Grinsen entlocken, wäre dieses Bild nicht tausendmal älter und eindrucksvoller als die lächerlichen Livreen inmitten der schwarzen Umhänge, der abgetragenen Kandoras und der grau gewordenen *Abayas* der Wüstenbewohner, die gastfreundlich bei den Feuern aufgenommen wurden:

Männer mit zerfurchten, sonnenverbrannten Gesichtern und verschleierte Frauen, von denen man nur die Augen sieht.

Von ihnen allen hebt sich durch seine würdevolle Erscheinung ein großer Mann ab. Er steht auf der Schwelle zum Greisenalter, die er – wie mir scheint – sehr gefaßt überschreiten wird. Sein ausdrucksvolles, lederfarbenes Gesicht ist dicht mit graumelierten Bartstoppeln bewachsen und hat einen Stolz bewahrt, der fast schon an Wahnsinn grenzt. Seine Hände sind groß und knorrig, als wären sie aus altem Holz geschnitzt; sie halten ein Glas, das in ihnen sehr zerbrechlich wirkt. Ein junger Kellner schenkt ihm als erstem in der Runde Pfefferminztee ein.

Dann kommen andere Kellner und bringen den Wüstenbewohnern auf Tabletts das übriggebliebene Essen. Die Nomaden danken und machen sich darüber her, der Mann mit dem graumelierten Bart nickt nur mit dem Kopf. Nun lassen sich auch die Kellner nieder. Ich frage mich, ob dieser Mann ein Geschichtenerzähler ist, einer, der es versteht, aus den Fäden des Windes Geschichten zu spinnen, die am Lagerfeuer weitergegeben werden, wenn die Menschen der Wüste unter sich sind. Ich beobachte ihn neugierig und gespannt.

Jetzt beginnt der Mann zu sprechen. Er dreht sich zu mir um. Seine Augen funkeln im Schein des Feuers. Obwohl ich weiß, daß er mich nicht sehen kann, weiche ich erschrocken einen Schritt tiefer ins Dunkel zurück. Dann verharre ich reglos und betrachte mit klopfendem Herzen seinen Mund und die Hände, die mit knappen Gesten seine Worte begleiten. Und es ist, als trage der Wüstenwind auch mir den Zauber seiner schönen, reich geschmückten Sätze zu; wie erlesene Perlen reihen sie sich aneinander und bilden Ketten oder Rosenkränze, die in Tausenden von Nächten heruntergebetet werden können, ohne je etwas von ihrer Zauberkraft einzubüßen.

Der Wind muß alle Pfade verweht
und der Sturm eure stolzen Herzen gebeugt haben,
damit ihr anfangt, euer Heil in den Sternen zu suchen,
teure Gefährtinnen, teurer noch als holdselige Mädchen
voller Düfte,
still und unwandelbar nach dem Willen
des Barmherzigen,
in Freude und Leid sichere Zuflucht,
Rettungsanker Gottes für alle, die über ihr irdisches
Schicksal hinaussehen...

Die Grenze,
die nicht überschritten werden darf

Es passiert mir jeden Tag, überall im Palast, selbst in den Treppenhäusern. Ich lebe jetzt acht Monate hier und habe eingesehen, daß ich nicht darum herumkomme. Auch heute hat mich eine der vier Philippininnen, die täglich alle Treppen putzen, an der Hose gezupft und angehalten, um mir ihren neuesten erotischen Traum zu erzählen; darin standen ihr drei Männer zur Verfügung, die sie oral, anal und vaginal befriedigten; die anderen Kolleginnen mimten ungeniert den von ihr geschilderten Koitus.

Es passiert mir sogar am Swimmingpool. Dort arbeiten drei Philippininnen, die keine andere Aufgabe haben, als augenblicklich jeden Spritzer Wasser aufzuwischen. Häubchen auf dem Kopf und Lappen in der Hand, knien sie am Beckenrand. Früher oder später kommt die unvermeidliche Frage, ob ich jetzt gern mit einem Mann im Pool wäre. Sie wollen wissen, ob ich es schon mal im Wasser getrieben habe, ob es mir gefällt, ob und wie ich es jetzt gern täte. Ich schwimme wie eine Wilde, mit eingetauchtem Kopf, um sie nicht hören zu müssen, um sie zu vergessen, aber wenn ich total erschöpft aus dem Wasser steige, trocknen sie mich ausführlichst ab, und dabei berühren sie mich

überall, süchtig nach Fleisch, das sie betatschen können, und gierig – vor allem gierig nach Ohren, denen
sie ihre Phantasien anvertrauen können.

Sie reden über den großen Abwesenden: den Mann
– für gewöhnlich ein Arschloch, das sie mit drei oder
vier Kindern hat sitzen lassen. Aber der Mann besitzt
etwas, das jede Haremsbewohnerin heiß ersehnt: sein
Gemächt. Darüber wird hier mehr gesprochen, als
über Kinder, Familie oder das soziale Elend auf den
Philippinen. Es ist das Gesprächsthema Nummer eins,
und die Frauen überbieten sich gegenseitig in Übertreibungen.

»Wenn ich nach Manila zurückgehe«, sagt eine, »hänge ich mir ein Schild um den Hals mit der Aufschrift:
Fickt mich.«

»Und ich hab zu meinem Mann gesagt: Sei bloß
pünktlich am Flughafen, sonst werfe ich mich dem
erstbesten an den Hals«, lacht eine andere.

Anfänglich habe ich mich amüsiert. In meiner Einsamkeit war ich froh über jeden, der mit mir sprach.
Ich wunderte mich auch, wie freizügig diese Frauen
über Sexualität sprachen. Eine Europäerin habe ich
weder je eine Fellatio mimen sehen, noch sie darüber
diskutieren hören, was besser sei: einem Mann die
Hoden zu streicheln, seinen Penis zu lecken, daran zu
saugen oder ihn am Ansatz zu umklammern. Sie können stundenlang darüber reden und sich gegenseitig
Ratschläge geben, wie man einem Mann zu einer
Supererektion verhilft – nur daß es hier keinen gibt,
an dem sie es ausprobieren könnten.

Jetzt bereue ich, ihre Vertraulichkeiten nicht abge-
blockt zu haben. Diese Frauen sind regelrecht beses-

sen von ihm, dem Schwanz. Es ist wie eine anstecken-
de Krankheit, gegen die kein Kraut gewachsen ist. Die
berüchtigte Obszönität der Kasernen habe ich im
Harem kennengelernt. Hier, in Riad, wo selbst Auber-
ginen und Zucchini ihrer Form wegen verpönt sind
und deshalb nur kleingeschnitten verkauft werden,
sehne ich mich nach der calvinistischen Züchtigkeit
meiner Stadt zurück, nach der Diskretion der Europäerinnen, nach der sportlich-naiven Zwanglosigkeit der
Amerikanerinnen.

Es gibt ein Mädchen im Harem, das noch Jungfrau ist,
eine junge Sudanesin mit fleischigen Lippen und festen Brüsten. Sie ist sehr hübsch und wackelt beim
Gehen mit ihrem prallen Hintern. Die Philippininnen
hänseln sie von früh bis spät. »Die ist noch Jungfrau,
die ist noch Jungfrau«, schreien sie ihr nach, oder: »Die
Ärmste hat noch nie einen Schwanz gesehen.«
    Die Sudanesin versucht ihnen klarzumachen, daß sie
falschliegen, daß sie sehr wohl Erfahrungen mit Männern hat, nur keine Lust, darüber zu reden – vergeblich, man glaubt ihr nicht. Die Philippininnen verfol-
gen sie in den Korridoren, fassen ihr zwischen die Beine
und schreien: »Jungfrau, Jungfrau«, als wäre das eine
Beleidigung.

Wenn die Prinzessin mit ihrem Mann schläft, weiß es
der ganze Palast – schon allein deshalb, weil sie sich zu
dieser Gelegenheit in die Gemächer des Prinzen begibt
(normalerweise nächtigt sie von Philippininnen bewacht im eigenen Bett). Das sei ein alter arabischer
Brauch, habe ich mir erklären lassen: Der Mann geht

nie ins Zimmer der Frau, es ist immer sie, die ihn besucht. Dazu kommt noch, daß sich die Prinzessin grundsätzlich von drei Dienerinnen zu ihrem Gatten begleiten läßt; sie kauern sich vor der Tür nieder und halten immer einen Kosmetikkoffer bereit – man kann ja nie wissen ...

Jedem Salon des Hauses sind mindestens zwei Dienerinnen zugeteilt. Sie erscheinen in der Frühe in Morgenmantel und Lockenwicklern, putzen das Zimmer, bis es vor Sauberkeit glänzt, essen danach zu Mittag, ziehen eine frische Uniform und Ballerinaschuhe an, frisieren sich, behängen sich mit Schmuck, parfümieren sich und kehren dann in ihren Salon zurück. Dort hocken sie noch vor der Tür auf dem Boden und hoffen, daß es irgend jemandem einfällt, gerade diesen Salon zu benützen und ihnen damit die große Gelegenheit zu geben, eine Tasse Tee servieren zu können.

Manche tun ihren Dienst in Zimmern, die nie benützt werden, und sind völlig sich selbst überlassen, vergessen, wie es die Leibeigenen in den entlegenen Provinzen des chinesischen Kaiserreichs waren. Den meisten steht jedoch ein kleiner Gemeinschaftsraum zur Verfügung, wo sie sich eine Tasse Tee oder Schokolade zubereiten, Radio hören und fernsehen können.

Um die Zeit bis zum Wiedersehen mit ihren Männern zu überbrücken – und das sind manchmal Jahre – reden sie wenigstens davon, vom Mann und seinem Schwanz. Es ist unmöglich, ihren Obszönitäten zu entrinnen. Neulich habe ich versucht, mich zu rächen, indem ich ihnen vorrechnete, wieviel ihr großes Idol Imelda Marcos für die viertausend Paar Jourdan-Schuhe ausgegeben hat, die sie angeblich besitzt. Ich schätzte ihren Wert auf rund eine Million und zweihunderttausend Dollar und rechnete aus, wie viele philippinische Familien davon ein ganzes Jahr leben könnten. Leider haben meine Rechenkünste ihrem Mythos nicht das Geringste anhaben können, sie waren bloß enttäuscht, als ich ihnen sagte, daß die Prinzessin noch viel mehr Schuhe besitzt als Imelda.

Ich gehe Carolyn besuchen. Sie kauert in einem Sessel und betrachtet das Foto eines Mannes.

»Wer ist das?« frage ich sie.

»Mein-Ex-Freund, ein kanadischer Fotograf. Er hat mich wegen eines Fotomodells sitzenlassen.«

»Warum guckst du dir dann sein Foto an?«

»Um mich daran zu erinnern, wie man vögelt. Ich hab das jetzt schon so lange nicht mehr gemacht, daß ich gar nicht mehr weiß, wie's geht.«

»Hör mal«, platze ich heraus und lasse mich auf ein Sofa fallen, »daß die Philippininnen von nichts anderem reden als vom Bumsen, okay. Aber wenn du jetzt auch noch damit anfängst, schnappe ich über.«

»Warum soll ich nicht darüber reden?«

»Weil es wohl noch andere Themen gibt, über die man sich unterhalten kann.«

»Zum Beispiel? Hier ist doch nichts los, worüber willst du reden?«

»Warst du heute nicht einkaufen?«

»Doch, ich habe mir ein goldbesticktes Kaschmircape gekauft.«

»Was hast du dafür bezahlt?«

»Fünftausend Dollar.«

»Ich dachte, du willst für deine Agentur sparen …«

»Ich hab mir auch noch zwei neue ägyptische Parfümfläschchen gekauft. Komm, ich zeig sie dir.«

Wir gehen in ihr Bad. Die Ablage über dem Waschbecken steht voll mit ägyptischen Flakons aus blauem, grünem oder rotem Glas. Sie sind mit Gold bemalt und sehr schön, obwohl sie alle gleich aussehen – die Unterschiede sind minimal.

»Heute habe ich die beiden roten Fläschchen hier gefunden, sie sind ein bißchen größer als die anderen«, sagt sie, indem sie eines davon zärtlich berührt. »Gestern habe ich alle abgestaubt, das mache ich immer selber, die Philippininnen will ich da nicht ranlassen.« Sie senkt die Stimme: »Das sind übrigens Phallussymbole ...«

»Danke, das war mir auch so klar«, erwidere ich sarkastisch und verlasse das Bad.

»Spiel jetzt bloß nicht die Mutter Oberin«, sagt Carolyn, während wir ins Wohnzimmer zurückgehen. »Hier leiden alle an Entzugserscheinungen, wir sind alle frustriert, so frustriert, daß wir's schon gar nicht mehr merken.«

»Du hast recht, aber ich kann mich nicht von früh bis spät damit verrückt machen, daß es hier keine Männer gibt«, schimpfe ich und sinke auf ein Sofa. »Ich versuche, nicht daran zu denken, und damit basta. Ich lese Kunstbücher, kümmere mich um Amir, studiere den Koran, mache all die Dinge, zu denen ich vorher nie gekommen bin. Außerdem bin ich immer eine unabhängige Frau gewesen; ich weigere mich, Trübsal zu blasen, bloß weil mir hier kein Mann zur Verfügung steht. Und überhaupt: Was ist daran so schlimm? Die Welt ist voll von Männern, aber nicht voll von Harems.

Im Augenblick interessiert mich diese Erfahrung mehr, als mit einem phantasmogorischen Herrn X oder Y ins Bett zu gehen.«

»Selbst die Tiere leben zu zweit«, erwidert sie trotzig.

»Hör mal, Carolyn: Eine normale Frau geht doch nicht in den Harem, um sich darüber zu beschweren, daß es dort keine Männer gibt, oder? Wenn ich es ohne Vögeln nicht aushalten würde, wäre ich nicht hierhergekommen! Ich habe keine Lust, die untröstliche Witwe zu spielen. Und du gehst bald in die USA zurück, wo du Männer hast, so viel du willst. Denk dran: Nichts im Leben ist endgültig, alles geht einmal vorüber. Wer das Gegenteil behauptet, lügt.«

»Das hilft mir im Moment auch nicht weiter«, jammert sie.

»Ich fühle mich eingeengt, gefangen, erdrückt. Ständig muß ich mein wahres Ich verbergen – ich halte das nicht mehr aus. Ich finde es unmöglich, daß man die Frauen dazu zwingt, auf ihre Freiheit zu verzichten … Das macht mich total fertig«, schließt Carolyn mit weinerlicher Stimme.

»Hör auf, dich zu belügen!« schreie ich sie an. »Dich macht etwas ganz anderes fertig. Du hast Angst nach Amerika zurückzugehen, das ist es, ich hab bloß noch nicht begriffen, warum.«

Jetzt bin ich schon so weit, daß ich mit den Bildern spreche. Mit ihnen verbringe ich die meiste Zeit. Meine liebste Gesprächspartnerin ist eine Dame von Degas, die sich mit einem Fächer träge Luft zufächelt. Ich habe mir angewöhnt, früh aufzustehen und im

Palast umherzuspazieren. Mit Erlaubnis der Prinzessin nehme ich kleine oder auch größere Änderungen in der Einrichtung vor. Wenn ich schon nicht aus dem Haus kann, verschiebe ich wenigstens Möbel und hänge Bilder um. Ein paar Hausangestellte folgen mir mürrisch mit Leiter, Meterstab und Bohrer. Es kommt vor, daß mir ein neues Arrangement nach zwei Tagen nicht mehr gefällt, dann ändere ich es eben noch einmal. Besonders ein Diener ist dazu abkommandiert, mir zu helfen: Er heißt Jakob und kommt aus Goa, Indien. Wenn der Palast ein Theater wäre – und als solches kommt er mir manchmal vor –, dann wäre er der Chef-Requisiteur. Jakob ist dreißig Jahre alt und spindeldürr; er hat schwarze Augen, pechschwarze Haare und arbeitet immer barfuß, in Hemd und Wickelrock. Im übrigen ist er Christ wie seine beiden indischen Helfer. In Saudi-Arabien sind nur Moslems und Christen zugelassen; ein Hindu käme niemals in dieses Land, Hindus gelten hier als Götzenanbeter. Jakob läßt mir heimlich leckere indische Spezialitäten zukommen, die seine Schwester gekocht hat (sie lebt auch in Riad), aber manchmal flieht er bei meinem Anblick, aus Angst, ich könnte ihn zum zehntenmal ein Bild umhängen lassen. Der Ärmste wird auch wirklich von mir geplagt!

In den letzten Tagen habe ich einen meiner Lieblingssalons neu eingerichtet, und zwar mit Gemälden, auf denen arabische Märkte dargestellt sind. Der Salon liegt im Erdgeschoß und besteht wie alle anderen aus weißem Marmor, aber zum Korridor hin stehen anstelle von Wänden schlanke Säulen, die mich an die Arkaden der Basare erinnern. Hinter den Säulen reihen sich niedrige türkische Diwane aneinander, die mit blauem Silberbrokat bezogen sind. Syrische Kommoden aus massivem Silber und silberbeschlagene Truhen vervollständigen das Mobiliar. Um die Marktatmosphäre nachzuahmen, habe ich Ballen wertvoller Stoffe auf die Kommoden gehäuft, ägyptische Glasväschen verteilt und Silbertafeln mit Koranversen aufgestellt.

Ich bin in einem Palast eingeschlossen, aber dieser Palast hat Märkte, Plätze, Springbrunnen. Meiner Phantasie sind keine Grenzen gesetzt, ich kann jedes beliebige Szenarium kreieren. In der Suite der Prinzessin habe ich beispielsweise nur Bilder mit Rosen und Frauengestalten aufhängen lassen, so das Porträt einer vornehmen, große Heiterkeit und Würde ausstrahlenden ägyptischen Dame; es hängt jetzt in einem der vielen Vorzimmer der Suite und soll die Grenze anzeigen, die nicht überschritten werden darf. In einem anderen Raum habe ich eine wunderschöne impressionistische Madame aufhängen lassen; das Gemälde ist zwei auf drei Meter groß und hat einen zentnerschweren, kostbaren Rahmen. Der arme Jakob mußte extra in die Stadt, um besonders starke Haken dafür zu besorgen.

Nach und nach haben meine Helfer und ich sämtliche Rosen und die schönsten Frauen zusammengetragen, die im ganzen Palast zu finden waren. Wir haben sie mit Jugendstilmöbeln und Gallé-Vasen kombiniert und so in den Gemächern der Prinzessin eine Atmosphäre à la Old England geschaffen, ein bißchen überladen vielleicht, aber voller Charme. Die Prinzessin bevorzugt im übrigen den klassischen Stil ohne übertriebenen Luxus, weshalb ihr Palast weniger prunkvoll ausgestattet ist als andere. In ihrem Schlafzimmer beispielsweise ist das einzig wirklich Ausgefallene die Decke, die sich per Knopfdruck öffnen läßt, um vom Bett aus den Sternenhimmel betrachten zu können.

Ich habe es satt, zensierte Zeitungen zu lesen: überall dicke schwarze Balken. Sie verdecken, was fromme Mohammedaner nicht sehen dürfen: die Gläser einer Bierreklame, das Dekolleté Lady Dis, die nackten Beine von Königin Elisabeth (ein schamloses Weib, das in aller Öffentlichkeit mit Männern Alkohol trinkt). Die Vorschriften sind klar: 1) Auf Fotos darf man von einer Frau höchstens das Gesicht sehen; 2) niemals dürfen ein Mann und eine Frau zusammen abgebildet sein; 3) jegliche Reklame für Alkohol und Rauchwaren ist strikt verboten; 4) religiöse Kulturobjekte dürfen auf keinen Fall fotografiert werden, nicht einmal, wenn es sich um prähistorische Fundstücke aus einer archäologischen Ausgrabung handelt.

Ein Saudiaraber, der nicht ins Ausland reist, hat noch nie in seinem Leben ein Foto des Papstes oder des Dalai Lama gesehen. Alles, was irgendwie gegen die sunnitische Moral verstößt, wird gnadenlos gestrichen; selbst die Athletinnen im Sportteil fallen ihrer »unzüchtigen« kurzen Hosen wegen dem schwarzen Filzstift zum Opfer.

Für die Texte gelten dieselben Regeln. Wenn jemand in einem Interview durchscheinen läßt, er habe irgendwann in seinem Leben etwas getan oder gedacht, was gegen die Moral der Mullahs verstößt, so wird er zensiert.

Mittlerweile sehe ich nicht einmal mehr fern. Allah ist sehr modern in Saudi-Arien. Zwei Fernsehsender (einer in arabischer, einer in arabischer und englischer Sprache) unterbrechen fünfmal am Tag jedwede Sendung für die Direktübertragung der Gebete aus Mekka. Und das an dreihundertfünfundsechzig Tagen im Jahr! Ich kann es nicht mehr sehen... Als erstes erscheint auf dem Bildschirm der Imam, er betet die Suren des jeweiligen Tages vor. Dann richtet sich das Auge der Kamera auf die Kaaba im Hof der Großen Moschee von Mekka: Tausende von Pilgern umkreisen den mit einem schwarzen Tuch verhüllten, hölzernen Würfel. Es folgen Nahaufnahmen des Imam, und zum Schluß wird noch einmal der endlose Pilgerstrom gezeigt, diesmal aus der Luft. Fünfmal am Tag immer in dieser Abfolge. Überhaupt ist das saudische Fernsehen im Grunde ein Witz: Filme, die ursprünglich eine Stunde dauern, schrumpfen auf fünfzehn Minuten, weil man sämtliche Szenen herausgeschnitten hat, in denen Frauen und Männer gemeinsam erscheinen. Ich frage mich, was sich das saudische Fernsehpublikum bei solchen Filmen denkt – die westliche Welt muß ihm ja völlig verdreht vorkommen! Als Erzieherin bin ich ein einziges Mal getadelt worden, und zwar weil ich Amir erlaubt habe, sich den Walt-Disney-Film von der »Kleinen Meerjungfrau« anzusehen. Das Kind hat sich vergnügt, aber diese Trickfilmfigur mit entblößtem Busen... Ich wäre nie darauf gekommen, daß man mit so etwas einen Skandal auslösen kann. Aber Saudi-Arabien ist nicht nur das Land der märchenhaften Reichtümer, es ist vor allem die Heimat des Propheten, das Land Allahs und der unumstößlichen Glaubenswahrheiten.

Carolyn ruft mich in Tränen aufgelöst an. Nahime hat ihr klargemacht, daß sie ihre Künste ausschließlich der Prinzessin zur Verfügung stellen darf, also niemand andern schminken oder frisieren darf. Dabei hatte Carolyn sich so darauf gefreut, den Pagenkopf einer zwanzigjährigen Philippinin feuerrot zu färben, um dem Mädchen einen Linda-Evangelista-Look zu verpassen.

»Wie die Sklaven werden wir behandelt, wie die Sklaven«, schluchzt sie ins Telefon. »Nicht mal in meiner Freizeit, darf ich tun, was ich will.«

Ich versuche sie zu trösten. Dann frage ich sie, ob Nahime schon weiß, daß sie in zwei Monaten in die Vereinigten Staaten zurückwill.

»Nein«, sagt Carolyn und wirft den Hörer auf die Gabel.

Heute ist Amir zum Fernsehen in meine Villa gekommen. Er hatte Amigo dabei, sein Zwergpony aus Michigan; es ist ein Geschenk seines Vaters und so winzig, daß nicht einmal ein Kind darauf reiten kann. Eigentlich hätte Amir lieber einen Hund gehabt, aber Hunde gelten bei den Arabern als unreine Tiere. Jedenfalls wird Amigo wie ein Hund behandelt. Der kleine Prinz führt ihn an der Leine im ganzen Palast spazieren und Amigo kackt, wo er geht und steht – heute leider auf meinen Wohnzimmerteppich. Amir hätte gern noch viel mehr Tiere, aber das ist ihm nicht erlaubt. Wie in allen arabischen Häusern herrscht hier eine geradezu phobische Angst vor Krankheiten, und das Tiere potentielle Krankheitsüberträger sind, werden sie aus dem gesamten Wohnbereich verbannt (selbst Katzen), wenn auch nicht getötet. In einer entlegenen Ecke des Gartens haben wir einen Affen. Amir ist es streng untersagt, ihn anzufassen, er darf ihm nur aus einiger Entfernung Erdnüsse zuwerfen.

Amirs Vater geht jeden Morgen um neun Uhr zur Arbeit. Wenn er den Palast verlassen hat, streife ich oft ein wenig durch seine Gemächer. Ich öffne die Türen seiner Garderobenzimmer, in denen wohl an die hundert prächtige arabische Kaschmirmäntel mit goldbestickten Säumen hängen. Sie sind herrlich anzusehen: ihre Farben reichen von weiß über sämtliche Grauschattierungen, braun und bordeauxrot bis schwarz.

Danach schlendere ich durch sein Schlafzimmer, dessen schöne Gemälde (Seenlandschaften der lombardischen Schule aus dem neunzehnten Jahrhundert) mich an die Sonntagsausflüge mit meinen Großeltern erinnern. Im Wohnzimmer lege ich mich auf einen Diwan und atme tief ein und aus, um aus all den Düften den Geruch des Mannes herauszufiltern. In diesem schlichten Zimmer – praktisch eine Art Wintergarten mit vielen Pflanzen, gemütlichen Sofas, Familienporträts und Blick auf den Swimmingpool – verbringt das Prinzenehepaar seine Abende. Jeder auf einem Diwan ausgestreckt, sehen die beiden fern, die Prinzessin im Jogginganzug, er in weißem T-Shirt und bequemer Baumwollhose. Auch ihr Abendessen nehmen sie hier ein: belegte Brötchen und Coca Cola.

Langsam werde ich wie die anderen Haremsbewohnerinnen. Ich laufe im Morgenmantel herum, liege faul auf dem Sofa, esse von früh bis spät Pistazien und träume vor mich hin. Während ich mit einer *Mashaba* aus Rubinen herumspiele, betrachte ich im grüngoldenen Salon die wunderschöne Odaliske mit der milchfarbenen Haut, die mich aus ihrem schweren Rahmen heraus anblickt. Wir gehören beide zum selben Szenarium. So, wie ich sie ins Gemäldedepot schicken kann, weil ich beschlossen habe, statt ihrer eine Jagdszene aufzuhängen, so kann der Prinz mich nach Los Angeles, Paris, Gedda, Kairo oder sonstwohin schicken. Wir Haremsfrauen wissen vor einer Reise nie, wohin sie geht. Uns wird nur befohlen, Koffer »für drei Tage« oder »für drei Monate« zu packen.

Heute habe ich zugestimmt, mich heimlich von Carolyn schminken zu lassen; sie drängt mich seit einem Monat. Jetzt ist sie total begeistert. Sie trägt einen kleinen Lederschurz mit vielen Taschen, in denen ihre Stifte, Pinsel und sonstigen Arbeitsutensilien stecken. Nachdem ich an ihrem Schminktisch Platz genommen habe, verkündet sie mir, sie wolle mir ein Hollywood-Make-up à la Joan Crawford verpassen. Sie legt sich schwer ins Zeug und bringt mich sogar dazu, daß ich falsche Wimpern probiere und mir von ihr die Augenbrauen zupfen lasse. Carolyn ist mit Feuereifer bei der Sache. Als sie mir den Mund anmalt, zittert ihre Hand; sie lacht nervös, nimmt meinen Kopf in die Hände und drückt mich an sich. Später werde ich auch noch frisiert; sie legt mein Haar in Wellen und zieht mir einen Seitenscheitel; beim Bürsten streichelt sie mich.

»Wie schön du bist«, flüstert sie.

Ich fühle mich unwohl. Daß Carina und Mama Amina mir an den Busen fassen, ist mir egal, aber daß ich mir jetzt auch noch von Carolyn den Hals streicheln lassen soll, sehe ich nicht ein. Ich schüttle den Kopf, sie hält ihn fest und sieht mich im Spiegel an.

»Ich bin in dich verliebt, das weißt du«, murmelt sie.

»Hör auf mit dem Quatsch!« erwidere ich scharf. »Du bis nicht in mich verliebt, Carolyn, du drehst durch, weil dir ein Mann fehlt!«

Sie bricht in Tränen aus. Ich stehe auf und umarme sie.

Eines meiner Lieblingsbilder hängt im Eingang des Palastes, und zwar in dem, der vom Prinzen benutzt wird. Es handelt sich um ein imposantes, über drei Meter hohes Gemälde, auf dem ein vornehm gekleideter türkischer Edelmann mit Spazierstock abgebildet ist. Mit ernster aber freundlicher Miene steht er vor einer eleganten Villa und wartet geduldig auf den Ehrengast, der eines Tages diese Schwelle übertreten wird. Wenigstens stelle ich es mir gerne so vor.

Ich bin im Bad, als das Telefon klingelt.

»Im Palast ist ein Mann aufgetaucht«, schreit am anderen Ende der Leitung Carina in die Sprechmuschel.

Wenige Minuten später erscheint Khadija, die alte arabische Dienerin des Prinzen; sie ist verschleiert und völlig außer Atem. Aufgeregt erklärt sie mir, vor einer halben Stunde sei in einem Dienstwagen des Hauses ein Mann angekommen, und der Prinz und seine Frau seien nicht daheim. Es handle sich mit Sicherheit um einen Gast, der entsprechend empfangen werden müsse, aber sie, die Dienerinnen, trauten sich nicht in seine Nähe; man stelle sich vor: ein unbekannter Mann, noch dazu aus dem Westen; nur ich, die Ungläubige, könne ihn willkommen heißen, und das möge ich doch bitte tun, sie würden uns dann schon bewirten. Ich laufe augenblicklich los. Auf dem Weg durch den Harem höre ich Mama Amina lauthals Allah anrufen, die Philippininnen kichern hysterisch. Alles ist aus dem Häuschen. Nicht einmal die Bomben Saddam Husseins können ein solches Chaos ausgelöst haben. Während ich den Palast durchquere, überlege ich mir, was ich zu dem Besucher sagen soll, den ich mir als ältliche Hofschranze oder so etwas Ähnliches vorstelle. Doch als ich den roten Salon betrete, sitzt da ein athletisch gebauter junger Mann mit Lederjacke, einen Reisesack neben sich auf dem Boden, eine Art Indiana Jones.

»Guten Tag«, begrüßt er mich höflich und steht auf.

»Guten Tag«, erwidere ich, meinen Augen kaum trauend. Dann lasse ich mich ihm gegenüber nieder und stelle mich vor.

»Mein Name ist Bill«, sagt er, »Bill White. Ich habe eine Verabredung mit dem Prinzen.« Seiner Aussprache nach kommt er aus Kalifornien. Er hat ein offenes, freundliches Lächeln.

»Tut mir leid, daß man dich so lange hat warten lassen«, sage ich. »Der Prinz und seine Frau sind nicht zu Hause. Die Dienerschaft hat mich gebeten, die Honneurs zu machen.«

Wir lächeln uns an. Die verschleierte Khadija stellt schüchtern ein Silbertablett mit Getränken und Appetithäppchen auf den Sofatisch, zieht sich aber sofort wieder zurück und läßt sich auf der Türschwelle nieder.

»Bitte, trink doch etwas«, sage ich zu ihm.

»Warum die ganze Aufregung?« fragt er mich, während er sich ein Glas Coca Cola einschenkt.

»Was für eine Aufregung?«

»Bei meiner Ankunft sind alle Frauen schreiend davongerannt. Wieso?«

»Keine Ahnung«, lüge ich und sehe ihn an; er kommt mir vor wie ein Bernhardinerhund im Schaufenster eines Schmuckgeschäftes – der klassische, trottelig naive Amerikaner. »Was machst du in Saudi-Arabien?« frage ich ihn.

»Ich beaufsichtige eine Gebäuderenovierung, ich bin Architekt. Heute nacht fliege ich nach New York zurück, der Prinz läßt mich freundlicherweise in seiner Privatmaschine mitfliegen.«

»Ich habe vier Jahre in New York gelebt, Anfang der achtziger Jahre«, erzähle ich ihm erfreut. »New York ist meine Lieblingsstadt. Es kann so surrealistisch sein! Ich hab da Szenen erlebt ...«

»Zum Beispiel?« fragt er mich interessiert.

»Na, du kennst doch den *Pyramid Club* in East Village, oder? Dort sind wir gern hingegangen. Im Winter war es oft so kalt, daß wir uns unterwegs an den Feuern der Stadtstreicher aufwärmen mußten. Ich werde den Anblick nie vergessen: Frauen in sexy Abendkleidern, die um ein Uhr früh aus Luxuskarossen steigen und sich händereibend in den Kreis der Penner stellen.«

»So was könnte dir in Riad nicht passieren.«

»Da hast du allerdings recht.«

Wir lachen aus vollem Halse: Unter Westlern versteht man sich auf Anhieb.

144

»Wo hast du in New York gewohnt?« will er wissen.

»Die letzte Zeit in der Spring Street. Ich habe mich mit Avantgarde-Kunst befaßt und war Mitherausgeberin einer Kunstzeitschrift. Natürlich bin ich ständig zu irgendwelchen Vernissagen oder Partys eingeladen worden. Es gibt kaum einen VIP aus dieser Zeit, den ich nicht persönlich kenne, vor allem aus Künstlerkreisen. Jean Michel Basquiat, zum Beispiel; der hat eines Nachts in unserer Mansarde mal kurz ein Triptychon gemalt, um sich fürs Abendessen zu bedanken. Wir haben es später für sechstausend Dollar verkauft, als wir mal wieder knapp bei Kasse waren.«

»Mir gefällt aus diesen Jahren besonders Julian Schnabel«, erwidert Bill in sehr selbstsicherem Ton. Wahrscheinlich will er mir zeigen, daß auch er sich mit Kunst auskennt.

»Mir ist Francesco Clemente lieber«, sage ich.

»Warum bist du aus New York weggegangen? Hat das einen bestimmten Grund?«

»Ja. Der Grund heißt Aids«, entgegne ich leise. Ich hätte ihm gern eine andere Antwort gegeben, aber ich kann nicht, es ist die Wahrheit. »Viele meiner Freunde sind daran gestorben. Man hat über nichts anderes mehr gesprochen, Aids hat unser Leben beherrscht. Von den Europäern ist abgehauen, wer konnte, und das waren leider nicht mehr viele.«

»Ich weiß«, murmelt Bill betroffen.

Ich nehme einen Schluck Obstsaft. Bill fragt mich, ob er seine Jacke ablegen darf; ich gestatte es ihm. Aus einer der Taschen zieht er ein Päckchen Zigaretten heraus und bietet mir eine an.

»Und was tust du hier in Riad?« fragt er mich mit

sanft gewordener Stimme, während er mir Feuer gibt.
»Beschäftigst du dich immer noch mit Kunst?«

»Nein. Ich sehe fern. Ab und zu mache ich einen Ausflug in die Wüste. Die Wüste fasziniert mich.«

»Und du langweilst dich nicht?«

»Langweilen, warum?«

»Ich meine, was machst du Interessantes außer Fernsehen?«

»Nichts, was soll ich groß machen? Ausgehen mag ich nicht, weil ich Angst vor der *Mutawa* habe. Ich kenne das Scharia nicht gut genug, um zu wissen, was eine Frau darf und was nicht. Und bevor ich aus Unwissenheit noch im Gefängnis lande, bleibe ich lieber im Harem, da fühle ich mich wohler, da sind alle nett zu mir.«

»Bist du mit einem Araber verheiratet?«

»Nein, ich arbeite für die Prinzessin und habe eine schöne Villa im Harem. Ich würde sie dir gerne zeigen, aber das geht leider nicht; schon allein, daß wir hier sitzen und miteinander plaudern, kommt mir vor wie ein Wunder.«

»Warum?«

»Weil ich monatelang mit keinem Mann mehr gesprochen habe. Männer aus dem Westen sehe ich nicht, und mit Arabern darf ich mich nicht unterhalten. Hast du eigentlich Erlaubnis, mit mir zu sprechen?«

»Ich weiß nicht … ich denke schon. Bei der Arbeit spreche ich immer mit Frauen, in den Häusern geben sie den Ton an, die Männer zählen dort nicht.«

»Du hast also keine Angst, mit mir zu sprechen?«

»Nein, warum sollte ich?«

»Dann sprich mit mir! Egal, worüber, aber sprich.«

Ich hole mir eine Schale Pistazien vom Tisch, strecke mich auf dem Diwan aus und betrachte ihn. Bill hat rote Haare, Sommersprossen und eine für meinen Geschmack viel zu weiße Haut, aber er ist ein Mann. Ob schön oder häßlich, intelligent oder dumm ist mir piepegal, Hauptsache Mann.

»Was möchtest du wissen?« fragt er mich, während er sich die Hemdärmel hochkrempelt. Seine Unterarme sind muskulös und dicht behaart.

»Nichts Bestimmtes. Sag einfach, was dir einfällt«, erwidere ich und kann die Augen nicht von ihm losreißen.

»Ich komme aus Illinois, habe lang in Kalifornien gelebt und arbeite jetzt in New York ... Nein, wirklich: Sag mir, was du wissen möchtest«, fleht er verlegen.

»Darf ich dich um einen Gefallen bitten?«

»Klar.«

»Faß mich an. Traust du dich das?«

»Wie, anfassen?«

»Wie du möchtest, nur ein bißchen.«

Er steht auf. Mit verlegenem Grinsen umarmt er mich und drückt mir zwei Küsse auf die Wangen.

»Okay?« fragt er dann.

»Ja, danke«, hauche ich. Ich schäme mich fürchterlich. Bill setzt sich aufs Sofa zurück und lacht nervös. Die Situation muß ihm total lächerlich vorkommen.

»Sorry«, sagt er, »aber ich hätte mir niemals träumen lassen, daß ich eines Tages in einem Harem lande und dort eine Expertin für Avantgarde-Kunst kennenlerne, die mich bittet, sie anzufassen!«

»Dieser Trakt des Palastes gehört nicht zum Harem«, sage ich.

Er überhört meine Feststellung.

»Warum bist du hier? Sag mir die Wahrheit.«

»Mehr oder weniger aus Zufall. Ich habe eine Arbeit angeboten bekommen und zugesagt, einfach so, aus Neugier; da steckt nichts weiter dahinter. Dieser Aufenthalt ist eine interessante Erfahrung, auch wenn er mir Opfer abverlangt. Im Westen stellen sich die Leute Gott weiß was unter einem Harem vor und versteigen sich in alle möglichen Phantasien, besonders die Männer. Dabei ist ein Harem lediglich der Teil des Hauses, zu dem Männer keinen Zutritt haben.«

»Ich bin Architekt, deshalb weiß ich das.«

»Na, also. Viel mehr gibt's nicht zu erzählen. Ich bin eine Frau, also wohne ich in diesem Land in einem Harem. In New York würde ich in einem *Loft* wohnen, in Paris in einem *Studio*, hier wohne ich im Harem eines Prinzen ...«

»Warum bist du plötzlich so wütend?« fragt er mich verblüfft.

In meiner Villa angekommen, werfe ich mich aufs Bett. Ich versuche mich an Bills Parfüm zu erinnern. Es kommt mir bekannt vor. Genau, das war *Polo* von Ralph Lauren.

Ich greife augenblicklich zum Telefon und rufe Nahime an, um sie zu fragen, ob Achmed eine Erledigung für mich machen darf. Nahime schlägt mir nie etwas ab. Also schicke ich Achmed mit dem Befehl los, mir hundert Flaschen *Polo* zu kaufen. Ich möchte, daß Nada und Achmed und alle, die sonst um mich herum sind, diesen Duft benützen, so kann ich mir vorstellen, Bill sei bei mir.

Carolyn kommt wie eine Furie in mein Schlafzimmer gerast.

»Was hast du getan, bist du wahnsinnig?« schreit sie mich an. »Alle Frauen reden darüber. Willst du im Gefängnis landen? Wenn eine von ihnen den Mund aufmacht, bist du geliefert.«

»Übertreib nicht«, erwidere ich nervös und richte mich auf.

»Übertreiben?« brüllt sie. »Weißt du, was der libanesischen Sekretärin einer Prinzessin passiert ist? Sie wurde verhaftet, nur weil sie in einem Hotel einen Brief abgeholt hat, den ihre Familie einem Vetter mitgegeben hatte, und weil sie es gewagt hat, fünf Minuten mit diesem Vetter zu plaudern – inmitten der Hotelhalle und von Kopf bis Fuß verschleiert! Wenn ihr Prinz nicht für sie eingetreten wäre, hätte sie sechs Jahre im Gefängnis schmachten können... Mit einem Mann rauchen und sich von ihm umarmen lassen – du hast wohl nicht alle Tassen im Schrank!«

»Soll ich dir was sagen? Ich bereue bloß, daß ich ihn nicht gezwungen habe, mich an Ort und Stelle zu bumsen.«

»Meinst du, so blöd wäre der gewesen? Um sich hinterher den Kopf abschneiden zu lassen?«

»Er sah toll aus, wie Indiana Jones, ein richtiger Mann.«

»Verstehe«, meint Carolyn sarkastisch. »Indiana Jones und der Tempel des Todes. Und du, welche Rolle hast du gespielt? Die der armen, verlassenen Europäerin? Ist dir überhaupt klar, was für einen himmelschreienden Leichtsinn du da begangen hast, du Idiotin?«

»Bist du etwa eifersüchtig? Du kannst sagen, was du willst, aber dieser Bill war wenigstens ein echter Mann und nicht bloß ein Parfümfläschchen.«

Carolyn wirft mich aufs Bett und küßt mich auf den Mund.

»Ja, ich bin eifersüchtig, aber du hast es richtig gemacht«, seufzt sie. Dann legt sie sich neben mich und streichelt sanft mein Haar.

Ich habe eine fürchterliche Nacht verbracht. Meine Lust, mit einem Mann zu schlafen, war so groß, daß ich es nicht mal fertigbrachte, zu masturbieren. Stundenlang habe ich mich im Bett herumgewälzt, der reinste Alptraum. Heute morgen bin ich nervös und durcheinander. Ich gehe sehr früh aus dem Haus, durchquere den Garten und begebe mich an meinen geheimen Zufluchtsort: den Aussichtsturm. Er überragt die Parkmauer und ist der höchste Turm des Palasts. Bei Nacht kann man von hier oben die Sterne betrachten, bei Tag kommt niemand außer mir hier herauf. Es ist erst sieben Uhr früh, aber bereits sehr heiß an diesem Spätfrühlingsmorgen – 33, 35 Grad; der Himmel strahlt in blendendem Azurblau. Mühsam erklimme ich die Wendeltreppe des Turms. Oben angekommen, beuge ich mich über die Brüstung und überblicke nur die gesamte Palastanlage einschließlich der Parkmauer. Die kleinen Geschäfte vor dem Eingangstor des Prinzen haben bereits geöffnet. Jeder Händler hat sein Radio eingeschaltet; arabische Melodien dringen verschwommen an mein Ohr. Auf der ins Zentrum führenden Palmenallee vor dem Eingangstor der Prinzessin gleiten lautlos luxuriöse Limousinen dahin. Aber auf der anderen Seite beginnt die Wüste. Sie dehnt sich jenseits der Vororte von Riad aus und ist wahrhaft immens. Ich lasse mich auf einer Steinbank nieder und versenke mich in ihren Anblick. Während mein Auge über die Palastmauern hinweg in die unendliche Weite schweift und sich in dem uferlosen Meer aus Sanddünen verliert, fühle ich mich frei. Die Wüste vor mir verändert alles und entrückt mich. Ich sitze unter der glühenden Sonne und lasse den Fluß meiner Gedanken unkontrolliert durch mich hinströmen; er gehorcht nicht länger der Vernunft, die mein angepaßtes Verhalten im Harem steuert, wo ich mich ständig auf einer riskanten Gratwanderung zwischen zwei Kulturen befinde. Wie eine Heranwachsende frage ich mich, wer ich bin, weil ich es nicht mehr weiß. Ich denke an die Begegnung mit Bill. Ich hätte wirklich auf der Stelle mit ihm schlafen wollen, ich habe mir tatsächlich gewünscht, daß er mich nicht wieder aus seiner Umarmung entläßt, und ich war beleidigt – daß er nicht bereit war, seinen Kopf für mich zu riskieren. Ich hätte ihn in meine Villa gelockt, Räucherwerk verbrannt, bis er ganz betört gewesen wäre, ich hätte Fadila und die Äthiopierinnen vor ihm tanzen lassen, ich hätte ihn an meinen Busen gedrückt und ihn in meinem riesigen Bett aufgenommen. Er hätte mit mir geschlafen und danach wäre er gestorben… Ich erschrecke über meine eigenen Gedanken. Ich versuche mir einzureden, daß es tausendmal klüger war, mich wie ein erschrecktes Reh hinter die Gitter meiner weißen Villa zurückzuziehen. Ich erkenne mich nicht wieder. Der Sex hat in meinem Leben nie eine beherrschende Rolle gespielt, keine einzige wichtige Entscheidung habe ich davon abhängig gemacht. Und jetzt? Was ist im Harem aus mir geworden? Eine Sexbesessene, die sich an den ersten Mann ranmacht, der ihr über den Weg läuft! Was für ein Leben, was für ein total verqueres Leben führe ich hier? Ich denke an meine Jahre in New York zurück. Den Frauen im Harem habe ich nie davon erzählt, als schämte ich mich dafür. Ich habe ihnen nie von der Nacht erzählt, in der ich den Entschluß faßte, vor nichts mehr Angst zu haben, von den Jahren, in denen ich alleine in Down Town lebte und meinen Schmuck in den Jeanstaschen vergrub, bevor ich aus dem Haus ging und die U-Bahn nahm, um ihn danach, in Up Town, zu meinen Geschäftsterminen wieder anzulegen: eine Markenuhr, einen Solitär, antike Ohrringe. So zynisch es klingt, solche Statussymbole braucht man, um den Galeristen vertrauenswürdig zu erscheinen. Diesen Frauen, dir mir Geschichten von brutaler häuslicher Gewalt und vom Verlassenwerden anvertrauen, habe ich – als wäre es eine Sünde oder ein Schandmal – auch nie von meiner glücklichen Zeit im Central Park erzählt, wo mich ein Dichter zärtlich liebte und verwöhnte. Mit ihm ging ich in den *Palm Court* des *Plaza*, um bei Zigeunermusik Tee zu trinken, oder ins *World Trade Center*, wo wir um fünf Uhr nachmittags vom einhundertsechsundzwanzigsten Stockwerk aus die Broker wie emsige Ameisen aus der *Wall Street* strömen sahen. Mein Dichter ermahnte mich immer: »Vernachlässige nie die Semantik; wenn du dich unter den Symbolen der Realität nicht mehr zurechtfindest, wirst du richtungslos und stürzt ins Chaos.« Wer bin ich jetzt? Eine Frau, die dafür bezahlt oder besser: entschädigt wird, daß sie nicht lebt.

Wir Haremsfrauen

Es wird von Tag zu Tag heißer, wir haben Mai und das Thermometer steigt bis auf 50 Grad. Ein nasses Tuch, in der Sonne aufgehängt, ist in zwei Stunden trocken. Das Schlimme ist, daß auch mein Körper völlig austrocknet. Von Nahime habe ich eine Liste mit Kosmetikprodukten bekommen, die Aloe-Zusätze enthalten; mit diesen Cremes muß Carina mich mehrmals täglich einschmieren, damit ich mich nicht schuppe. Der Arzt hat mich streng dazu angehalten, mindestens zwei Liter Wasser pro Tag zu trinken. Ich war es gewohnt, die Sonne als wärmende Freundin zu betrachten; je stärker sie schien, desto stärker fühlte ich mich. Hier ist sie mir zu einer Feindin geworden, der ich wehrlos ausgeliefert bin. Selbst wenn ich mit dunkler Brille aus dem Haus gehe, ist es, als wären hundert Bühnenscheinwerfer auf mich gerichtet: Ich sehe nichts, ich tappe herum wie eine Blinde. Die Trägheit, die in diesem Land eine Überlebensstrategie ist, hilft mir nicht weiter. Es geht mir richtig schlecht. Nachts kann ich nicht einschlafen, weil mich das Rauschen der Klimaanlage stört; stelle ich sie ab, so wache ich eine halbe Stunde später schweißgebadet wieder auf. Ich war noch nie so hohen Temperaturen ausgesetzt. Allein der Gedanke, tagsüber das Haus zu verlassen, ist mir ein Horror. Früh morgens schaffe ich es gerade noch, aber wenn ich am Spätnachmittag zu Amir gehe und die Sonne noch hoch am Himmel steht, meine ich, jeden Moment platzen zu müssen. Während des Tages schleppe ich mich kraftlos von einem Diwan zum anderen und versuche, gegen die Niedergeschlagenheit anzukämpfen, aber oft bekomme ich starkes Herzklopfen und Atembeschwerden. Heute rufe ich in meiner Verzweiflung Nahime an. Sie verspricht, sofort zu kommen.

Nahime besucht mich zusammen mit Brussan, die offiziell als »Enthaarerin« für die Prinzessin arbeitet, in Wirklichkeit aber ihre Freundin ist. Ich kenne sie schon von früher.

»Wie geht es dir?« fragt mich Nahime in mütterlichem Ton und bedeutet mir mit einem Handzeichen, auf meinem Diwan liegenzubleiben.

»Miserabel. Ich habe das Gefühl, daß mein Kopf kurz vor dem Platzen ist, außerdem kriege ich kaum Luft.«

Nahime schüttelt den Kopf. »Das geht allen Europäern am Anfang so. Ihr braucht einfach eine Zeit, bis ihr euch an das Klima hier gewöhnt habt«, beruhigt sie mich und läßt sich mit Brussan auf einem Stuhl nieder. »Mach dir also keine Sorgen, das ist ganz normal.«

»Ich lebe auch erst seit zehn Jahren hier«, sagt Brussan und schlägt ihren schwarzen Nylonschleier zurück. »Ich komme aus Alexandria, ich bin Ägypterin. Mein Mann hat in Riad gearbeitet, jetzt ist er leider krank ... Mir hat dieses Klima die ersten Jahre auch schrecklich zu schaffen gemacht. Aber wenn du erlaubst, möchte ich dir ein paar Tricks verraten.«

»O ja, bitte!« Brussan läßt sich von Carina ein dünnes, mit eiskaltem Wasser getränktes Leinenhandtuch bringen und schlingt es mir fest um den Kopf; meine Stirn ruht dabei auf ihrem großen mütterlichen Busen.

»Das mußt du in Zukunft immer machen«, sagt sie und streichelt freundlich meine Schulter. »Alle Araberinnen binden sich ein nasses Tuch um den Kopf, auch unter dem Schleier. Du wirst sehen, damit läßt sich die Hitze besser aushalten.« Ich betrachte ihre Augen, während sie spricht; sie sind haselnußbraun, sehr schön und unglaublich lebhaft. Plötzlich kommt mir eine Kindheitserinnerung: »Mein Großvater hat sich immer ein Salatblatt unter den Panamahut gelegt, damit sein Kopf frisch bleibt. ›Ohne Salatblatt nützt der ganze Hut nichts‹, pflegte er zu sagen.«

»Siehst du? Und ich bin sicher, du fühlst dich auch gleich wieder gut«, erwidert Brussan. Dann legt sie sich eine ihrer pummeligen Hände aufs Herz und sagt: »Keine Angst, wir sind immer für dich da.«

»Ruf einfach an, wenn du uns brauchst«, bekräftigt Nahime. »Wir Haremsfrauen müssen zueinander stehen, denn wir sind Schwestern, auch wenn jede aus einem anderen Land kommt.«

Sie lächelt mir aufmunternd zu. »Dir als Europäerin macht die Hitze mehr zu schaffen als uns, das ist klar; wenn du meinst, du hältst es gar nicht aus, kannst du über die heißesten Monate auch heimfliegen; ich besorge dir jederzeit ein Flugticket, du brauchst mir nur Bescheid zu sagen. Die Prinzessin weiß, daß viele Europäer sich nie an die Hitze hier gewöhnen.«

»Laßt uns einen Tee trinken«, schlägt Brussan vor. »Das wird dir auch guttun.«

Die Herzlichkeit und Ruhe der beiden Frauen gibt mir bald wieder das Gefühl, sicher und beschützt zu sein.

Zum Abschied küßt Brussan mich auf beide Wangen und streichelt meinen Kopf. Nahime verspricht, daß sie mir eigenhändig eine erfrischende Gemüsesuppe zubereiten wird und bittet mich, sie später anzurufen, um ihr zu sagen, wie es mir geht. Als sie wieder abziehen, Nahime mit ihrem schleppenden Gang, Brussan auf ihren schwindelerregenden hohen Absätzen, beide groß und matronenhaft, fühle ich mich bereits viel besser.

Auch heute morgen kriege ich kaum Luft. Ich habe seit meiner Ankunft in Saudi-Arabien zwanzig Kilo zugenommen. Wenn ich mich im Spiegel betrachte – meinen Bauch, meine Schenkel, meinen Hintern, meine Brüste –, erschrecke ich; es ist, als spiele mir jemand einen üblen Streich und halte mir einen Zerrspiegel vor. Meine alten Kleider passen mir längst nicht mehr. Nicht, daß ich meine Hosen nicht mehr schließen könnte, sie gehen mir erst gar nicht über die Hüften. Ähnlich ist es mit den Jacken, da sind mir schon die Ärmel zu eng, vom Rest ganz zu schweigen. Carolyn findet mich mittlerweile eklig fett. Sie selbst nimmt zwar nicht zu, aber dafür flippt sie aus. Mir hat dieses Leben die Figur verhunzt, ihr das Gemüt.

Ein anderes Problem ist die ständige Warterei. Hier kannst du nie tun, was du möchtest, nie. Im Westen organisierst du deinen Tagesablauf, du schaust auf die

Uhr, planst, gehst aus. Hier machst du nichts als warten. Du wartest, daß zum Aufbruch geblasen wird, du wartest, daß ein Chauffeur dich abholen kommt, du wartest, daß ein Wagen frei wird, du wartest und wartest, während dein Make-up in der Hitze zerfließt. Du weißt nie, wie lange du warten mußt. Du starrst Löcher in die Luft, schleppst dich von einem Diwan zum nächsten und von dort ins Bett. Ich komme mir vor wie Dornröschen oder noch schlimmer – als würde ich seit hundert Jahren nichts anderes tun als zu warten und zu schlafen. Ich schlafe unglaublich viel, esse wie ein Scheunendrescher und bewege mich kaum. Ich habe ja auch keinen Mann, für den ich mich – zu Recht oder Unrecht – in Form halten müßte. Im Gegenteil, ich höre nur die aufmunternden Zurufe und Kommentare der Beduininnen, die meine neue Körperfülle entzückt. Sie sagen zu mir: »Schau nur, wie hübsch du bist. Und was für einen schönen Busen du bekommen hast! Schau nur, schau.« Ich hatte mich mit meinen Fettpolstern bereits abgefunden, ich war sogar froh darüber. Endlich hatte ich einen üppigen Busen und konnte mich so richtig weiblich fühlen. Aber jetzt macht mein Körper nicht mehr mit. Der Arzt sagt, bei der Hitze sei es gut, wenn alle lebenswichtigen Organe mit einer Fettschicht umgeben sind, aber in meinen Beinen sammelt sich Wasser, sie sind geschwollen, das Gehen bereitet mir Mühe. Ich schaffe es kaum noch, eine Treppe hochzusteigen, meine Muskeln streiken einfach.

Das Haus verlasse ich so gut wie nie, ich bin den ganzen Tag müde, und je länger ich herumliege, desto müder werde ich. Auf meinen Schenkeln bildet sich als Folge der Hitze ein immer größer werdendes Netz aus roten Äderchen. In meinem Gehirn platzen die Kapillaren: tick, tick, ich kann sie förmlich hören – ein leises Geräusch, das mich in Panik versetzt, mein Gehirn ist am Zerspringen, denke ich. Ich habe Angst.

Ich sehe mir mit Carolyn die Videokassette des Films »Der Liebe verfallen« an, wo Robert De Niro und Meryl Streep sich in einer New Yorker Buchhandlung kennenlernen. Als die Szene kommt, in der sie miteinander schlafen, beginnt Carolyn still vor sich hin zu weinen. Dicke Tränen kullern über ihre gepflegten Wangen.

»Hier treffe ich nie einen Mann in einer Buchhandlung«, schluchzt sie mit gebrochener Stimme.

Sie tut mir leid. Ist ja klar, daß man mit siebenundzwanzig Jahren die Liebe noch für das Wichtigste auf der Welt hält.

Für mich ist neue Haute-couture-Mode aus der Schweiz eingetroffen. Ich wußte nichts davon, es ist eine Überraschung, ein Geschenk. Brussan überbringt es mir.

»Diese Kleider hat die Prinzessin für dich bestellt«, teilt sie mir in sanftem Ton mit. »Sie wollte dir eine kleine Freude bereiten.«

Also hat auch die Prinzessin gemerkt, daß ich eine Tonne geworden bin.

Wir setzen uns in den gelben Salon, ich lasse Tee und Obstsäfte servieren. Nada und Carina, die Philippininnen, die die Schachteln getragen haben, kauern sich wie gewöhnlich neben uns auf den Boden. Brussan löst sachte die schönen Atlasschleifen, öffnet gemächlich die Deckel, entfernt behutsam das duftige Seidenpapier, mit dem die Kleider bedeckt sind – feierliche Enthüllungsszenen, die von den Philippininnen mit begeisterten Ausrufen begleitet werden und mich beinahe an kleine Theaterstücke erinnern. Aber das sinnliche, von Rascheln und Rauschen untermalte Schauspiel gefällt auch mir. Aus jeder Schachtel kommt eine bodenlange Hemdbluse aus reiner Seide zum Vorschein. Das Modell ist mehr oder weniger immer dasselbe: ein weites, bequem fallendes Rockteil, ein geknöpftes Oberteil, lange Ärmel und Kragen. Ein Kleid ist blau mit weißen Punkten und hat Perlmuttknöpfe; ein anderes ist braun mit schwarzen Blümchen, Kragen und Manschetten sind aus schwarzer Atlasseide; ein drittes ist einfarbig grün mit dunklen abgesetzten Manschetten – handgenähte Einzelstücke mit wunderschönen Spitzen, Ausgehkleider, die ich anziehen soll, wenn ich die Prinzessin zu Anstandsvisiten begleite ... im Grunde ist mir zum Heulen zumute.

Übrigens sind alle Kleider auf Taille geschnitten – ein bedeutungsvolles Detail, ein Statussymbol, das das Ansehen steigert. Die Kleider der Philippininnen oder Araberinnen niedrigeren Standes sind nie tailliert, sie tragen Kasacks, die schnurgerade fallen, Gewänder, die selbst die kurvenreichste Frau in einen Baumstamm verwandeln. Dagegen betont selbst die dickste Prinzessin ihre Taille mit einem entsprechenden Schnitt. Mittlerweile kenne ich den Kleiderkodex. (Hosen beispielsweise dürfen innerhalb des Palastes nur höherstehende Frauen aus dem Westen tragen oder Prinzessinen, die noch ledig sind.) Als alle Kleider auf einem

Diwan ausgebreitet sind, hilft Brussan mir beim Anprobieren. Sie ist so groß, daß sie mir die Kleider mühelos von oben über den Kopf zieht, während ich in Unterhose und BH dastehe und mich fühle wie ein dickes kleines Mädchen, das alles mit sich geschehen läßt. Brussan zupft an mir herum, streicht Falten glatt, schließt Kragen und Manschetten und ergeht sich dabei in Lobeshymnen, von begeisterten Chor der Philippininnen unterstützt: »Wie schön rund du bist«, raunt sie entzückt und streichelt meine Schultern. »Bei deiner Ankunft warst du viel zu mager. Da siehst du, wie gut dir der Aufenthalt hier tut.«

Ich lächle, ohne etwas zu erwidern. Brussan schließt mir die Knöpfe am Ausschnitt und prüft, ob die Brustabnäher richtig sitzen, jede ihrer Bewegungen ist eine Streicheleinheit. Sie freut sich aufrichtig für mich und strahlt übers ganze Gesicht. Carina erfindet zu jedem Kleid geschwind die passende Frisur, indem sie meine Haare geschickt drapiert. Ich überlege mir, daß die Sinnlichkeit des Harems im Grund genau darin besteht: freundliche Frauenhände, die dich sanft berühren. Ohne diese Berührungen und ohne diese Herzlichkeit würde ich es hier nicht aushalten. Ich gehe so gut wie nie aus dem Haus, höchstens ein- bis zweimal in der Woche. Der Harem mit seinen Menschen ist meine Welt.

Heute findet im Palast der Großmutter ein Abendessen unter Kusinen statt. Die Prinzessin hat mich gebeten, sie zu begleiten. Im Park ihrer Mutter wird zur Feier des Tages ein neuer Pavillon für kleine Empfänge eingeweiht. Ich fühle mich total schlapp, aber ich denke, ein wenig Zerstreuung tut mir gut. Carolyn dagegen bleibt zu Hause. Sie sagt, sie möchte nicht so fett werden wie die Beduininnen, die sich im Westen kein Mann ins Bett holen würde. Als wären ihre schmächtigen Hüften und ihre dürren Schenkel verlockender! Ich bin überzeugt, daß ihre extreme Magerheit letztendlich auf Feigheit zurückgeht; Carolyn ist zu feige, sich ins Leben zu stürzen; ihr zwanghaftes Bedürfnis, sich und ihre Umwelt ständig zu kontrollieren, entspringt dem infantilen Wunsch, niemals groß zu werden – als nehme das Leben Rücksicht auf derlei Wünsche. Wie auch immer, Carolyn ist durch nichts zur Vernunft zu bringen. Für sie ist es völlig unvorstellbar, daß ein Mann es schön finden könnte, in einer Frau zu versinken wie in einem weichen Sessel. Die Prinzessin macht sich Sorgen um sie, sie findet Carolyn zu dünn. Über Nahime hat sie den Köchen des Hauses befehlen lassen, daß sie Carolyn jedes noch so ausgefallene Gericht zubereiten, daß sie sich wünscht. Keiner hat ihr gesagt, daß Carolyn sich noch nie etwas zu essen gewünscht hat.

Auf dem Fest, zu dem auch Nahime gekommen ist, sind wir etwa dreißig Frauen. Der neue Pavillon ist sehr schön. Von der Eingangshalle aus gelangt man rechts in einen geräumigen Salon mit rund einem Dutzend Sofas, blumengeschmückten Couchtischen und einem Podium fürs Orchester. Zur anderen Seite hin liegen mehrere kleine Räume und der große Speisesaal, in dem wie üblich hundert Torten auf dreißig Tischgäste warten. Besonders schön finde ich die indischen Artdéco-Lampen aus Kristall und Silber: Sie funkeln so prächtig vor dem Hintergrund der pfauenblauen Wände, daß es mich nicht wundern würde, wenn der ein oder andere Kristallklunker ein Diamant wäre.

Nach der Vorstellungszeremonie strecke ich mich auf einem der azurblauen Sofas aus und sehe dem Rauch zu, der aus den Räucherpfannen aufsteigt. Die Wirkung kenne ich bereits, sie ist schlimmer als fünf Joints. Nach einer halben Stunde Beräucherung ist dir alles egal; du könntest zwölf Stunden liegenbleiben, ohne dich vom Fleck zu rühren. Ein paar Prinzessinen wiegen sich träge zu den Klängen des Orchesters; seit Jahren tanzen sie miteinander, sie kennen sich seit ihrer Kindheit. Ich esse Pralinen und denke: sei's drum. In dieser Nacht bringe ich es nicht fertig zu tanzen, nicht mehr. Dick, wie ich bin, käme ich mir dabei einfach zu lächerlich vor. Auf dem Sofa neben mir liegt Bendari, eine Kusine der Prinzessin, eine schöne, schlanke Frau mit langem Haar. Ich bewundere sie; um sich in Saudi-Arabien ein solches Aussehen zu bewahren, braucht es einen sehr starken Willen. Bendari ist eine der elegantesten Frauen, die mir je begegnet sind. Sie trägt den herrlichsten Schmuck und die prächtigsten Kleider, so, wie junge Mädchen Jeans tragen – völlig natürlich. Heute ist sie ganz in Blau erschienen, mit einer schicken Jacke, einem langen Chiffonrock und breiten Diamantarmbändern.

Aber weder die Eleganz der Prinzessinnen, noch die Pracht und Schönheit der Salons können mich mehr begeistern. Ich überlege mir schon traurig, daß ich auch an diesem Abend nichts als die üblichen Höflichkeitsfloskeln austauschen werde, da erblicke ich plötzlich auf einem Diwan auf der anderen Seite des Salons, zwischen zwei älteren Prinzessinnen eine kleine pummelige, blonde Frau, die zweifellos aus dem Westen kommt. Ich erhebe mich und gehe auf sie zu; auch sie ist auf mich aufmerksam geworden und empfängt mich mit einem freundlichen Lächeln. Eine Kusine der Prinzessin stellt uns vor und teilt mir mit, Madame Abir sei eine der ersten in Saudi-Arabien ansässigen Europäerinnen gewesen.

»Kommen Sie, setzen Sie sich neben mich«, sagt sie auf französisch zu mir. »Ich habe lange genug in Arabien gelebt, um zu wissen, daß man gern ein Schwätzchen hält, wenn man mal eine Europäerin trifft.«

»Leben Sie auch in Riad?«

»Nicht mehr; ich bin nur auf Besuch hier, anläßlich der Geburt eines Enkels. Aber Sie leben hier, stimmt's? Wie finden Sie sich zurecht?«

»Nicht schlecht, aber im Moment leide ich fürchterlich unter der Hitze, ich weiß gar nicht, wie ich das noch länger aushalten soll.«

»Meine Liebe, als ich nach Saudi-Arabien kam, gab es hier noch gar keinen elektrischen Strom, geschweige denn Klimaanlagen«, sagt sie und gestikuliert dabei mit ihren niedlichen kleinen Händen; an einem der Ringfinger trägt sie einen riesigen Aquamarin. »Ich mußte vor Sonnenaufgang aus dem Bett, wenn ich irgend etwas erledigen wollte. Tagsüber war ich zu gar nichts in der Lage. An manchen Tagen mußte ich mich in nasse Frottee-Handtücher eingewickelt hinlegen und von einer Dienerin befächeln lassen; die Gute durfte nicht damit aufhören, bis ich eingeschlafen war. Anders hätte ich gewisse Nachmittage gar nicht überlebt. Dafür habe ich mir allerdings eine schöne Arthrose eingehandelt.«

»Und ich handle mir mit der Klimaanlage eine schöne Bronchitis ein, wenn ich nicht aufpasse.«

»Ach, das ist alles gar nichts gegen die Krankheiten, die früher in Riad umgingen: Trachom beispielsweise, die sogenannte ägyptische Augenkrankheit, daran ist man erblindet; und dann die Malaria ... Mein Mann war Arzt in Riad, die Kindersterblichkeit war unglaublich hoch. Damals baute man die Häuser noch aus getrocknetem Lehm, deshalb war es in den Wohnungen immer staubig, und draußen auf der Straße stank es bestialisch, der Abwässer wegen – sie waren nur ganz primitiv kanalisiert, und was das bei der Hitze bedeutet, können Sie sich denken. Tja, trotzdem habe ich zwanzig Jahre hier gelebt und vier Kinder in die Welt gesetzt.«

»Waren Sie in dieser Zeit einmal im königlichen Palast? Ich meine, haben Sie den König persönlich kennengelernt?«

»Nicht einen, sondern drei habe ich kennengelernt! Der erste war ein absolut außergewöhnlicher Mensch, eine eminente Persönlichkeit.«

»Wer weiß, wie es bei Hof damals zuging ...«

»Um überhaupt vorgelassen zu werden, mußte ich mich anziehen wie die anderen Frauen, die dort lebten: als erstes eine gemusterte Pluderhose mit bestickten Bündchen an den Knöcheln; darüber eine langärmelige Tunika mit goldbestickter Bauchbinde, darüber wiederum eine weite Spitzen- oder Tülljacke; die Ärmel dieser Jacke waren an den Säumen mit großen bunten Pailletten bestickt und so weit, daß wir sie uns auf den Kopf hochbinden und in die Frisur einbeziehen konnten; das sah hübsch aus, wie Schmetterlingsflügel.«

»Und in dieser Aufmachung konnten Sie sich dem König präsentieren?«

»Nein, natürlich mußten wir über allem die berühmte schwarze *Abaya* tragen. In dieser Aufmachung habe ich nur die rechtmäßigen Ehefrauen des Königs kennengelernt und das waren vier. Außer ihnen lebten damals auch noch reichlich Konkubinen im Harem, sie waren alle Ausländerinnen – Türkinnen, Syrerinnen, Armenierinnen –, die Frauenhändler dem König verkauft hatten. Und dann gab es noch Hunderte von schwarzen Sklavinnen, mit denen er machen konnte, was er wollte, sie waren ja seine Leibeigenen. Passen Sie auf, ich will Ihnen noch ein bißchen Klatsch erzählen; da wir französisch sprechen, versteht uns ja keiner, und als alte Dame, jenseits von Gut und Böse, darf ich mir das schon erlauben. Also: In fortgeschrittenem Alter hielt sich der König Dutzende von Leibärzten; sie lebten am Hofe und sollten ihm angeblich helfen, seine legendäre Liebesfähigkeit zu bewahren; einer von ihnen war übrigens der Vater von Adnan Kashoggi. Der König brüstete sich damit, ›nie mit einer Frau zu Tisch gesessen zu haben‹, und manchmal ging er in seinen Übertreibungen sogar so weit zu behaupten, daß er den Frauen, mit denen er ins Bett gehe, niemals ins Gesicht schaue. Ja, im Harem ging es damals ziemlich heiß zu, er war ein Nest von Intrigen. Die jeweiligen Favoritinnen ließen sich von den anderen Frauen bedienen, es gab regelrechte Teams, die miteinander rivalisierten; das war für die Frauen der einzige Weg, zu ein wenig Macht zu kommen. Heute ist alles anders. Wenn ein Prinz mit mehreren Frauen verheiratet ist, so hat jede ihren eigenen Palast. Ich, als

Ausländerin, habe jede der vier offiziellen Gattinnen in ihren Privatgemächern besucht, aber diese befanden sich alle innerhalb desselben Harems. Abends ließ der König die jeweils Auserwählte zu sich in seine Suite kommen; er konnte sich nach Lust und Laune für die eine oder andere entscheiden, aber normalerweise hatte jede ihren bestimmten Tag und ihre bestimmte Nacht. Jedenfalls verfügte er völlig frei über sämtliche Frauen, die in seinem Palast lebten; wenn er von einer genug hatte, dann schenkte er sie irgendeinem seiner Gefolgsmänner – was für diesen eine große Ehre bedeutete. Ich bin mit einer dieser verschenkten Frauen befreundet gewesen. Sie hatte das Glück, einem hohen Würdenträger geschenkt worden zu sein, der sie immer mit Respekt behandelt und später sogar geheiratet hat. Und die Frauen des Königs, wissen Sie, was die mich immer gefragt haben? ›Wie schafft ihr Ausländerinnen es bloß, einen Mann ganz für euch allein zu haben?‹ Daß so etwas möglich war, konnten sie gar nicht begreifen.«

»Was für einen Eindruck hat der König selbst auf Sie gemacht?«

»Ich werde nie den Tag vergessen, an dem ich Abd el-Asis Ibn Saud zum erstenmal die Hand küssen mußte. Ich hatte viel über ihn gehört und wußte, daß er eine imposante Erscheinung war, aber als ich ihn dann lebend vor mir hatte, war ich doch mächtig beeindruckt. Er saß völlig reglos auf einer Art Thron aus Leopardenfell, von dem er auf alle Versammelten herabblicken konnte. Wenn jemand an ihm vorüberging, hielt er ihm die Hand hin, man mußte sie küssen, das war Vorschrift. Sie können sich nicht vorstellen, wie riesig diese Hand war und was für eine Kraft von ihr ausging – mir wurde schon allein bei ihrem Anblick ganz weich in den Knien. Von seinem Gesicht sah man nichts als einen struppigen Bart, einen großen Mund und eine Adlernase; die Augen waren ganz von der rotweißen Ghtura bedeckt, die er auf dem Kopf hatte. Der Salon, in dem die Zeremonie stattfand, war mit Weihrauch geschwängert; alle seine Frauen und Verwandten saßen ihm zu Füßen auf dem Boden. Ich und die anderen Ausländerinnen haben uns zu ihnen gesetzt. Wir bekamen traditionsgemäß eine Tasse duftenden Kaffee serviert, dann konnten wir uns wieder verabschieden... ich muß Ihnen gestehen, daß ich tief durchgeatmet habe, um nicht in Ohnmacht zu fallen: Ich fühlte mich wie besessen von der unglaublichen Kraft, die dieser Mann ausstrahlte. Als man mir später einmal eine Anekdote über ihn erzählte, mußte ich wieder an seine riesige Hand denken: Er soll nämlich im Verlauf einer Schlacht einen Mann mit einem einzigen Säbelhieb in zwei Stücke gehauen haben. Mit dem Säbel hat er sich übrigens auch sein Königreich erobert; davor war er nur ein Scheich und außerdem von der Türkei abhängig. Zu Beginn seines Aufstiegs ließ er die Köpfe seiner Feinde aufspießen und vor den Stadttoren zur Schau stellen. Es heißt, er habe eigenhändig achtzehn rebellische Stammesführer umgebracht, darunter Ubayda Ibn Rashid vom Stamme der Shamar, nach dessen Köpfung er stolz das blutige Schwert geküßt haben soll. Der König hat in Saudi-Arabien für Ordnung und Sicherheit gesorgt, indem er mit gnadenloser Härte das Scharia zur Anwendung brachte: Todesstrafe für Mord und Handabhacken für Diebstahl. Das sind Strafen, die zum Nachdenken anregen. Über Abd el-Asis erzählt man sich die unglaublichsten Geschichten. Eines Tages soll ein Mann zu ihm gekommen sein, der unterwegs einen Sack gefunden hatte; er erhoffte sich einen Finderlohn, aber zur großen Verblüffung aller befahl Seine Majestät, ihm die Hand abzuhacken. Zu Tode erschrocken flehte der Ärmste ihn um Gnade an, doch umsonst. Die Urteilsbegründung lautete: ›Du bist schuldig, weil du einen Sack geöffnet hast, der dir nicht gehört. Du hast gesagt, daß er Reis enthält, also wirst du für deine Neugier bestraft.‹ Verstehen Sie jetzt, weshalb ich jedesmal in Panik geriet, wenn ich zu irgendeiner Zeremonie in den Palast mußte, egal ob Hochzeit oder Trauerfeier?«

»Allerdings, und Sie haben bestimmt noch mehr zu erzählen«, sage ich und betrachte fasziniert die blauen Augen von Madame Abir, die trotz ihres Alters noch unglaublich strahlend und lebhaft sind.

»Ich könnte Bände mit meinen Erlebnissen füllen, schließlich habe ich den gesamten Wandlungsprozeß dieses Landes mitbekommen. Im Jahr neunzehnhundertsiebzig lebte der Großteil der Bevölkerung noch in der Wüste; in der Stadt wohnten gerade sechsundzwanzig Prozent, heute sind es dreiundsiebzig Prozent. Das war damals ein völlig anderes Leben. Beispielsweise die Flughäfen zur Zeit König Sauds ... primitive Zelte, in denen man förmlich röstete – die Maschinen kamen nie pünktlich, und die Wartezeiten waren endlos. Ich muß Ihnen da mal eine Episode erzählen: Eines Tages sitzen wir nach der üblichen, qualvollen Warterei endlich glücklich im Flieger und nehmen Kurs auf den Libanon. Plötzlich meldet sich der Pilot und sagt, er müsse leider nach Riad zurückfliegen. Nach der Landung erfahren wir den Grund: Seine Majestät Saud, der gerade zu Besuch bei König Hussein von Jordanien ist, hat zum Abendessen köstliche Melonen serviert bekommen. Um seinem Gastgeber zu beweisen, daß es das auch in Saudi-Arabien gibt, möchte er augenblicklich welche beschafft haben. Also zwingt man uns zur Umkehr nach Riad, lädt einen Lastwagen voll saudischer Melonen in unsere Maschine und läßt uns wieder abfliegen. Unterwegs nach Jordanien teilt der Pilot uns dann freundlicherweise mit, daß der Flughafen von Amman nicht für Nachtstarts ausgerüstet ist, und wir möchten doch bitte beim Abladen der Melonen behilflich sein, wenn wir die Nacht nicht dort verbringen wollten. Sie hätten sehen sollen, in welchem Affentempo wir die schweren Dinger von Bord hievten: Wir haben eine Menschenkette gebildet und sie von einem zum anderen weitergereicht, einschließlich Pilot und Besatzung. Kurz vor Sonnenuntergang waren wir fertig und konnten endlich in den Libanon weiterfliegen.«

»Sicher, für Sie als Pionierin muß Saudi-Arabien eine harte Erfahrung gewesen sein.«

»Oh nein, das war eine sehr schöne Erfahrung, ich habe nur gute Erinnerungen. Ich liebe dieses Volk und zwar ausschließlich um seiner selbst willen. Mein Mann kam nicht von hier, er war Syrer; wir haben viele Jahre glücklich zusammengelebt … Jetzt ist er schon lange tot, und ich führe ein ziemlich zurückgezogenes Leben in Frankreich. Nach Riad komme ich nur, um meine Kinder zu besuchen, aber ich liebe dieses Volk. Es ist allen Verleumdungen der Massenmedien zum

Trotz nobel und von innen heraus gesund geblieben. Der Mensch ist ein schwaches Geschöpf: Ich frage mich, wer angesichts des Dollarstroms, der dieses Land überschwemmt hat, so gelassen geblieben wäre wie die Saudis. Die meisten Leute würden bestimmt in einen Kaufrausch verfallen, wenn sie entdecken, daß sie sich auf einmal Dinge kaufen können, von denen sie bis dahin nicht einmal zu träumen gewagt hätten. Sie glauben nicht, wie ich mich über diese Heuchler aufrege, die ständig über die Araber lästern und in Wahrheit nur hinter ihrem Geld her sind. Jedenfalls ist dies eines der wenigen Länder, in denen niemand Hunger leidet. Die Ärmeren werden ständig mit Spenden und Geschenken bedacht, besonders von den Prinzenfamilien – so schreibt der Koran es vor. Und außerdem respektiert man hier noch die Alten. Seniorenheime gibt es nicht, jeder alte Mensch darf zu Hause im Kreis seiner Familie sterben. Also, wenn das kein zivilisiertes Volk ist! So, meine Liebe, jetzt helfen Sie mir aber aufstehen – mit meiner Arthrose schaffe ich das allein nicht mehr.«

Während ich noch ganz fasziniert Madame Abir hinterherschaue, die auf dem Weg zum Speisesaal sofort von mehreren älteren Prinzessinnen umringt wird, zieht eine schlanke Frau um die Fünfzig meinen Blick auf sich; sie trägt einen Hosenanzug aus beiger Atlasseide, vermutlich von Yves Saint Laurent, und muß zu spät gekommen sein, denn sie begrüßt gerade die Mutter der Prinzessin und ein paar andere Frauen der Familie. Ich habe sie noch nie gesehen, schließe aber aus der herzlichen Art, mit der sie empfangen wird, daß sie zum Haus gehört. Neue Gesichter sind auf den Festen der Prinzessinnen eine Rarität, insofern habe ich heute abend also schon zum zweitenmal Glück. Von Neugier getrieben gehe ich zu Nahime, die auf einem Sofa sitzt und Pralinen verschlingt.

»Wer ist das?« frage ich sie mit Blick auf die gerade Eingetroffene.

»Madame Soraya, eine Libanesin«, erwidert sie. »Ihre Familie hatte eine Autowerkstatt in Beirut. Ich kenne sie gut. Sie war nie besonders schön. Jetzt ist sie mit einem venezolanischen Erdölhändler verheiratet und reich geworden. Sie hat ein Privatflugzeug und mehrere Yachten in Monte Carlo.«

»Warum ist sie hier? Ist sie eine Verwandte oder Freundin der Familie?«

»Sie hat immer die Europareisen der Prinzessinnen organisiert.«

»Macht sie das auch jetzt noch?«

»Ich glaube ja«, erwidert Nahime ziemlich kurz angebunden, und ihre Stimme klingt etwas kritisch.

Später, im Speisesaal, habe ich Gelegenheit, Madame Sorayas Bekanntschaft zu machen. Wir sitzen am selben Tisch.

»Ich habe ein Haus in Paris«, teilt sie mir mit, nachdem wir uns vorgestellt haben. »Auch zum Einkaufen finde ich Ihr schönes Genf viel bequemer; es ist so klein und ruhig, man kommt im Handumdrehen überall hin. Außerdem sind mir die Schweizer sympathischer als die Franzosen – und sie sparen sich unnötige Scherze! Sehen Sie, in Paris habe ich einmal eine Prinzessin zu Lacroix begleitet; sie war fast beleidigt, als sie sah, daß der Fußboden mit schlichtem

Klinker gekachelt war. ›Solche Fußböden haben in meinem Palast nur die Dienstmädchen‹, sagt sie zu mir. ›Vielleicht sollte ich besser zu einem anderen Schneider gehen.‹ Die Schweizer haben einfach mehr gesunden Menschenverstand.«

»Ja, Genf ist eine schöne Stadt«, erwidere ich lachend, »aber auf mich wirkt sie deprimierend. Ich habe es in Genf nie lange ausgehalten, obwohl ein Teil meiner Familie dort lebt. New York ist mir lieber.«

»Mein Mann und ich verbringen mindestens zwei Monate im Jahr in New York, wir haben dort eine Wohnung. Und wie gefällt es Ihnen in Saudi-Arabien?«

»Die Prinzessin behandelt mich sehr gut«, sage ich, »aber ich werde langsam etwas unruhig, ich hätte gern mehr Bewegungsfreiheit – so komme ich praktisch nur mit ihrer Familie in Kontakt. Wenn mich jemand fragen würde, wie man in Saudi-Arabien lebt, ich wüßte keine Antwort.«

»Ich komme seit vielen Jahren regelmäßig in dieses Land«, erwidert Madame Soraya, während sie vorsichtig ihren Fisch zerlegt; an der rechten Hand trägt sie einen wunderschönen, quadratischen Saphir. »Aber glauben Sie nicht, ich könnte diese Frage leichter beantworten als Sie. Wahrscheinlich würde ich sagen, ›das hängt davon ab‹«, meint sie mit einem höflichen Lächeln, während ihre schrägen, von vielen Fältchen umgebenen Augen mich aufmerksam betrachten. »Hier herrscht das unabänderliche Gesetz des Korans, in Wirklichkeit ändern sich die Sitten von Sekunde zu Sekunde. Sagen wir's mal so: Wer Geld und Macht hat, kann sich in Saudi-Arabien viele Freiheiten erlauben – wie überall auf der Welt.«

»Ich habe gehört, es gäbe Bürgerbewegungen, die den Sittenverfall anprangern und Gleichheit vor dem Gesetz verlangen.«

»Schon möglich«, erwidert sie diplomatisch. »Mir scheint jedoch«, fährt sie dann mit vorgetäuschter Unsicherheit fort, »daß dieselben Bürgerbewegungen unter Berufung auf ihren strengen Glauben noch ganz andere Dinge fordern wie: mehr Religionsunterricht an der Universität; Verbot, westliche Lehren zu verbreiten, eine noch strengere Zensur, besonders für ausländische Fernsehprogramme. In vielen islamischen Ländern überbieten sich Regierung und Opposition gegenseitig in ihrem religiösen Eifer, um die Massen für sich zu gewinnen. Das ist eine sehr gefährliche Situation. Ich weiß nur, daß ich nicht das ganze Jahr über in Riad leben könnte; ich komme immer nur für kurze Aufenthalte her und lebe ansonsten halb in Europa und halb in den Vereinigten Staaten.«

»Ein interessantes Leben«, bemerke ich.

»Interessant aber anstrengend. Wie auch immer, wenn ich Ihnen einen Rat geben darf: Bleiben Sie nicht zu lange in Saudi-Arabien. Sie sind zu jung, um sich bei lebendigem Leibe in einem Harem begraben zu lassen – zumal Sie ja noch nicht mal Mohammedanerin sind. Es ist sehr leicht, sich dem beschützten Leben hier einfach zu ergeben – tun Sie es nicht. Finden Sie einen Weg, um reisen zu können, schlagen Sie der Prinzessin vor, Sie mit irgendwelchen Aufträgen nach Europa zu schicken; vor allem aber: Überlegen Sie sich, was Sie machen wollen, wenn Ihre Zeit hier abgelaufen ist, und klammern Sie sich an diesen Gedanken, wenn Sie nicht untergehen wollen. Sie werden sehen, dann fühlen Sie sich wohler.«

»Ich bin hierhergekommen, weil ich Arabien kennenlernen wollte«, sage ich irritiert. »Aber ich merke, das ist schwieriger, als ich es mir vorgestellt habe. Ich hab ja noch nicht mal richtig begriffen, wie hierzulande die Ehe funktioniert. Laut Gesetz darf jeder Mann vier Frauen haben, aber keine der Prinzessinnen, die ich kenne, muß eine Nebenfrau dulden.«

»Weil Sie eben nur vermögende Prinzessinnen aus einflußreichen Familien kennen, meine Liebe. In Arabien wird viel unter Cousins geheiratet, und eine Frau, die aus der eigenen Familie kommt, wird automatisch geachtet und gut behandelt. Den Familien ist sehr am friedlichen Zusammenleben der Eheleute gelegen. Aber glauben Sie nicht, ein arabischer Prinz oder eine arabische Prinzessin heiraten aus Liebe – dazu kann es aufgrund der Geschlechtertrennung vor der Hochzeit ja gar nicht kommen – nein, Ehen sind hierzulande Bündnisse, mit denen einflußreiche Familien ihre Macht untermauern, Allianzen unter Blutsverwandten. Macht und Reichtum hängen vom Verwandtschaftsgrad mit dem König ab – durch eine Heirat kann man ihm noch näher rücken.«

»Dann gibt es in den heutigen Harems also keine Polygamie mehr?«

»Unter Prinzen höheren Ranges kaum noch. Sie wissen ja, was der Koran sagt: ›Heirate die Frauen deiner Wahl, zwei, drei oder vier.‹ Aber er sagt auch: ›Wenn du befürchtest, sie nicht gleich behandeln zu können, so nimm nur eine.‹ Und so streiten sich die Geister: Die einen glauben, als guter Moslem dürfe man nur eine Frau haben, da es unmöglich ist, mehrere wirklich gleich zu behandeln, wie der Prophet es verlangt; die anderen meinen, ein Moslem sei kein guter Moslem, wenn er nicht vier Frauen hat, aber sie sind in der Minderheit. Vielleicht haben selbst die reichsten Prinzen eingesehen, daß es sie zu teuer kommt, vier Frauen denselben Hofstaat zu bieten. Jedenfalls haben in der gesamten islamischen Welt weniger als zehn Prozent der Männer mehr als eine Frau. Für den Durchschnittsbürger ist schon eine einzige Frau ein Luxus, das Gesetz schreibt vor, daß er sie unterhalten muß, und eine Frau kostet. Nur unter den wirklich Armen, wo jeder zupacken muß, ist das Verhältnis umgekehrt. Ich spreche jetzt nicht von Saudi-Arabien, sondern von anderen Ländern, in denen es Elendsviertel gibt und ländliche Gegenden, die völlig verarmt sind.« Sie lächelt mich freundlich an: »Trotzdem gibt es auch heute noch Harems, die Geheimnisse bergen, es ist allerdings klüger, nicht allzuviel darüber wissen zu wollen. Nehmen Sie, was dieses Land Ihnen an Schönem bieten kann, danken Sie Allah, daß er Sie zu einer so freundlichen Familie geführt hat, und reisen Sie ab, bevor es zu spät ist.«

Ich sehe sie an: Madame Soraya hat die Gelassenheit eines Emporkömmlings, der de facto emporgekommen ist. Ich bin die Junge, Unerfahrene, und sie ist die Frau von Welt, die mir locker Ratschläge erteilt – wie den, in absehbarer Zeit Riad zu verlassen. Um mich geht es ihr dabei nicht, aber sie ist ehrlich. Trotzdem irritiert mich ihr Rat, genau wie mich Carolyns Kritik an diesem Land irritiert hat. Warum, das muß ich erst noch herausfinden...

Ein schwerer Abschied

Carolyn macht mir immer mehr Sorgen. Wenn ich sie besuche, hängt sie meistens in meinem Sessel und starrt mit tränenerfüllten Augen auf ein Foto ihres Exfreundes. Bald fangen die Sommerferien an und sie hat Nahime noch immer nicht gesagt, daß sie abreisen möchte. Jeden Tag sagt sie mir, daß sie es ihr am nächsten Tag sagen wird. Unterdessen gibt sie ein Vermögen in den Souks aus; so hat sie ihrem Vater einen Dolch für dreitausend Dollar gekauft. Den Philippininnen erzählt sie, daß sie bald heimfliegt und deshalb für alle Geschenke kaufen möchte. Zwei Jahre hat sie im Luxus gelebt und nun glaubt sie, wie eine Prinzessin aus immer vollen Truhen schöpfen zu können.

Nahime ruft mich an, um mit mir über Carolyn zu sprechen. Sie hat einen Anruf von Carolyns Mutter bekommen, die wissen möchte, wann ihre Tochter nach Hause zurückkommt. Laut Nahime war Carolyn ursprünglich nur für ein Jahr angestellt, danach habe sie selbst darum gebeten, länger bleiben zu dürfen. Die Prinzessin würde sie aus Höflichkeit niemals wegschicken; wenn sie abreisen möchte, müsse sie das also schon selbst sagen.

Carolyns Mutter ist besorgt, sie hat ihre Tochter am Telefon weinen hören und würde sie am liebsten abholen kommen, aber Nahime sagt, das sei nicht möglich. Trotzdem ist auch Nahime der Meinung, daß es für Carolyn das Beste wäre, in die Vereinigten Staaten zurückzukehren, sie werde ja jeden Tag immer dünner. Ob ich als Freundin nicht dahingehend auf sie einwirken könne? Zunächst einmal lasse ich mir die Telefonnummer von Carolyns Mutter geben.

Am Abend schaue ich auf dem Rückweg von Amir bei Carolyn vorbei. Sie sitzt in einem aufgeknöpften, blauen Männerpyjama vor dem Fernseher; ihre winzigen, weißen Brüste kontrastieren mit dem dunkelblauen Stoff. Die amerikanischen Nachrichten berichten über einen Aufstand im New Yorker Negerghetto.

»Siehst du«, sagt sie zu mir, »in New York kann man auch nicht mehr leben. Die Ghettos rebellieren, jeder zweite hat Aids, und die Männer sind alle schwul.«

»Warum willst du nicht nach Hause zurück?« frage ich und setze mich neben sie.

»Ich will ja«, erwidert sie, ohne den Blick von der Mattscheibe zu wenden. »Aber das kann ich nicht von heute auf morgen.«

»Warum nicht? Wenn es dir hier nicht gefällt, mußt du gehen. Du kannst nicht nur des Geldes wegen hierbleiben, das wäre unehrlich; außerdem wirst du dabei verrückt.«

»Du hast gut reden!« brüllt sie, indem sie sich ruckartig umdreht und mich aus ihren Katzenaugen anstarrt. »Glaubst du, die würden mich gehen lassen? Niemals!«

178

»Hör auf mit dem Quatsch! Nahime organisiert dir die Reise, wann du willst, du brauchst es ihr nur zu sagen.«

»Das ist nicht wahr. Die lassen mich verschwinden, die verschleppen mich, sobald ich den Fuß vors Palasttor setze – und keiner erfährt, wohin. Nicht einmal du.«

»Du spinnst ja.«

»Nein, ich spinne nicht. Hast du noch nie was von Frauenhandel gehört?«

»Aber Carolyn, jetzt lebst du doch schon seit Jahren bei der Prinzessin und weißt, wie diese Leute sind, wie kommst du auf so absurde Gedanken?«

Sie antwortet mir nicht.

»Möchtest du nun diese Agentur mit deiner Freundin eröffnen oder nicht?« bohre ich weiter. »Worauf wartest du? Wenn du noch lange Geschenke einkaufst, gibst du deine gesamten Ersparnisse aus.«

»Ich hab's dir nie erzählt«, sagt sie mit gespielter Gleichgültigkeit, »aber meine Freundin hat die Agentur bereits eröffnet – mit jemand anderem. Sie wollte nicht auf mich warten, nicht mal ein Jahr, wie abgemacht war. Was soll's? Besser so, ich bin ja eh in dich verliebt, ich möchte nicht gehen, ich möchte bei dir bleiben.«

»Du bist nicht in mich verliebt! Jedenfalls wärst du es unter normalen Umständen nicht. Du machst dir nur etwas vor, begreif das doch endlich«, flehe ich sie an.

»Du willst mich nicht, aber ich liebe dich trotzdem«, sagt sie mit Blick auf den Fernseher.

Ich rufe Carolyns Mutter an. Sie erzählt mir, daß ihre Tochter in der Pubertät Anorexie hatte, Sie fürchtet, Carolyns Nervensystem könne zum zweitenmal zusammenbrechen, deshalb möchte sie, daß sie heimkommt. Ich sage ihr nicht, daß es bereits so weit ist.

Trotz der mörderischen Hitze mache ich mich auf den Weg. In meinen schwarzen Schleier gehüllt erreiche ich das Palasttor. Ich weiß, daß ich den Haremsbereich nicht verlassen sollte, aber ich mache es trotzdem. Die Wächter spielen mit ihren *Mashabas* und plaudern miteinander. Ich drücke mich an ihnen vorbei und stelle mich unauffällig in den Schatten der Mauer; von dort betrachte ich das schwere Holztor, das Carolyn nicht mehr zu passieren wagt. Sicher, es ist nicht einfach, wieder ins Unbekannte hinauszutreten.

Um unsere endlosen Nachmittage auszufüllen, sehen Carolyn und ich uns amerikanische Nachrichtensendungen an. Wir sind große Fans von Bill Clinton, und wenn er in irgendeinem Staat gewinnt, hüpfen wir lachend auf den Sofas herum und umarmen uns wie kleine Kinder, die in einem Wettrennen gesiegt haben.

Inmitten unseres Jubels schreie ich: »Jetzt, wo in Amerika alles fortschrittlicher wird und Frauen wie Hillary ans Ruder kommen, solltest du wirklich nach Hause zurück.«

»Stimmt, du hast recht«, erwidert Carolyn überzeugt und dann etwas zögernder: »Meinst du, die lassen mich wirklich abreisen?«

»Klar. Wenn du willst, kann ich dich ja zum Flughafen begleiten. Stelle es Nahime einfach als Bedingung. Du verläßt das Haremstor nur an meiner Seite.«

»In Ordnung«, nickt sie. »Ich rufe Nahime sofort an.«

Das war der entscheidende Moment. Tausend Dank, Bill Clinton.

Carolyn kehrt in die Vereinigten Staaten zurück. Sie hat zwei Wochen lang nur Koffer gepackt, ihre ägyptischen Glasväschen waren ein echtes Problem. Ich mußte ihr helfen, sie war vor lauter Aufregung total verwirrt. Es tut mir leid, daß sie geht, ich hab sie lieb gewonnen. Für sie freut es mich natürlich, aber ich werde mich ein wenig verlassen fühlen.

An diesem Abend begleite ich sie, wie versprochen, zum Flughafen. Unsere Limousine gleitet lautlos durch die Wüste.

»Überleg doch mal: In zehn Stunden bist du in New York und kannst dir Modezeitschriften kaufen, so viel du willst«, sage ich, um sie aufzumuntern.

Sie drückt meine Hand. Seit wir den Harem verlassen haben, ist kein einziges Wort über ihre Lippen gekommen.

Im Flughafen folgen uns neugierige Blicke, während wir Arm in Arm, fast umschlungen, zum Abfertigungsschalter gehen. Achmed trägt uns schweigend die Koffer hinterher.

»Siehst du, wir haben es geschafft«, flüstere ich Carolyn zu, als sie ihre Bordkarte in der Hand hat. Sie nickt nervös mit dem Kopf. »Was meinst du, kriegst du noch mal 'ne Tasse arabischen Kaffee runter?«

»Nein, beim besten Willen nicht«, erwidert sie und bricht endlich ihr Schweigen. »Dieses scheußliche

Kardamomgebräu kann mir ab sofort gestohlen bleiben.«

»Du hast recht«, meine ich lachend.

Vor dem Ausgang zu den internationalen Flügen bleiben wir stehen.

»Schau nur: lauter westliche Gesichter!« sage ich mit Blick auf die zahlreichen Geschäftsmänner, die die Paßkontrolle passieren. »Vielleicht hast du einen neuen Freund gefunden, noch bevor du in New York landest.«

»So, wie ich aussehe? Der Streß der letzten Tage hat mich total ramponiert.«

»Unsinn, du bist sehr hübsch.«

Carolyn fällt mir weinend um den Hals. »Ich mag dich«, murmelt sie.

»Ich dich auch.«

Ich warte, bis sie durch die Sicherheitskontrolle gelangt ist. Als sie die Metallabsperrung zum Wartesaal passiert hat, zieht sie langsam ihre *Abaya* aus. Darunter trägt sie einen schönen, dunkelblauen Hosenanzug: Sie sieht gut aus so, viel besser. Sie betrachtet die *Abaya* in ihrer Hand, zögert einen Moment und schleudert sie mir dann über die Metallschranke hinweg zu.

»Die brauche ich jetzt nicht mehr!« schreit sie, während die feine Seide durch die Luft schwebt. Ich fange sie im Fluge auf.

»Danke«, sagt Carolyn unter Tränen.

»Toi, toi, toi, Carolyn«, erwidere ich, ihre *Abaya* an mich drückend.

»Ruf mich an.«

Gedda, die große Mutter

Wir sitzen in einem Flugzeug des Königshauses und überfliegen gerade die Wüste. Der Prinz und seine Frau erwarten uns in ihrer Sommerresidenz in Gedda, am Roten Meer. Während Amir und die Kinder Fußball spielen, bekommen Carina, Baby, Khadjia und ich im geräumigen Salon dieses fliegenden Miniaturschlosses von freundlichen, englischen Stewardessen ein köstliches Mittagessen serviert. Wie herrlich, ab und zu so richtig im Luxus schwelgen zu können, denke ich und stopfe mich mit Hummer und Kaviar voll. Unser Tischtuch ist aus feinstem flämischem Linnen und das Tafelservice aus grünem Limoges-Porzellan (grün ist die Farbe des Islam).

Um fünf Uhr nachmittags treffen wir bei gleißender Sonne und 40 Grad Celsius in Gedda ein. Als ich die Gangway hinuntersteige, nehme ich trotz der Hitze und des Treibstoffgestanks eine frische Meeresbrise wahr. Lächelnd atme ich sie ein.

Unten auf der Piste erwartet uns Achmed in einem neuen Kombi. Wir verlasen das Flughafengelände und fahren eine vierspurige Palmenallee entlang; Mosaiken und Springbrunnen schmücken die Trottoirs. Am Meer angekommen, sehen wir zu unserer Linken einen kilometerlangen, völlig menschenleeren Sandstrand, zu unserer Rechten weiße Mauern, die nur hier und da von riesigen Toren unterbrochen werden; die dahinterliegenden Villen sind im Grünen verborgen. Nach einer halben Stunde Fahrt kommen wir vor der Pforte unserer Villa an. Der Garten empfängt uns mit betörendem Orangenblütenduft. Im kühlen Schatten von Palmen, Orangen- und Zitronenbäumen führen uns philippinische Diener in Jeans und weißen T-Shirts als Willkommensgruß die Fische vor, die sie für uns gefangen haben. Sie liegen in flachen Körben und schillern in allen Farben: lila, rot, gelb, türkisgrün. Ich bin hingerissen von ihrer Pracht und Vielfalt; das sind die schönsten Fische, die ich je gesehen habe, und es sind so viele, daß ich unweigerlich an Jesu wundersame Fischvermehrung im Neuen Testament denken muß. Auch Amir ist ganz begeistert.

»Schön, nicht?« sage ich lächelnd.

»Ich fang noch viel schönere«, erwidert er, packt mich an der Hand und rennt mit mir durch den Garten zum Privatstrand der Villa hinunter und dort auf ine Mole hinaus, an deren Ende ein kleines Häuschen teht.

Schau mal!« schreit er und reißt die weiße Holztür f. Im schattigen Innenraum des Häuschens befindet sich alles, was man zum Fischfang benötigt: Angeln, Netze, Eimer. Auch ein paar weiße Sofas stehen herum; die Luft riecht nach Salz. Der kleine Prinz und die Kinder schnappen sich Angelruten und setzen sich zum Fischen auf die Mole. Während die Sonne untergeht, und der Gesang des Muezzin sich zum Himmel erhebt, sitze ich neben den plappernden Kindern auf der Mole und bin glücklich. Warum, könnte ich gar nicht so genau sagen. Liegt es an der angenehmen Brise, die meine Röcke bauscht, an der lauen Luft Geddas, der großen Mutter, an dem geheimnisvollen Band, das am Horizont Meer und Himmel verbindet oder am Geschmack der Freiheit, den ich hier, weit weg von Riad, endlich wieder wahrnehme? Ich weiß es nicht. Bei Einbruch der Dunkelheit kehren wir ins Haus zurück und ziehen uns um. Ich bin völlig hingerissen von der schönen Villa. Unsere großen, gemütlich eingerichteten Zimmer haben breite Fensterfronten, die direkt auf die kleine Privatbucht hinausgehen.

Die Prinzessin erwartet uns nach dem Abendgebet in Jeans und weißer Bluse auf einer riesigen Veranda mit blauweißem portugiesischem Kachelfußboden. Sie lächelt, nein, sie strahlt richtig:

»Ich habe zur Feier des Tages eine *Kabsa* für euch gekocht«, sagt sie und schließt Amir zärtlich in die Arme. Dann beginnt sie hektisch zwischen Küche und Veranda hin und her zu rennen, während barfüßige Kellner in Jeans eine riesige *Kabsa* und andere landestypische Gerichte auftragen. Es herrscht ein heilloses Durcheinander, aber die Prinzessin wirkt rundherum glücklich. Ihr Mann lächelt und wirft ihr scherzhafte Bemerkungen zu, während er mit seinem Sohn Nachlauf spielt. Das Szenarium könnte nicht schöner sein mit diesem Paar, das sich liebt, und diesem traumhaften Haus, das mir noch viel besser gefällt als der Palast in Riad. Von hohen Mauern geschützt und von einem duftenden Garten umgeben, schmiegt es sich sanft in die kleine Bucht. Die Veranden der

Salons im zweiten Stock gewähren phantastische Ausblicke: Über eine Terrassenlandschaft mit Swimmingpools schweift das Auge hinaus aufs weite Meer. Jeder Salon birgt eine neue Überraschung: Im ersten habe ich eine umfangreiche Bibliothek entdeckt, im nächsten eine phantastische Schmucksammlung, im dritten antike Kimonos, im vierten Volkskunst aus der ganzen Welt, und überall Blumen und Pflanzen.

An diesem Abend lächelt alles, Dienerschaft und Herrschaft. Während arabische Melodien auf der modernen Veranda uralte Erinnerungen wecken, tun wir uns an der *Kabsa* der Prinzessin gütlich und genießen die frische Brise des Roten Meeres.

Vor dem Schlafengehen mache ich einen Spaziergang am Strand, winzige Wellen brechen sich mit leisem Plätschern, warm und weich umspielt das Wasser meine Füße. Ich bin glücklich, glücklich, glücklich. Wie gerne würde ich die Zeit anhalten! Ich halte sie in meinem Herzen an.

Jeder Morgen ist noch strahlender als der vorhergegangene. Amir, die Kinder und ich machen im Kombi Entdeckungsfahrten nach Gedda. Ich finde die Stadt schön, sauber und modern. Die Gebäude sind aus weißem Marmor, es gibt riesige Hotels und luxuriöse Einkaufszentren. Wo es uns gefällt, halten wir an und spielen: in öffentlichen Grünanlagen, in Vergnügungsparks oder auf den Spielplätzen von *Burger King* und *Pizza Hut*. Überall gibt es Rutschbahnen, Trampolins, Schießscheiben. Riad und sein strenges Leben sind vergessen, hier sind wir glücklich. Amir spielt mit den Kindern, die wir unterwegs treffen. Manchmal hätte ich Lust, ihn an mich zu drücken, den kleinen Despoten, meinen Märchenprinzen, den einzigen echten Märchenprinzen meines Lebens. Kein Mann wird mir je geben können, was er mir jetzt gibt. Er schenkt mir Stunden und Tage reinen Kindseins. Wir toben ausgelassen herum, springen zusammen Trampolin, laufen im Park nebeneinander dem Fußball hinterher, schießen in Schießbuden um die Wette.

»Versucht euer Glück!« schreien die dicken, schnurrbärtigen Budenbesitzer in ihren weißen *Kandoras*. Es gibt einen Löwen zu gewinnen, einen Wüstenlöwen. »Zeigt, wer der tapferste Krieger der Wüste ist!«

»Das bin ich!« brüllt Amir. »Ich schieße und gewinne den Löwen, ich bin ein Mann, ich beschütze dich!«

»Ja, mein Held, mein Prinz«, sage ich und bedeute den Leibwächtern, die plaudern und mit ihren *Mashabas* spielen, während sie uns unauffällig beschatten, daß sie hinter Amirs Rücken mitschießen sollen, damit wir den ersten Preis gewinnen. Binnen kurzem haben sie die nötigen fünfzig oder hundert Volltreffer gelandet – einhändig wohl gemerkt und mit äußerst gelangweilten Mienen. Ich entschädige inzwischen so diskret wie möglich den fetten Budenbesitzer dafür, daß er ein Auge zudrückt. Dies und mehr tue ich für Amir, weil er mich gern hat. Er möchte, daß ich mich vergnüge, daß ich glücklich bin. Er schlägt mir ständig etwas Neues vor, ein Spiel, eine Pizza, einen Eisbecher. Wir sind beide glücklich, und das verbindet uns noch mehr. Wenn ich mit Amir zusammen bin, vergesse ich alles andere. Er, für den ich eine Art Sessel bin, in den er sich hineinkuscheln kann, er, mein Märchenprinz mit den weichen Löckchen, bringt mir bei, völlig in der Gegenwart aufzugehen.

Vor dem Abendessen, wenn die laue Brise herrliche Düfte vom Garten und vom Meer heraufträgt, setzen wir uns auf eine der großen Terrassen hinaus und malen. Ich zeichne, was wir während des Tages unternommen und gesehen haben, und er koloriert die Bilder. Amir gefallen vor allem solche Szenen, in denen er im Mittelpunkt steht.

Ich schreibe kurze, französische Begleittexte unter die Bilder wie: *»des poissons dans la mer«* oder *»les belles fleurs«*, und dann lesen wir sie zusammen und üben die Aussprache. Wie allen Arabern gelingen Amir besonders die geschlossenen, gutturalen Laute und das weiche »r« sehr gut. Davon abgesehen hat er eine ausgesprochen elegante Aussprache, wie es sich für einen richtigen Prinzen eben gehört. Leider dauern die friedlichen Augenblicke, die wir beim Malen verbringen, nie lange an. Nach einer halben Stunde hat er es meistens satt, dann macht er einen Strich durch unser letztes Bild und rennt davon, um mit den anderen Kindern zu spielen.

Morgens stehen wir manchmal schon mit der Sonne auf und gehen fischen. Bei dem weißen Häuschen auf der Mole warten die Philippininnen mit Angelschnüren und Eimern voller Köder-Krabben auf uns. Nach und nach füllen wir die Körbe mit bunt schillernden Fischen. Am Spätnachmittag gehen wir dagegen in unserer Privatbucht schwimmen. Dann ist vor allem Baby, die philippinische Perlenfischerin, Amirs Spielkameradin; sie ist die sanfteste und ausgeglichenste aller im Palast tätigen Frauen und arbeitet seit vielen Jahren für die Prinzessin. Baby stammt von einer kleinen Insel und hat vielleicht als einzige einen richtigen Ehemann, einen, der sie nicht betrügt und nicht drei oder vier Kinder mit anderen Frauen hat, und Baby ist auch eine der wenigen, die hin und wieder Heimaturlaub bekommen. Ich weiß nicht, wie sie es geschafft hat, daß man ihr soviel Wohlwollen entgegenbringt, aber ich vermute, es liegt an ihrem Lächeln und am unschuldigen Blick ihrer großen Augen, die so klar sind wie das Meer, in dem sie als Kind Perlen gefischt hat. Baby und ich sind die einzigen, die einen Badeanzug tragen dürfen. Die arabischen Frauen müssen völlig bekleidet ins Wasser gehen – schwarze Schemen, die ins blaue Meer eintauchen. Daß man Baby und mir – wenigstens innerhalb der Palastmauern – dieses Privileg gewährt, verdanken wir unserer Rolle als Erzieherinnen des kleinen Prinzen. Eines der Lieblingsspiele von Amir und Baby ist das Wettauchen nach bunten Ringen. Baby dabei zuzusehen, wie sie im durchsichtigen Wasser der Bucht Purzelbäume und raffinierte Drehungen vollführt, ist das reinste Spektakel. Amir macht sie begeistert nach: Er hat schon viele Schwimmlehrer gehabt, aber so tolle Kunststücke wie Baby beherrschte keiner. Stolz schreit er mir zu, daß er jetzt auch im salzigen Meer unter Wasser die Augen aufmachen kann. Er schwimmt wie ein kleiner Fisch und taucht hervorragend. Ich bin im Ringe-Heraufholen lange nicht so gut wie die beiden. Nach einer Weile setze ich mich erschöpft neben Muhammad auf die Mole. Muhammad kann nicht schwimmen.

»Möchtest du, daß ich dir das Schwimmen beibringe?« frage ich ihn in einer Anwandlung von Großzügigkeit.

Er verneint leise und ohne mir ins Gesicht zu sehen, wie immer. Muhammad hat ständig ein Lächeln auf den Lippen, aber er ist stur wie ein Esel. Nie würde er sich irgend etwas von einer Frau beibringen lassen. Daß Baby und ich schwimmen können, ist für ihn nur ein Skandal. Von mir läßt er sich weder einen Rat noch Unterricht geben. Ich wollte ihm in meiner Freizeit Französisch beibringen. Ich habe versucht, ihm begreiflich zu machen, daß er mit Fremdsprachenkenntnissen eines Tages eine bessere Arbeit finden würde – meines Wissens kommt er aus einer sehr armen Familie, hat zwölf Geschwister und einen achtzigjährigen Vater. Aber er hat mir glatt ins Gesicht gelacht und beinahe verächtlich erwidert, das brauche er nicht, er sei der Spielkamerad des jungen Prinzen – als wäre das ein Job auf Lebenszeit. Ich weiß nicht, vielleicht hat er ja recht, aber sein halsstarriges Festhalten am Status des zufriedenen Untertanen irritiert mich trotzdem. Ich finde auch, daß sein Lächeln nicht herzlich, sondern schlau wirkt. Und noch etwas stört mich an ihm: die harten, integralistischen Kommentare, die er Amir gegenüber von sich gibt und überhaupt nicht zu einem Siebenjährigen passen, doch ich versuche es ihm nicht übelzunehmen, er ist ja noch ein Kind.

»Du darfst morgen nach Hause, nicht? Freust du dich?« frage ich ihn.

»Ja, ich gehe nach Mekka«, sagt er stolz und starrt dann wieder schweigend aufs Meer hinaus.

Ich bin für ihn nichts als eine ungläubige Frau. Amir ist nicht so, und er wird dank seiner Mutter auch nie so sein.

In dieser Nacht finde ich keinen Schlaf, ich stehe auf, öffne die Fenstertüren und durchquere barfuß den Garten. Ich spüre jeden einzelnen Grashalm unter meinen Füßen. Am Strand schäumen die Wellen sanft gegen die Felsen der Mole, der Himmel hängt voller Sterne und Verheißungen. Im Mondlicht schwimme ich lange vor mich hin – leise und von niemandem gesehen. Das extrem salzige Meer trägt und umarmt mich wie eine Mutter. Das ist kein Wasser, das ist Leben. Später setze ich mich in meinen Bademantel gehüllt in den Sand und lasse meine Gedanken schweifen. In einer so schönen Nacht ist es leicht, sich dem Willen Allahs zu unterwerfen. Morgen macht Muhammad sich auf den Weg nach Mekka. Seltsame Dinge gehen mir durch den Kopf. Ich beneide diese Leute um ihren Glauben und die Kraft, die sie daraus schöpfen. So, wie die Pilger seit Jahrhunderten in Mekka um die Kaaba kreisen, so kreist das Leben jedes Einzelnen von ihnen um Allah. Das gibt ihnen ein großes Zusammengehörigkeitsgefühl und eine Sicherheit, die uns fehlt. Das im Westen herrschende Überangebot an Möglichkeiten, Theorien und Perspektiven verwirrt letzten Endes nur und hinterläßt oft genug ein Gefühl der Machtlosigkeit. Eins steht jedenfalls fest: Die Sicherheit der Orientalen ist tiefer verwurzelt als unsere, auch wenn sie logisch weniger begründbar ist. Der Anblick der nach Mekka strömenden Pilger ist mindestens so überwältigend wie der Anblick des Meers, vor dem ich sitze. Ich hatte geglaubt, meine modernen Wertmaßstäbe an diese Leute anlegen zu können, aber hier, unter dem Sternenzelt des Roten Meers, rührt mich ihre jahrhundertealte Unterwerfung unter den

Himmel zu Tränen. Ich empfinde Sehnsucht nach etwas, das ich nie besessen habe oder doch nur in Form einer Ahnung, einer verschütteten Erinnerung, einer verwischten Spur, die meine Vorfahren hinterlassen haben. Wie gerne würde ich mich so völlig Allah unterwerfen können, wie sie es tun, und in ihrer Gemeinschaft aufgehen.

Wenn ich die Pilger im Fernsehen stundenlang die Kaaba umkreisen sehe und stundenlang das Scharren ihrer Füße auf dem Boden höre, spüre ich, daß eine ungeheure Kraft von ihnen ausgeht – eine Kraft, die mir völlig neu ist. Ich kann nicht erklären, was ich dabei empfinde. Ich versuche es schon gar nicht mehr, es ist zwecklos. Der Kontrast zwischen den beiden Welten ist zu ausgeprägt, als daß man irgendwelche Vergleiche anstellen könnte. Ich kann nur sagen, daß es sich um eine sehr, sehr starke Empfindung handelt. Ich, die »Ungläubige«, empfinde die Kraft ihres Glaubens, und ich habe großen Respekt davor. Es ist etwas Heroisches an dieser ausnahmslosen Unterwerfung aller unter ein und denselben Himmel. Und vielleicht sind meine Tränen ein heimlicher Ausdruck der Bewunderung für ihren Glauben – ein paar Tropfen Wasser in der Wüste, das ist nicht viel, aber es ist alles, was ich geben kann.

Als der Muezzin im Morgengrauen zum Gebet aufruft, kehre ich ins Haus zurück. Ich nehme einen Koran zur Hand und schlage ihn aufs Geratewohl auf: »Gott macht, daß die Nacht den Tag verdrängt und der Tag die Nacht. Wahrlich, keine menschliche Tat ist ihm fremd.«

Am Ende unserer Ferien in Gedda verläßt mich Amir. Er macht mit seinen Cousins eine Pilgerreise nach Mekka, wo er auch Muhammad wiedertreffen wird. Tagelang hat er über nichts anderes gesprochen. Er hat mir erzählt, daß er das typische Pilgergewand tragen wird – zwei weiße Tücher, von denen man sich eines um die Hüften und das andere um die Schulter schlingt – und er war aufgeregt und glücklich dabei, aber ich habe trotzdem das Gefühl, alleine gelassen zu werden, vielleicht, weil ich als Ungläubige und als Frau nicht das Recht habe, dieses Mysterium mit Händen zu berühren. Ich schalte den Fernseher ein und sehe mir die Direktübertragung aus Mekka an. Die Bilder sind in Farbe, aber es würde keinen Unterschied machen, wenn sie schwarzweiß wären. Aus der Höhe sieht man nur einen weißen Kreis und in dessen Mitte die schwarze Kaaba, das oberste Heiligtum des Islam. Der weiße Kreis ist die unendlich lange Pilgerschlange, die sich um die Kaaba windet – Tausende von Menschen, die hierhergekommen sind, um zu »sterben« und neu geboren zu werden. Man hört ihr Psalmodieren und die dumpfen Tritte ihrer nackten Füße auf dem Boden. Ich betrachte den nicht abreißenden Strom von Gläubigen und frage mich, wo jetzt wohl der kleine Amir ist.

Eine Sippe innerhalb der Sippe

Im Sommer ist die Hitze in Riad wirklich unerträglich, das Thermometer steigt auf über 50 Grad im Schatten. Wer kann, verläßt die Stadt in den ersten Julitagen. Gegen Ende September ist es immer noch sehr heiß, aber langsam bevölkern sich die Häuser wieder. Auch unsere Familie kehrt nach dem üblichen Kalifornienurlaub in ihren Palast zurück. Ich habe mich nach drei Monaten Abwesenheit sehr auf meine weiße Haremsvilla gefreut, auf meine einsamen Morgenspaziergänge durch die Gärten und auf die Abende mit Amir. Ich bin zum friedlichen Rhythmus des Haremslebens zurückgekehrt, das süß ist wie die Datteln.

Amir, Muhammad, Ali, Mama Amina, Carina, Achmed und ich bilden eine Sippe innerhalb der Sippe. In diesem heißen arabischen September bringen wir die letzten Anstandsvisiten hinter uns, bevor für die Kinder die Schule wieder beginnt. Heute steht ein Besuch bei Amirs Tante, Mama Madawi, auf dem Programm. Der kleine Prinz hat überhaupt keine Lust, er würde viel lieber spielen. Zornig trampelt er auf seinem Anzug von *Dior Enfants* herum; wenn wir versuchen, ihm einen anderen anzuziehen (er hat Hunderte), droht er uns mit Bissen und Fußtritten. Zum Schluß behält er sein Fußballertrikot an und verläßt das Haus mit an die Brust gedrücktem Ball und wie immer in einer Duftwolke von *Eternity* gehüllt. Als seine Begleiterin habe ich den Auftrag, ihn im Auto noch einmal einzusprühen, was ich tue, wenn auch nicht so gewissenhaft, wie ich eigentlich sollte. Er zieht so oder so ein Gesicht. Der Kult, der hierzulande mit Düften betrieben wird, hat mich mehr als alles andere beeindruckt – mehr als der Harem und mehr als die Enthauptungen. Ein guter Geruch gilt als etwas extrem Wichtiges; er macht den Umgang mit dem Nächsten angenehm und fördert so das harmonische Zusammenleben der Menschen. Der Prophet liebte drei Dinge auf dieser Welt: das Gebet, die Frauen, den Duft. Aber für den armen Amir sind unsere Parfümduschen im Moment nur eine Tortur.

Vor den Pforten der Paläste, die wir besuchen, spielt sich regelmäßig dieselbe Szene ab: Wächter mit erhobenen Gewehren wünschen Amir laut schreiend ein langes Leben und zahlreiche Siege, während der kleine Prinz seinen Fußball an sich preßt, verkniffen schweigt und mich aus seinen schwarzen Kulleraugen bitterböse anblickt, weil ich ihn von Kopf bis Fuß einparfümiere. Mama Madawis Palast hat viele Pforten und viele gut bewaffnete Wächter und könnte wahlweise als Traum oder Alptraum bezeichnet werden. Er ist viel, viel größer als unser Palast, er ist überhaupt der größte, den ich hier in Saudi-Arabien gesehen habe. Aber das Seltsame ist nicht seine Größe, sondern sein Innendekor: alles ist lila, vom ersten bis zum letzten Stück. Die unzähligen Lila-Schattierungen, der Überfluß an kostbaren Seidenstoffen, die riesigen Türen und Möbel aus purem Gold und Silber, die prachtvollen Gärten mit ihren Rosenlauben und die schönen Pavillons machen diesen Palast zu einem Sinnbild erlesenen Luxus, wie man ihn auch in Arabien nicht alle Tage findet. In dieses Heiligtum nun bricht unsere Sippe mit lautem Getöse ein: Amir kickt, Mama Amina schreit, und so ziehen wir durch Salons, Korridore, Gärten und Lauben.

Die Hausherrin empfängt uns in einem Pavillon im Garten. Sie ist lila gekleidet, liegt malerisch hingegossen auf einem lila Diwan und hat sieben Dienerinnen in lila Livrèen, die um sie herum auf dem Boden lagern, während andere uns auf edlen Silbertabletts lila Fruchtsaftmischungen aus Erdbeeren und Blaubeeren reichen. Mama Madawi dürfte auf die Fünfzig zugehen, sie ist groß und schlank und hat glattes, schulterlanges Haar, das sie sich im Stil der vierziger Jahre frisieren läßt. Wie immer ist sie sehr elegant. Sie trägt ein langes, weich fallendes Chiffonkleid mit gerafftem Oberteil, italienische Schuhe mit hohen Absätzen und Brillantschmuck. Amir läßt sich widerwillig von ihr küssen, seufzt, als sie ihm das Haar streichelt, und setzt sich dann auf die äußerste Kante eines silbernen Stuhls, ohne auch nur eine Sekunde seinen Fußball aus den Händen zu geben.

»Ich habe gehört, du lernst jetzt französisch. Stimmt das?« fragt Mama Madawi.

»*Oui, oui, mais maintenant on va a jouer au ballon*«, erwidert er, indem er nicht seine Tante, sondern mich ansieht. Er zeigt mich in Gesellschaft gerne vor, mein kleiner Tyrann. Keiner seiner Vettern, nicht einmal

Chalid, der ein paar Pferde mehr besitzt als er und besser reiten kann, hat eine fußballspielende Europäerin im Gefolge – denn das ist zweifellos mein Hauptverdienst, auch wenn ich eine miserable Spielerin bin.

Nach der wenig ergiebigen Unterhaltung mit Amir, der am liebsten gleich zum Spielen in den Garten laufen möchte, folgt die zweite Phase des Besuchsrituals: die Geschenkverteilung. Mehrere Philippininnen schleppen schachtelweise Spielzeug an, aber die Kinder würdigen es kaum eines Blickes. Zu Hause hat Amir vier Lagerräume voller Spielsachen, die halb oder gar nicht ausgepackt sind. Tabletts mit Kuchen und Bonbons werden aufgetragen, und nachdem wir uns gütlich getan haben, begleitet Mama Madawi uns in den Garten: Auf den kleinen Neffen wartet eine Überraschung, ein elektrisches Miniaturauto, das er daheim bereits in fünfzigfacher Ausführung hat. Seiner Tante zuliebe legt Amir ein paar Meter damit zurück, dann schnappt er sich seinen Fußball und beginnt zu kicken.

»Wie gut du spielst«, sagt Mama Madawi, in der Hoffnung, vielleicht auf diese Weise ein Gespräch anknüpfen zu können, aber Amir hört überhaupt nicht hin. Sie schaut ihm eine Weile zu und entfernt sich dann schweigend, während die Kinder für den Rest unseres Besuchs in ihrem Garten Fußball spielen.

Auf der Nachhausefahrt läßt Mama Madawi uns von einem kleinen Lieferwagen begleiten; auf der Ladefläche steht ein großer Metallkäfig mit einem Jagdfalken: ein besonders kostbares Geschenk, das Amirs Vater jedoch augenblicklich verschwinden lassen wird. Seine Abneigung gegen die Jagd ist in ganz Saudi-Arabien bekannt und den meisten unbegreiflich. Jeder arabische Prinz außer ihm läßt sich dabei porträtieren, wie er mit einem Falken auf der behandschuhten Hand auf Vogeljagd durch die Wüste reitet. Die herrlichen Vögel sind etwa fünfzig Zentimeter groß und haben eine Flügelspannweite von fast einem Meter: Ein phantastisches Schauspiel, sie, die Herrscher des Himmels und der Winde, über der Wüste kreisen zu sehen. Doch in unserem Palast sind sie nicht sehr beliebt. Für gewöhnlich sperrt man sie mit aufgesetzten Hauben in Käfige im Garten und füttert sie zweimal am Tag mit lebenden Vögeln. Nach zirka einer Woche verschwinden sie; ob man sie freiläßt oder verschenkt, habe ich nie gefragt.

Unglaublich, wie leicht die Prinzessin sich entspannen kann. Als ich heute auf einen kleinen Besuch bei ihr vorbeischaue, liegt sie im Pyjama auf dem Bett, ißt Pistazien und plaudert mit ihrer Freundin Brussan. Obwohl beide Frauen fast zwei Meter groß und eher füllig sind, sehen sie auf dem riesigen Bett voller Kissen aus wie zwei Mädchen im Schullandheim. Die Prinzessin klopft mit der Hand aufs Bett, ich soll mich neben sie setzen. Brussan umarmt mich herzlich. Als Maria eine Schachtel mit der neu eingetroffenen Kollektion eines Pariser Modeschöpfers hereinbringt, schauen wir uns ihren Inhalt gemeinsam an.

»Diese Schneider sind teuer, aber etwas wirklich Neues bringen sie nicht zustande«, beklagt sich die Prinzessin. »Ich bin jedesmal enttäuscht.«

Ich lache, weil sie im Grunde recht hat und weil ich glücklich bin, mit ihr und Brussan auf diesem Bett zu sitzen, quasi im Zentrum einer »Werkstatt der Weib-

lichkeit«: In den angrenzenden Räumen ist ein Friseur-
salon untergebracht, ein Schminkzimmer, ein An- und
Umkleidezimmer. Hinter den weißgoldenen Türen der
Wandschränke, die uns umgeben, befindet sich eine
unvorstellbare Menge von Parfüms aller Marken; ich
verbringe ganze Nachmittage damit, sie durchzupro-
bieren. Die Kleider der Prinzessin würden hier nicht
reinpassen, sie füllen allein mehrere Zimmer des
Palastes. Aber die Weiblichkeit basiert nicht nur auf
Düften und Kleidern. Hier lernt man auch, einem
Mann zu gefallen, indem man ihm Freundlichkeit und
Aufmerksamkeit entgegenbringt, indem man sanft und
anpassungsfähig ist.

»Die Männer möchten bewundert und geachtet werden, damit sie sich als Männer fühlen«, hat die Prinzessin einmal zu mir gesagt. »Unsere Aufgabe ist es, sie
glücklich zu machen, egal, ob Mann oder Sohn, und
dazu brauchen wir unsere ganze Weiblichkeit, Intelli-
genz und Sensibilität. Wir müssen in ihnen das Verlangen wecken, uns wiederzusehen. Wenn uns das
gelingt, belohnen sie uns mit ihrer Liebe.«

An vielen Abenden begleiten Mama Amina und ich
den kleinen Prinzen zum Spielen in einen Stadtpark,
und Mama Amina trägt dann immer ein neues Kleid
– genaugenommen trägt sie jeden Tag mindestens zwei
neue Kleider, alle aus grellbunt gemusterten Stoffen,
von denen ich nie herausbekommen habe, wo sie sie
kauft. Die Kleider sind so schön und so ausgefallen,
daß ich auf die Idee gekommen bin, eine Reportage
für *Vogue* zu machen, und jetzt fotografiere ich Mama
Amina, so oft sie es zuläßt, kann aber nicht verhin-

dern, daß sie ihr Gesicht dabei mit dem schwarzen Schleier verhüllt.

Die Kleider haben alle denselben Schnitt: tailliertes Oberteil mit rundem Halsausschnitt, lange Ärmel mit Rüschen und ein weites Rockteil mit vier, fünf Volants. Dazu trägt sie Chanel-Taschen, Hermès-Schuhe und Rolex- oder Cartieruhren. Sie hat eine ganze Truhe voller Uhren unter ihren hundert Kilo Goldschmuck, obwohl sie die Uhrzeit nicht ablesen kann. Sie kann auch keine Zeitungen lesen, sie ist Analphabetin wie alle Frauen der älteren Generation. Während sie im Park unsere Gruppe anführt, zeigt sie mir stolz die Wunder des Fortschritts, die sie entdeckt hat (ein Münztelefon, einen Getränkeautomaten) und fragt mich, ob es in Europa auch Bäume gebe. Irgendwann findet sie dann einen geeigneten Platz für uns: hinter uns eine Hecke, die vor indiskreten Blicken schützt, vor uns ein großes Rasenstück, auf dem die Kinder spielen können. Der freundliche Achmed breitet einen Teppich auf dem Boden aus, dann bringt er uns Kissen und ein Tablett, auf dem alles steht, was man zum Zubereiten von Pfefferminztee benötigt. Danach spielt er mit Amir Fußball, und wenn der Ruf des Muezzin erklingt, entfernt er sich und begibt sich zu dem großen, mit Teppichen ausgelegten Gebetsplatz des Parks.

Mama Amina und ich liegen träge auf unserem Teppich, knabbern die hausgebackenen Sesamkekse, die sie immer mitbringt, und versenken uns schweigend in den Anblick des Sternenzelts.

Ich habe die Sterne Arabiens nie um etwas gebeten, habe mir nichts von ihnen gewünscht, und was könnte ich mir auch mehr von ihnen wünschen als ihre Schönheit und das herrliche Gefühl, mit dem Universum verbunden und Teil der Unendlichkeit zu sein? Im Frieden dieser beschaulichen Abende verliert alles, was ich bis dahin begehrte, seinen Wert für mich.

Manchmal unterhalten wir uns aber auch, Mama Amina und ich. Sie möchte mir helfen, ich tue ihr leid, weil ich arbeiten muß, um mir meinen Lebensunterhalt zu verdienen. Ich Ärmste habe ja weder einen Vater noch einen Bruder oder Mann, der für mich sorgen könnte, und – schlimmer noch als das – ich habe keine Kinder. Die anderen Araberinnen sprechen dieses Thema aus reinem Takt nicht an, sie wollen mich nicht verletzen, indem sie den Finger auf die Wunde legen. Für die befinde ich mich in der mißlichsten Lage, in der eine Frau sich nur befinden kann. Aber Mama Amina in ihrer Großmut packt den Stier bei den Hörnern und kommt ohne Umschweife zur Sache.

»Du mußt einen Araber heiraten«, sagt sie in aufmunterndem Ton. »Sprich mit der Prinzessin darüber«, rät sie mir. »Sie ist sehr gut. Du wirst sehen, sie hilft dir, jemanden aus ihrer Familie zu finden.«

»Aber Mama Amina, ich bin doch keine Prinzessin!«

»Allah steh mir bei! Wir Menschen binden und wir lösen nichts auf Erden, es ist alles Schicksal. Mach dir also keine Gedanken, laß die anderen für dich sorgen.«

»Und was soll ich deiner Meinung nach tun?« dringe ich in sie.

»Du mußt von mir lernen«, erwidert sie sanft und streichelt meine Beine. »Ich bringe dir ein paar Kniffe bei, schau her.«

Mit großer Anmut wölbt sie die Hände, hebt ihren

Gesichtsschleier an und blinzelt mir von einer Seite her kurz zu, dann läßt sie ihn wieder fallen, hebt ihn erneut und wirft mir von der anderen Seite her einen verstohlenen Blick zu. Ich sehe ihr fasziniert zu. Ihre Armreifen klimpern, während die dicht beringten, hennaroten Hände den Schleier bald auf der einen, bald auf der anderen Seite lüften, und Mama Amina wie eine erfahrene Schauspielerin jungfräuliche Scham und Schüchternheit mimt.

»Komm, mach's mir nach«, fordert sie mich mit einem freundschaftlichen Rippenstoß auf. »Die Lektion ist wichtig, du mußt sie gut lernen, mein Herz, es ist das einzige, was wir Frauen machen dürfen. Denk daran, daß du dem Mann nie dein Gesicht zeigst! Allein dein Spiel mit dem Schleier muß ihn so beeindrucken, daß er in Liebe zu dir entbrennt. Und dein Blick muß so ausdrucksvoll werden, daß er sein Herz für immer an dich fesselt. Hinter deinem Schleier verbirgt sich ein Geheimnis: Die Begierde, es zu lüften, muß ihm den Schlaf rauben. So mußt du es machen, wenn du dem *Rajul*, dem Mann, begegnest – bedecke dich immer, sonst kommt kein Gold. Um dich sehen zu dürfen, muß der Mann zuerst Gold schicken, viel Gold, sehr viel Gold. Das ist seine Pflicht. Wenn er nicht in der Lage ist, dich mit Gold zu überhäufen, dann bedeutet das, daß er nicht stark genug ist, und wenn er nicht stark genug ist, taugt er nichts, dann bringt er dich früher oder später zum Weinen und deine Augen werden nicht mehr strahlen wie diese Sterne.«

»Und du, Mama Amina, hast also einen so starken Mann?«

»Ich habe fünf Söhne und vierundzwanzig Enkel, mein Herz. Mein Mann war sehr, sehr stark. Aber jetzt«, sagt sie mit nachdenklicher Miene, »macht sein Schwanz nicht mehr richtig mit.« Sie schweigt ein paar Minuten. »Stimmt es«, fragt sie mich dann, »daß es in Europa eine Creme gibt, die ihn wieder auf Trab bringt? Ich hab's mit Tigerbalsam probiert, aber das hilft nicht. Eine Freundin von mir hat mir den Namen dieser Creme gesagt, bei ihrem Mann hat sie gewirkt.«

»Ich kenne mich da nicht besonders gut aus, aber ich glaube, es gibt so was.«

»Wenn du das nächste Mal in die Schweiz fährst, bring mir bitte so viele Schachteln mit, wie du kannst, ja?«

»Sicher, ich will sehen, was ich tun kann.«

»Oh, mein Herz, du würdest mir eine Riesenfreude machen! Ach, wenn ich es nur fertig brächte, seinen Schwanz wieder zum Funktionieren zu bringen ... Die Männer lieben und verwöhnen uns nur, so lange wir es schaffen, sie zu erregen. Deshalb müssen wir Frauen an allererster Stelle schön sein und mit unseren Reizen umzugehen wissen. Hör auf mich, mein Herz: Drei Dinge mußt du im Leben können, wenn du glücklich werden willst – erstens zu Allah beten, das ist das Wichtigste, zweitens deinen Mann beglücken und drittens Söhne gebären. Nur das zählt im Leben, glaub mir.«

Amir und ich sind zu einem Kompromiß gelangt: Wir geben beide Unterricht und zwar abwechselnd einer dem anderen. Auf den laut gebrüllten Befehl »Tafel!« hin bringen die Philippininnen eine große Tafel, eine Schulbank, Kreide, Hefte und Stifte in sein Schlafzimmer. Ich muß mich als erste in die Bank setzen und mich eine Viertelstunde lang von ihm »belehren« lassen, danach werden die Rollen getauscht. Amir bringt mir die Nummern bei: *wahed, itnen, talata, arba, khamsa, sitta*. Dann muß ich auf arabisch mein Alter, meinen Namen, meine Adresse und meinen Beruf schreiben. Er ist ein guter, wenn auch etwas cholerischer Lehrer.

»Ich bin den ganzen Tag in der Schule«, schreit er mich manchmal an, »während du faul zu Hause rumsitzt. Wenn ich nicht wäre, würdest du überhaupt nichts lernen. Also hör mir gut zu, denn hier bin ich der Lehrer: Was würdest du ohne mich machen, kannst du mir das verraten? Du glaubst, alles zu wissen, aber du weißt nichts, gar nichts. Wann begreifst du endlich, daß du dich ändern mußt?«

Es gelingt ihm schließlich, mir das arabische Alphabet beizubringen und wie man auf arabisch addiert, subtrahiert, multipliziert und dividiert. Wenn er sich neben mich stellt, um meine Fehler zu korrigieren, und das duftende Lockenköpfchen sich über mein Heft beugt, muß ich mich sehr zusammennehmen, um ihm keinen Kuß zu geben. Er ist wirklich ein wunderhübsches Kind.

Mit der Zeit hat sich eine enge Kameradschaft zwischen uns entwickelt; sie kommt mehr in Gesten als in Worten zum Ausdruck, so zum Beispiel, wenn er mich an der Hose zupft, damit ich ihm Mut mache, eine Frage auf französisch zu beantworten, oder wenn er umgekehrt mir Mut machen möchte, etwas auf arabisch zu sagen, und meine Hand drückt. Sie kommt auch in den immer wilderen Freudensprüngen zum

Ausdruck, die er bei meinem Erscheinen vollführt. In unserer Beziehung gibt es keinerlei Fluchtmöglichkeit vor intensiven Gefühlen. Wenn man in einem Harem lebt, von Mauern umgeben, so scheint es einem, als dehne sich die Gegenwart aus. Zwei Jahre in einem Harem entsprechen zehn Jahren draußen, in der »normalen Welt«. Ich habe noch nie und mit niemandem eine so totale Beziehung erlebt wie mit diesem Kind. Amir zeigt mir, wie man selbst unfreiwillige Pflichtbeziehungen letzten Endes noch angenehm gestalten kann.

Er hat sich auf einen Kompromiß mit mir eingelassen, die Regeln unseres Zusammenlebens mit mir ausgehandelt und beschränkt sich im übrigen darauf, mich gern zu haben, mich anzunehmen wie ich bin, mit allen Vorzügen und Mängeln. Dabei ist es für ihn gar nicht so einfach, mein Freund zu sein, vor allem jetzt, wo er wieder zur Schule gehen muß. Manchmal platzt er:

»Ich werde von allen ausgelacht und du bist schuld daran; wegen dir muß ich jetzt in aller Öffentlichkeit französisch sprechen und *bonjour madame* und *bonjour monsieur* sagen und diesen ganzen Quatsch, der einem Fußballspieler überhaupt nichts nützt. Für mich ist das eine Riesenschande! Was meinst du, was die Leute von mir halten, wenn ich nur noch auf dich hören und vergessen würde, daß ich Araber bin? Glaubst du, mit Französisch kann man seine Feinde in der Wüste bekämpfen? Kapier doch endlich, daß ich mich schäme, wenn du mich von der Schule abholen kommst! Merkst du nicht, daß alle dich angucken? Warum verschleierst du dich nicht wie Mama Amina? Alle fragen mich, ob du meine Mutter bist; sie finden es total lächerlich, daß ich mit einer fremden Frau französisch spreche, die noch nicht mal verschleiert ist. Ach Mann, du verstehst überhaupt nichts!«

Ich lasse ihn ausreden und umarme ihn dann, wie seine Mutter es mir beigebracht hat. »Du mußt dir vor Augen halten, daß er ein Mann ist«, hat die Prinzessin zu mir gesagt. »Du darfst ihn nicht demütigen, du mußt ihn mit Liebe im Zaum halten. Durch deine körperliche Nähe verhilfst du ihm zu einem direkten und innigen Kontakt mit dem Westen, den du ja repräsentierst, und nimmst ihm die Angst davor.«

Tatsächlich spüre ich trotz Amirs Schimpfkanonaden, daß er mich mag. Und wenn ich, entgegen meinen eigenen Zweifeln, wirklich den Westen repräsentiere, so kann die Prinzessin zufrieden sein, auch wenn die Französischkenntnisse ihres Sohnes, offen gesagt, ziemlich spärlich geblieben sind.

Andererseits hat niemand konkrete Resultate von ihm verlangt, die Prinzessin selbst hat ihm lediglich noch mehr Geschenke versprochen, wenn er brav lernt – was Amir verständlicherweise völlig kalt läßt. Und ich für meinen Teil bringe es nicht übers Herz, ihm die wenige Zeit, die ihm zum Spielen bleibt, für einen Unterricht im wirklichen Sinne wegzunehmen. Meistens beschränke ich mich darauf, in französischer Sprache mit ihm zu spielen. Das Problem ist nur, daß er viel zu wenig Zeit zum Spielen hat.

Es macht mir Spaß, als Araberin aufzutreten. Wie die Beduininnen in der Wüste habe ich mir mit Henna Ornamente auf Handflächen, Fuße und die kahl rasierte Scham malen lassen. Ich betrachte mich im Spiegel und versuche mir das Gesicht eines europäischen Mannes beim Anblick eines arabeskenverzierten Venushügels vorzustellen. Für meine Freundinnen daheim habe ich bereits dutzendweise gebrauchsfertiges Henna in Tuben gekauft. Mama Amina ist begeistert, die Prinzessin sagt nichts, betrachtet aber verwundert meine roten Hände. Als Araberin verkleidet, daß heißt von Kopf bis Fuß verschleiert, genieße ich sogar meine sporadischen Einkaufsbummel in die Stadt. Die schwarze *Abaya* trägt sich viel leichter als die Rollenmaske, mit der man bei uns im Westen herumläuft.

Einkaufengehen ist eines der großen Privilegien, die Nahime mir zugesteht. Nach Sonnenuntergang mache ich mich mit Achmed auf den Weg, der immer nach *Vetiver* duftet, immer strahlt und immer einen kerngesunden Eindruck macht. Achmed ist mein Lieblingschauffeur, der einzige, der mich überallhin bringt. Die anderen hören mir gar nicht zu, sie setzen mich einfach vor den Shopping-Centers ab, in denen die Prinzessinnen einkaufen, und lassen mich mit meiner ohnmächtigen Wut allein. Achmed ist anders, er versteht mich und begleitet mich in die Souks der Vorstädte; ich glaube, er mag es, daß ich mich für Dinge begeistere, die auch er sich leisten könnte: Kästchen aus Leder, Kamelsatteltaschen, arabeskenverzierte Lederpantoffeln, traditionelle Bronzeteekannen. Vor allem aber lasse ich mich von ihm in die volkstümlichen Goldbasare bringen, in denen er sich bestens auskennt. Ich liebe die mächtigen, langgestreckten Markthallen, schmucklos bis auf eine rund umlaufende Kette nackter Glühbirnen, in denen an zahllosen Ständen nichts als die emblematischste aller Waren verkauft wird: Gold – das Gold, mit dem die Frauen behängt sind, das Gold, mit dem man sie kauft. Schweigend, schwarz vermummt und von einem seltsamen Instinkt getrieben, wühle ich mich zum Nabel des jeweiligen Basars durch, ins Zentrum des wilden Stimmengewirrs von Frauen und Händlern, als könnte ich dem rätselhaften Saudi-Arabien dort doch noch auf die Spur kommen.

Mein Begleiter sieht es nicht gern, daß ich so tief in die Basare eindringe: Achmed hat Angst um mich. Er folgt mir mit drei Schritten Abstand, immer einen Blick vor- und einen zurückwerfend, er ist dafür verantwortlich, daß mir nichts passiert; wenn ich stehenbleibe, bleibt er auch stehen. Aber wenn ich ihn ansehe, lächelt er. Er begleitet und beschützt mich und ist folglich hier im Basar mein »Patron«. Ohne ihn wären mir die Hände gebunden. Während wir uns wortlos an den mit Gold beladenen Ständen vorbeidrängen, zeigen mir die Händler die wunderschönen, traditionellen Schmuckgarnituren, die er, der Mann, für mich kaufen müßte. Doch uns beide verbindet nicht, was sie denken – nicht Sex, sondern Angst. Meine Sicherheit und Unversehrtheit liegen völlig in seinen Händen. Ich weiß, daß außerhalb des Harems der geringste Verstoß gegen das Scharia streng geahndet wird, ein aus Versehen entblößter Fußknöchel kann da schon genügen. Wenn ich das Haus verlasse, klingen mir die grauenvollen Schilderungen der Frauen in den Ohren, die Prügelstrafen über sich ergehen lassen mußten. Vielleicht empfinden die Araberinnen es anders, vielleicht sind sie mutiger und wagen es trotzdem, das Gesetz hin und wieder zu übertreten – ich habe von heimlichen Rendezvous in eigens dazu gemieteten Wohn- oder Lieferwagen munkeln hören, aber ob an diesem Gerücht etwas dran ist, weiß ich nicht. Ich weiß nur, daß dieses ungewohnte Nebeneinander von Sex und Tod mich vor Angst lähmt.

Im Harem habe ich erfahren, daß es erlaubt ist, im Souk mit einem Mann zu feilschen, aber ich versuche, selbst diesen minimalen Kontakt zu vermeiden. In *Tausend und einer Nacht*, in den türkischen und persischen Novellen, die ich als junges Mädchen gelesen habe, fand die schicksalhafte Begegnung zwischen dem weitgereisten, vornehmen Händler und dem Mädchen mit den Taubenaugen immer auf einem Markt statt, aber seit ich weiß, daß es in Saudi-Arabien die Todesstrafe gibt, fühle ich mich so blockiert, daß ich mich nicht einmal in einen Adonis verlieben würde.

Mein einziger Kontakt zur Männerwelt ist Achmed – ein offiziell genehmigter Kontakt, da Frauen ja nicht selbst ans Steuer dürfen und er Chauffeur ist. Wenn ich in einem Geschäft einen schönen Silberrahmen sehe, der mir zu sechshundert Dollar angeboten wird, gebe ich Achmed zu verstehen, daß er mir gefällt, aber leider zu teuer für mich ist. Darauf läßt er sich auf dem mit Teppichen ausgelegten Fußboden des Geschäfts nieder, feilscht mit den Männern und spielt dabei mit seiner *Masbaha*. Nach etwa einer halben Stunde kostet der Rahmen nur noch hundert Dollar. Die Händler gratulieren mir.

»Der Mann, der Sie begleitet, ist sehr geschickt«, sagen sie. »Sie können sich glücklich schätzen.« Und ich schätze mich in der Tat glücklich: Achmed bewacht mich klug und ergeben, er riecht die *Mutawa*, noch bevor sie auftaucht; bevor er mich aus dem Wagen aussteigen läßt, kontrolliert er, ob sie nicht im Anzug ist und ob auch wirklich keine Locke Haar unter meinem Schleier hervorlugt. Wir haben ein friedliches, aber sehr enges Antimutawa-Bündnis geschlossen. Er erzählt mir, daß die *Mutawa* im Sudan lange nicht so gemein ist und fragt mich, wie ich in Genf ohne ihn zurechtkomme. Ein Leben ohne *Mutawa* kann er sich gar nicht vorstellen, er meint, daß auch die Christen ihre *Mutawa* haben. Ich weiß nicht, wie ich ihm erklären soll, daß wir früher mal eine hatten, eine, die noch viel schlimmer war als seine und Inquisition hieß, aber schon vor Jahrhunderten abgeschafft wurde.

Achmed erklärt mir auch, ich sei keine richtige Frau, weil ich nicht herumbrülle wie Nahime und Mama Amina, die eben richtige Frauen sind; außerdem gehe ich zur Bank, was Frauen nicht tun. Ich versuche erst gar nicht, ihm zu widersprechen, und wenn ich mit meiner kleinen Beute (ein Bilderrahmen, ein Dolch, eine Lederschachtel, Folkloreschmuck) glücklich den Basar verlassen habe und hinter zugezogenen Vorhängen im Auto sitze, dann drückt Achmed manchmal ein Auge zu und läßt mich ein Zigarettchen rauchen.

In diesen Augenblicken habe ich ihn wirklich sehr gern. Seine schlichte Großzügigkeit hat etwas Rührendes. Um mich glücklich zu machen, nimmt er das Risiko einer Bestrafung auf sich und beweist mir damit seine Zuneigung. Manchmal lächeln wir uns im Schutz der Todesangst, die wir beide empfinden, auch heimlich an.

Im Harem und überhaupt im ganzen arabischen Kulturraum hat man völlig andere Vorstellungen von Anstand und Sitte als im Westen. In unserem Harem beispielsweise werden viele sogenannte Untugenden geduldet: Trägheit, Unpünktlichkeit oder Schlamperei etwa, auch Notlügen, wenn sie einem guten Zweck dienen, falsche Bescheidenheit, Engstirnigkeit, Ignoranz usw. Dagegen ist es verpönt, über andere herzuziehen oder sie auch nur zu kritisieren, ungeduldig oder nervös zu sein, schnell und laut zu sprechen. Wenn man schlecht aufgelegt ist, hat man sich gefälligst in den eigenen vier Wänden aufzuhalten, bis die Laune wieder besser ist. Wer mit Arabern ein Gespräch führen möchte, muß sich ihrem Rhythmus anpassen und ihre Geduld angewöhnen, Eile wird als große Unhöflichkeit empfunden. Sie selbst widmen ihrem Gesprächspartner volle Aufmerksamkeit und tun alles, damit er sich wohl fühlt. In der Kunst des Gästeempfangens und in der Inneneinrichtung des Hauses hat Vorrang, was zur Gemütlichkeit und Entspannung des Gastes beiträgt, der heilig ist. Der Überfluß an Speisen auf ihren Tafeln ist gewollt, er soll dem Gast signalisieren, daß er wirklich ungeniert zugreifen darf, und das ist bei den Armen nicht anders als bei den Reichen. Zuneigung wird dadurch zum Ausdruck gebracht, daß man sich umarmt, auf die Wangen küßt, beim Plaudern die Hände hält und eingehakt spazierengeht – Männer mit Männern und Frauen mit Frauen, versteht sich. Großzügigkeit, Wohlsein und Bequemlichkeit werden im arabischen Alltagsleben groß geschrieben.

Um mir die Zeit zu vertreiben, bringe ich Noor Französisch bei, einem neunzehnjährigen Mädchen, das buchstäblich aus allen Nähten platzt: Sie ist einen Meter neunzig groß, hat einen unvorstellbar großen Busen und einen Poumfang von annähernd zwei Metern. Nahime zufolge ist sie in der Lage, an einem einzigen Tag Essen für fünfhundert Dollar zu verdrücken. Noor hat ein hübsches Gesicht, das stets akkurat geschminkt ist. Als Vollwaise wurde sie von einer Dienerin der Prinzessinmutter, einer ehemaligen Sklavin, adoptiert. Die Prinzessin hat sie nach ihrer Heirat zu sich genommen, um ihre Erziehung und Ausbildung zu überwachen. Noor besucht die Universität und möchte Lehrerin werden. Sie ist intelligent und sehr stolz darauf, Saudi-Araberin zu sein. Zu unseren Unterrichtsstunden bringt sie ein Heft, ein Mäppchen und einen großen Vorrat an Keksen und sonstigen Süßigkeiten mit; normalerweise trägt sie ein formloses Blusenkleid. Nachdem sie sich umständlich auf meinem Sofa breitgemacht hat, hört sie mir lächelnd zu. Einmal habe ich ihr eine Videokassette über Paris gezeigt mit allen Sehenswürdigkeiten, dem Rathaus, dem Regierungssitz und habe versucht, ihr mit einfachen Worten die französische Revolution und den Begriff »Demokratie« zu erklären. Sie hat mich verständnislos angeschaut.

»Wenn es keinen König gibt«, sagte sie, »wer regiert dann das Land?«

»Ein vom Volk gewählter Präsident«, erwiderte ich.

»Aber dann wollen doch alle Präsident werden«, meinte sie.

»Woher weiß man, wer dazu taugt und wer nicht?«

Es ist nicht leicht, sich zu verstehen. Noor lebt in einer absoluten Monarchie, im Land der Saud, wo die Politik ein Familienunternehmen ist. Vom Finanzminister bis zum Außenminister sind alle Schlüsselpositionen von engen Verwandten des Königs besetzt. Noor ist mit der Prinzessin viel in der Welt herumgekommen, sie war auch in der Schweiz, aber sie hat vor Staunen kaum noch den Mund zugekriegt, als ich ihr erzählte, daß wir Schweizer Gebirgler schon im Jahr zwölfhunderteinundneunzig beschlossen haben, unser Oberhaupt durch Handhebung zu wählen, und daß die Reichen und Adligen in unseren Bergen zwar Urlaub machen und ihr Geld lassen dürfen, keinesfalls aber herrschen.

In Saudi-Arabien gehen achtzig Prozent der Mädchen zur Schule, aber in welche Art von Schulen! Weder die Evolution noch Freud oder Marx dürfen im Unterricht behandelt werden, die westliche Philosophie und Musik sind ebenfalls tabu. Daß Mädchen überhaupt das Recht zum Schulbesuch haben, ist König Feisal zu verdanken oder vielmehr seiner vierten und letzten Frau Iffat, einer entfernten türkischen Kusine. Als Frau von starkem Charakter brachte sie es fertig, daß sich der König nach ihr nicht wieder verheiratete (ein beachtlicher Erfolg, wenn man bedenkt, daß die zweiundvierzig Söhne von Abd el-Asis Ibn Saud zusammen zirka eintausendvierhundert Anvermählte hatten) und daß er, wie gesagt, Schulen für Mädchen einrichtete. Wegen des wütenden Protests der Traditionalisten mußte das Recht der Frauen auf Schulausbildung anfangs von der Nationalgarde verteidigt werden. Das ist heute nicht mehr der Fall, aber sonst hat sich die Lage der Frauen seit den Zeiten Iffats kaum verändert: Sie sind ans Haus gefesselt wie in keinem anderen muslimischen Land. (Im Iran kann eine Frau beispielsweise jedes öffentliche Amt, einschließlich der Ministerien, bekleiden.) Trotzdem ist Noor, wie die meisten Araberinnen, überzeugt, daß die eigentlich Bemitleidenswerten wir Frauen aus dem Westen sind. Erstens, weil wir arbeiten müssen, und zweitens, weil wir von unseren Männern verlassen werden können, obwohl wir ihnen Kinder geboren haben. Ein Araber, sagt sie, würde der Mutter seiner Kinder niemals Schutz und Unterhalt entziehen. Noor mag die Vereinigten Staaten, sie findet, daß es dort schöne Geschäfte gibt, aber in Riad ist sie glücklicher. »So, wie es dir in deiner Heimat besser gefällt, lebe ich lieber hier im Palast«, sagt sie gelassen. Um ihre Zukunft braucht sie sich keine Sorgen zu machen: Die Prinzessin hat versprochen, sich um ihre Aussteuer zu kümmern und ihr einen guten Mann zu suchen, sobald sie mit der Universität fertig ist. Noor beschäftigen andere Fragen und Probleme: Wie ist die Hochzeitsnacht? Sind die Schmerzen auszuhalten? Wie lange braucht der Mann? Muß man sich ausziehen und nackt von ihm anschauen lassen?

Daß ich Europäerin bin, gibt ihr den Mut, mich diese Dinge zu fragen; Bücher über Aufklärung existieren in diesem Land nicht. Ich gebe ihr beruhigende, aber ziemlich knappe Antworten. Es wird Nahimes Aufgabe sein, Noor vor der Hochzeit das Notwendigste zu erklären. Übrigens graut es Nahime schon heute vor dieser Pflicht, die normalerweise einer älteren, bereits verheirateten Schwester zufällt.

Die junge Noor ist also sehr wißbegierig, manchmal stellt sie mir aber auch total absurde Fragen.

»Was, du trägst keinen Unterrock?« rief sie gestern aus und riß ihre großen, haselnußbraunen Augen auf. »Und was machst du, wenn du deinen Rock verlierst?«

Ja, das sind die Probleme eines Mädchens, das in der Lage ist, an einem einzigen Nachmittag fünftausend Dollar für Parfums auszugeben.

Ich werde von Aida angerufen: Eine fliegende Händlerin aus Oman hat die Prinzessin soeben eine Musterkollektion handbestickter, ägyptischer Bettwäsche vorgeführt. Ob ich sie mir auch anschauen möchte? Ich sage begeistert zu. Zwar habe ich keinerlei Bedarf an bestickter Bettwäsche, aber im Harem freut man sich über jede Abwechslung.

Zehn Minuten später klopft die Händlerin an meine Tür, Carina trägt ihr die *Abaya* und die Tasche mit der Musterkollektion nach.

»Salam aleikum!« sagt sie und reicht mir die Hand mit den blaßrosa lackierten Fingernägeln. »Ich bin Jauhara.« Sie ist Mitte Dreißig und im Stil der klassischen arabischen Geschäftsfrau gekleidet: langärmelige weiße Spitzenbluse mit Goldstickereien, knöchellanger Glockenrock aus gemustertem Baumwolljersey, hochhackige Schuhe.

Auf meine Aufforderung hin, läßt sie sich auf dem Sofa nieder und überkreuzt die Beine. Sie sieht ganz nett aus, wenn auch ein bißchen vulgär aufgrund der vielen Schminke; ihr schulterlanges Haar ist toupiert. Lächelnd nippt sie an dem arabischen Kaffee, den Baby uns serviert. Jauhara gibt sich ungezwungen und man merkt, daß sie es gewohnt ist, mit Menschen umzugehen.

»Ich bin auf handbestickte Bettwäsche und Nachthemden spezialisiert«, sagt sie und öffnet ihre große Tasche. »Die gefallen dir bestimmt, sie sind sehr schön, die Prinzessin hat auch ein paar gekauft. Ich bin viel in den Golfstaaten unterwegs und habe eine sehr erlesene Kundschaft.«

Sie zieht einen Katalog aus der Tasche; ich setze mich neben sie, um ihn anzuschauen. Die Fotos sind gräßlich, die beigefügten Stoffmuster dagegen wunderschön: feinste ägyptische Baumwolle mit kunstvollen Stickereien. Jauhara verströmt einen ziemlich penetranten Geruch. Schminke, Haarspray und Parfüm vermischen sich zu einer Duftnote, die nicht besonders gut ist, aber etwas sehr Anziehendes hat. Ich rieche Orangenblüten, Ambra und Vanille heraus.

»Was für ein Parfüm benützt du?« frage ich sie aus Neugier.

»Ich kenne es nicht.«

»Das ist mein persönlicher Duft«, erwidert sie stolz und kramt einen kleinen Flakon aus ihrer Handtasche, um mich probieren zu lassen. »Den stellt ein Parfümeur in Katar für mich her.«

Ich spritze mir ein wenig aufs Handgelenk. »Riecht ein bißchen wie *Amourage*.«

»Nein, *Amourage* kriegt man nur in Oman, und außerdem kostet es mehrere tausend Dollar.«

»Na ja, deines ist auch sehr sexy.«

»Alle Parfüms sind sexy«, erwidert sie und lacht vergnügt.

»Du kennst die Geschichte von Musailima, oder?«

»Nein, die hat mir noch niemand erzählt.«

»Dann tu ich es.« Sie stopft sich ein paar Kissen in den Rücken, streckt bequem die Beine aus und beginnt zu erzählen:

»Es heißt, nach dem Tode des Propheten sei ein Betrüger, ein gewisser Musailima, im Land umhergezogen und habe sich damit gebrüstet, die Gabe der Weissagung zu besitzen und dem Propheten gleich zu sein. Eine Frau namens Sheja et Temimia vom Stamm der Beni-Temin behauptete zur gleichen Zeit dasselbe von sich. Diese Frau war sehr mächtig, und als sie von Musailima erfuhr, beschloß sie, ihn zu entlarven. Sie schrieb ihm also einen Brief, in dem sie ihn zu einer Gegenüberstellung im Beisein aller Schüler herausforderte, und machte sich sodann bewaffnet auf den Weg zu seinem Lager. Als Musailima den Brief las, glaubte er sich verloren, denn er ahnte, daß diese Frau sich in den Lehren des Propheten tausendmal besser auskannte als er. Doch ein Ratgeber tröstete ihn: ›Hör auf mich und du entrinnst jeder Gefahr‹, sagte er zu ihm. ›Morgen früh läßt du vor der Stadt ein Zelt aus feinstem Brokat aufstellen und legst es mit wertvollen Teppichen und weichen Seidenkissen aus. Dann füllst du es mit duftenden Blumen, mit Rosen, Jasmin, Hyazinthen, Nelken und Orangenblüten. Hier und da versprühst du etwas Moschus und Ambra, und in goldenen Weihrauchampeln verbrennst du grüne Aloe, aromatischen Kardamom und kostbare Baumharze. Das Zelt muß aber dicht sein, damit die duftenden Essenzen nicht entweichen. Wenn der Duft so stark ist, daß er das Wasser in den Krügen schwängert, bittest du die Prophetin herein, nur sie allein, und emp-

fängst sie parfümiert und in Seide gekleidet.‹ Musailima tat, wie ihm geheißen, und als die Prophetin das
Zelt betrat, war sie augenblicklich so berauscht von all
den Düften, daß ihr religiöser Eifer sich auflöste wie
Salz im Wasser; ihr Verstand umnebelte sich, ihr Körper wurde von heißem Verlangen ergriffen, die Wangen röteten sich, die Augen schwammen und sie keuch-
te vor Begehren. Als Musailima sie in diesem Zustand
sah, begriff er, daß sie mit ihm schlafen wollte und sagte: ›Komm und laß dich von mir besitzen, denn dieses
Zelt wurde nach meinem Willen allein zu diesem
Zwecke eingerichtet. Such dir die Stellung aus, die dir
am besten gefällt: auf dem Rücken liegend, auf allen
vieren oder auf meinem Schoß. Sag mir nur, wie du es
möchtest, und dein Wunsch ist mir Befehl.‹ ›Ich möchte es in allen Stellungen machen‹, erwiderte die Prophetin, so daß Musailima sich augenblicklich auf sie
stürzte und sie sich aneinander ergötzten, wie es ihnen
gefiel. Später teilte die Prophetin ihren Schülern mit,
daß sie beschlossen habe, Musailima zu glauben, und
heiratete ihn. Du siehst also«, schloß Jauhara lächelnd,
»Parfüme sind gefährlich.«

»Und du willst mit deinem Parfüm wohl auch die
Kunden um den Verstand bringen, was?« sage ich scherzend.

»Alle meine Kunden sind Frauen«, erwidert sie
lachend.

»Apropos … Du bist in so vielen Harems herumgekommen, da kennst du doch bestimmt den Geschmack
der Frauen: Was ist für eine Saudi-Araberin der ideale
Mann?«

»Ich lache inzwischen schon, wenn sie es mir sagen:

Fast alle Mädchen möchten einen Piloten oder Diplomaten heiraten, um aus dem Land hinauszukommen; im Ausland könnten sie selbst Autofahren, und das ist ihr großer Traum.«

»Und was für Eigenschaften müßte der Mann noch haben?«

»Er müßte nett sein, leidenschaftlich, reich und ...«

»Und?«

»Und ein guter Liebhaber«, grinst Jauhara, »mit einem anständigen Gemächt und kräftigen Pobacken. Wie könnte er sonst mehrere Frauen befriedigen und ihnen viele Kinder machen? Aber die Bettwäsche zählt auch, glaube mir. Schöne, duftende Leintücher können Wunder bewirken. Fühl mal, wie weich die hier sind.«

Ich blättere schmunzelnd in ihrem Katalog.

»Für die arabische Frau ist die Wahl der Dessous sehr wichtig«, raunt Jauhara, während ich mir die Fotos der Nachthemden ansehe. »Die Dessous sind das geheime Laster vieler Prinzessinnen. Sie haben traumhafte Nachthemden und Morgenröcke, sie besitzen ganze Berge davon, deshalb mache ich ja so gute Geschäfte. Die Begegnung mit dem Mann ist für sie kein Spiel, sondern eine große Herausforderung. Wenn sie es nicht schaffen, ihren Mann zufriedenzustellen, kann er sie jederzeit verlassen und sich eine andere, jüngere Frau nehmen. Es gibt auch heute noch Männer, die ihre Frauen aus den geringsten Anlässen verstoßen. Davon abgesehen ist der Geschlechtsverkehr das Mittel zur Mutterschaft, und die ist für die Prinzessinnen das Wichtigste im Leben; sie arbeiten ja nicht, ihre einzige Aufgabe ist es, zu gefallen und Kinder zu gebären, deshalb betrachten sie es als völlig normal, sich lange und gründlich auf die Liebesbegegnung vorzubereiten. Jede Frau strebt danach, so verführerisch wie möglich zu sein. Sie lassen sich massieren, schminken, frisieren, und das nimmt alles sehr viel Zeit in Anspruch; allein die Auswahl des Nachthemds und der Pantöffelchen kann Stunden dauern. Man beratschlagt sich unter Freundinnen, das ist uralte Sitte; die jungen Prinzessinnen möchten allerdings fast alle wie Hollywoodstars aussehen, um modern zu sein. Sie lassen sich à la *Dynasty* schminken und tragen Nachthemden mit Schleppe.«

»Schade, daß du keine BHs hast«, sage ich zu ihr. »Davon würde ich dir gleich ein paar abkaufen. In Riad gibt's die nur in Kaufhäusern, wo man von Männern beraten wird, und das ist mir dann doch zu peinlich.«

Jauhara kichert. Am Ende kaufe ich ihr aus purer Sympathie eine Garnitur Bettwäsche ab.

Als sie wenig später auf ihren hohen Absätzen davonwackelt, sehe ich ihr lächelnd nach. Ich verstehe beim besten Willen nicht, was die Araberinnen an diesen halsbrecherischen Stelzen finden, die hier fast alle tragen. Auch weil es nichts Häßlicheres gibt als hochhackige Schuhe von schlechter Qualität, ausgetreten und mit nach oben gebogener Spitze, richtige Latschen – zumal an Füßen, die von Natur aus breit sind, weil sie den Vorfahren dazu dienten, barfuß Sanddünen zu erklimmen.

Amir lädt mich zum Essen ein, er bringt mich ins *Pizza Hut*. Das ist zwar nicht gerade der Ort, den man sich von einem Prinzen erwartet, aber ich freue mich trotzdem. Diesmal sind wir alleine. Wir brechen stillschweigend unser Abkommen und reden englisch miteinander. Amir schüttet mir sein Herz aus: Die Schule macht ihm Sorgen; im Umgang mit Computern, in Rechnen und Englisch ist er gut, aber mit dem Arabischen hapert es. Mich wundert das eigentlich nicht, denn daheim sprechen alle nur Englisch: er mit seinen Eltern, und seine Eltern unter sich.

Kurz nachdem ich in meine Villa zurückgekehrt bin, erhalte ich einen Anruf: Der kleine Prinz möchte mich augenblicklich sehen. Ich stürze los. In seiner Suite, die ganz in Himmelblau gehalten ist – Farbe der Ewigkeit und des Glücksvogels – herrscht eine seltsame Stille. Der Korridor, die beiden Bäder, von denen eines mit Fußbällen angefüllt ist, der Playroom, das Eßzimmer, die drei Räume, die als Spielzeuglager dienen, und sein Schlafzimmer sind wie ausgestorben.

Ich fange schon an, mir Sorgen zu machen, als Amir mich hinterrücks überfällt. Er habe sich hinter einem Diwan versteckt. Brüllend stürzt sich mein Wüstenlöwe auf mich, wirft mich zu Boden und zerfetzt mich, wild und glücklich.

Königliche Ferien

»*Jella! Jella*!« hat Nahime geschrien, während sie auf meine Villa zugerannt kam. »Pack die Koffer, übermorgen fliegst du für drei Monate nach Kairo, die Familie will dort ihre Winterferien verbringen.«

Ich werde über Meere und Kontinente verfrachtet, ohne den geringsten Einfluß darauf zu haben, aber auch – und das finde ich phantastisch – ohne einen Finger rühren zu müssen. Das Flugzeug, in dem wir unterwegs sind, eine Boeing 747, ist bequemer als ein fliegender Teppich. Es ist wahrhaftig eines Königs würdig: Man steigt vorn ein, durchquert zwei Räume voll technologischer Wunder, in denen auf verschiedenen Monitoren Flugroute, Wetterbedingungen und der gesamte Flugverkehr des umliegenden Luftraums abgelesen werden können, und betritt sodann die Suite des Prinzen und seines Harems: Salons, Aufenthaltsräume, Speise- und Schlafzimmer, Bäder. Im hinteren Teil der Maschine befindet sich eine besonders luxuriöse erste Klasse für das männliche Begleitpersonal.

In achttausend Metern Höhe knabbere ich in einem kleinen Salon Feingebäck und trinke frisch gepreßten Walderdbeerensaft, während ich darauf warte, in den

Speisesaal eingelassen zu werden, um an Bruyèreholz-tischen mit Spitzendecken und englischem Tafelsilber das Abendessen einzunehmen. Die Einrichtung ist in perfekt aufeinander abgestimmten Blau- und Grün-schattierungen gehalten und von einem geradezu blen-denden Luxus.

Mit Einbruch der Nacht ziehe ich mich in meine fliegende Kabine zurück, lege mich aufs Bett und betrachte still die schmale Mondsichel über dem Roten Meer.

Nach der Landung in Kairo wartet der Prinz im blau-en Salon der Maschine, bis alle Frauen zum Ausstieg bereit sind. Bei einer so zahlreichen Familie ist die Geduld eine Pflicht. Ihn scheint die Warterei nicht zu stören: Er sitzt aufrecht da, ein Lächeln auf den Lip-pen, die Augen in die Ferne gerichtet. Als die Prinzes-sin, von ihren Dienerinnen gefolgt, perfekt geschminkt und in einem schönen langen Kleid aus blauem Sei-denkrepp, aus ihrer Kabine tritt, erhebt er sich lang-sam. Bei Allah, er ist wirklich schön, unser Prinz. Indem er sich mit einer Hand die kostbare graue *Gellaba* mit den Goldstickereien zuhält, schreitet er auf den Aus-gang zu. Wir, seine Familie, müssen hinter ihm gehen. Ich habe Mühe, Amir zurückzuhalten, der am liebsten alle überholen würde.

Der Flughafen ist wegen unserer Ankunft teilweise geschlossen worden. Mit Mächtigen reisen, heißt unsichtbar werden. Absperrungen und weiße Segel-tuchbarrieren verbergen uns vor den Blicken der ande-ren Passagiere. In einer VIP-Lounge wird der Prinz vom saudischen Botschafter willkommen geheißen. Als wir

das Flughafengebäude verlassen, sind wir plötzlich von
Agenten des Sicherheitsdienstes umringt. Im Nu hat
jeder von uns vier Leibwächter zur Seite; ich kann
deutlich ihre Spannung spüren; nach vielen Monaten
friedlichen Haremslebens finde ich sie fast unerträglich. Mit heulenden Sirenen setzt sich unser Konvoi,
aus dreißig, vierzig Fahrzeugen bestehend, in Bewe-
gung. Der Flughafen liegt am Rand der Wüste, je weiter wir uns davon entfernen, desto dichter wird der
Verkehr. Im Stadtzentrum ist er katastrophal, der Smog
ebenfalls. Während mir vom Lärm der Sirenen fast die
Trommelfelle platzen, bahnen uns die Männer des
Begleitschutzes gewaltsam einen Weg durch das
Gewirr von Bussen, Autos, Fahrrädern, Motorrädern
und Eselskarren, das die Straßen verstopft. Der Himmel über der Stadt ist grau, doch brechen immer wieder dicke Sonnenstrahlen durch, die staubumwölkte
Baustellen in gelbes Licht rauchen. Mir kommt es vor,
als habe Allah uns in Riad verlassen. Am liebsten würde ich auf der Stelle in meinen ruhigen Harem
zurückkehren.

Im Hotel, in dem die obersten Etagen für uns reserviert sind, herrscht das totale Chaos. Während die Dienerinnen entlang den Wänden Hunderte von Pla-
stiktaschen aufeinanderhäufen, und die Prinzessin, eine
Kiste mit Schlüsseln auf dem Schoß, die Zimmer verteilt, spazieren in den Korridoren die Hammel herum,
von denen keiner weiß, wo sie untergebracht werden
sollen. Amir tobt, die Beduininnen kreischen, unsere
Leibwächter gehen nervös auf und ab. Keiner weiß so
recht, was er tun soll, nicht einmal der Sekretär des

Prinzen, der in einem Sessel sitzt und geduldig auf Order wartet. Er muß mir meine Ratlosigkeit wohl in den Augen ablesen, denn er sagt mit einem traurigen Lächeln: »Ich warte seit achtzehn Jahren.«

Das Abendessen wird heute in der Suite des Prinzen eingenommen, in der es drunter und drüber geht. Wir essen *Kabsa*, und zwar alle aus einer Schüssel, die Prinzessin mit eingeschlossen. Der Tisch ist mit umgestürzten Wassergläsern übersät, Amir spielt nebenbei Fußball und rings um uns herum türmen sich Kisten und Koffer. Als ich endlich in mein Zimmer im siebenundzwanzigsten Stock komme, sehe ich dort Baby, die einen Walkman in den Ohren hat und wie besessen Rock 'n Roll tanzt – ich fürchte, sie hat eine hysterische Krise. Am nächsten Morgen werde ich beim Frühstück von zwei Bodyguards bewacht, die neben meinem Tisch stehen. Durchs Fenster sehe ich auf Kairo hinunter, es ist gelblich-grau, so weit das Auge reicht, und das Auge reicht bis hinaus zu den Pyramiden am Rande der Wüste. Hunderte von Wolkenkratzern, Kuppeln und Minaretten zeichnen sich gegen den bleiernen Himmel ab. Der Nil, der direkt unterm Hotel vorbeifließt, enttäuscht mich; er hat die schmutzige Farbe von Schlamm. Ich fühle mich unwohl. Diese Männer mit ihren Pistolen stören mich.

Schicksalsergeben lausche ich Nahimes Instruktionen: Ich kann mich innerhalb des Hotels frei bewegen, als Europäerin darf ich sogar in die Cafés hinuntergehen; die Restaurants sind allerdings tabu. Aus Gründen der Reinheit und Hygiene darf ich, wie alle, ausschließlich die Speisen unserer aus Riad mitgebrachten Köche essen. Ich frage mich müde, woran ich eigentlich noch erkranken könnte. Im Harem habe ich bald jede Woche irgendeine Spritze oder Injektion bekommen; ich glaube, ich bin gegen alles geimpft worden, wogegen man überhaupt geimpft werden kann, angefangen von Cholera und Meningitis über Hepatitis bis hin zum Typhus.

Und doch gewöhne ich mich allmählich auch an das Leben in Kairo. Unsere täglichen Ausritte in die Wüste, der Wind in meinem Gesicht, Amir, der auf seinem Esel vor Freude jauchzt, geben mir den inneren Frieden zurück. Erst wenn hinter der Sphinx die Sonne untergeht, kehren wir glücklich und erschöpft in die Stadt zurück. Abends gehe ich manchmal in Begleitung meiner Leibwächter in eines der vielen Bauchtanz-Cafés: riesige, volkstümliche Lokale mit Sägemehl auf dem Boden, in denen es nach Zigarettenrauch und Essen stinkt.

Die Prinzessin begleitet uns heute zu den Pyramiden, und Amir ist darüber außer sich vor Freude. Er hat nicht oft Gelegenheit, mit seiner Mutter zusammen zu sein. Während die arabischen Großmütter ihre Enkel nämlich dauernd um sich herum haben wollen, delegieren die Prinzessinnen die Erziehung ihrer Kinder an Gouvernanten; sie meinen, das sei moderner. Unser heutiger Ausflug gleicht einer halben Völkerwanderung: Neben Amir, Muhammad und Ali kommen noch sieben, acht Kinder aus Kairo mit, mehrere Damen, Carina, Baby und ein ganzes Heer von Leibwächtern. Wir fahren den Nil entlang, überqueren die Brücke von el-Gizah und gelangen ins gleichnamige Stadtviertel; im Schrittempo quälen wir uns durch eine

Straße namens Sharia el-Haram, rechts und links ragen Hochhäuser und Wolkenkratzer auf, der Lärm ist ohrenbetäubend, der Verkehr chaotisch; Autos, Menschen, Tiere, alles wimmelt durcheinander. Kairo durchqueren zu müssen, ist für mich die reinste Tortur, vor allem wegen des Krachs – und es sind nicht nur unsere Sirenen, sondern die Preßlufthammer und Baumaschinen, die hier an jeder Ecke dröhnen. Ich habe den Eindruck, in dieser Stadt wird ständig gebaut.

Die Prinzessin schüttelt den Kopf: »Schau dir das an ... Wie die Demokratie ein Land verdirbt«, sagt sie nachdenklich.

»Diese schmutzigen Straßen und diese Armut gibt es bei *uns* nicht. Seit Ägypten keinen König mehr hat, geht es mit dem Land bergab.«

Ich lächle und widerspreche ihr nicht. Als ich in Arabien ankam, dachte ich, sie und die anderen Prinzessinnen würden sich dafür interessieren, was außerhalb ihres Landes und jenseits der Mauern ihres Harems passiert, aber ich habe mich geirrt, es interessiert sie nicht die Bohne. In Gesprächen mit ihnen habe ich begriffen, daß sie von der Welt, aus der ich stamme, herzlich wenig halten: Paris ist arm und schmutzig, Madrid ist arm und schmutzig, ganz Europa ist mehr oder weniger arm und schmutzig und seine Bewohner sind bedauernswerte Geschöpfe. Warum sollte sie da für Kairo eine Ausnahme machen?

Die Prinzessin würde die Wagenvorhänge, selbst wenn sie könnte, nicht zurückziehen. Sie möchte das Elend nicht sehen, es erregt Mitleid in ihr, keine Schaulust. Von allen europäischen Städten kann sie bestenfalls Genf etwas abgewinnen, weil es einigermaßen sauber und grün ist, und darüber hinaus der einen oder anderen Stadt in den USA.

Unter Sirenengetöse erreichen wir die Pyramiden. Das gesamte Areal ist bereits von der Polizei abgesperrt worden. Aus dem Kombi, der neben der Limousine mit den zugezogenen Vorhängen gehalten hat, steigen die Kinder aus; ich geselle mich zu ihnen. Verblüfft betrachten wir die Absperrgitter mitten in der Wüste. Ein scharfer Wind bläst uns Sand ins Gesicht. Unter dem wachsamen Blicken vieler bewaffneter Männer mieten wir Reittiere, dabei geht es wie immer recht lautstark zu. Amir, Ali und ich wählen Pferde aus, Muhammad und die anderen Kinder Kamele, die Damen, die lange Kleider tragen, nehmen in Kutschen Platz. Schließlich reiten wir auf Pisten aus gestampfter Erde zu den Pyramiden der Königinnen und von dort in die Wüste hinaus. Alles schreit, johlt und jauchzt. Die Limousine der Prinzessin folgt uns. Amir strengt sich unglaublich an, er möchte seiner Mutter zeigen, wie gut er mit seinen sieben Jahren schon reiten kann. Nach kurzer Zeit öffnen sich die grauen Vorhänge der Limousine einen Spalt breit, eine Hand winkt uns zu, doch dann wendet der Wagen und braust, von den Fahrzeugen der Eskorte begleitet, nach Kairo zurück. Kein Kuß, kein Wort, kein Blick, nur ein Winken. Amir sieht seiner Mutter mit schwimmenden Augen nach und bringt kein Wort über die Lippen. Mein armer kleiner Prinz ... von einem Pferd zum anderen kann ich ihn nicht einmal umarmen. Ich schweige, wir schweigen alle. Amir schaut mich an, er zieht die Augenbrauen zusammen, während der Wind seine schwarzen Locken zerzaust.

»Jetzt zeige ich dir mal, daß ich schneller reite als du«, sagt er wütend.

»Laß sehen«, erwidere ich aufmunternd.

Wir preschen im Galopp davon. Das geringste, was ich heute für ihn tun kann, ihn gewinnen zu lassen und am Abend alle seine Launen zu ertragen.

»Ich will deinen blöden Quatsch nicht hören«, sagt er, als ich ihm ein Märchen vorlesen möchte. »Heute abend erzähle *ich* dir eine Geschichte.«

»Schieß los!«

»Vor langer, langer Zeit lebte in einer Wüstenoase ein kleiner Junge, der war sehr schlau und mutig. Eines Tages stand er am Brunnen der Oase, da sah er auf einem schwarzen Pferd einen schrecklichen Räuber heranreiten, einen von denen, die Kinder entführen und verkaufen. Der Junge hat sich schnell eine List ausgedacht und angefangen zu weinen. ›Warum klagst du, mein Herzchen?‹ höhnte der Räuber und ritt grinsend auf ihn zu. ›Ich bin zum Brunnen gekommen, um das Schwert meines Vaters zu waschen‹, erwiderte der Junge unter Tränen. ›Es ist sehr wertvoll, sein Griff und seine goldene Scheide sind über und über mit Edelsteinen besetzt. Meine Familie besitzt nur dieses Schwert, es ist alleine so viel wert wie eine ganze Karawane. Jetzt habe ich es in den Brunnen fallen lassen, wie soll ich meinem Vater bloß wieder unter die Augen treten?‹ Als der Räuber die Worte des Jungen hörte, stieg er augenblicklich vom Pferd und blickte in den Brunnen hinab, der sehr tief war. ›Keine Sorge, ich hol dir dein Schwert wieder rauf‹, sagte er. ›Du mußt mir nur helfen, halte gut das Seil des Schöpfeimers fest, damit es nicht vom Rad rutscht, während ich mich daran hinunterlasse.‹ Der Junge nickte und wischte sich die Tränen ab. Aber kaum war der Räuber über den Brunnenrand geklettert, da ließ er das Seil fahren, so daß der Bösewicht ins Wasser stürzte. Dann schrie er so laut, daß alle Dorfleute zusammenliefen, und bald darauf war der Räuber in Ketten gelegt. Als die Mutter des Jungen erfuhr, wie tapfer er gewesen war und wie er den gefährlichen Räuber durch seine Klugheit überlistet hatte, drückte sie ihn fest an sich. ›Du füllst mein Herz mit Freude, lieber Sohn‹, sagte sie zu ihm. ›Du wirst der Löwe dieser Wüste sein, ihr unangefochtener Herrscher, und keiner, keiner wird je so stark und mutig sein wie du.‹«

Man hat beschlossen, daß Amir in Kairo ohne mich auskommen kann und daß ich eine Zeitlang Urlaub nehmen soll. Zu diesem Zweck bin ich Nissreen anvertraut worden, einer Fremdenführerin, deren Vater für den Prinzen arbeitet. Nissreen ist ein hübsches, vollschlankes Mädchen mit langem, glattem Haar. Morgens kommt sie mich mit umgehängtem Handtäschchen in Jeans und Benetton T-Shirt abholen – hierzulande übrigens der Look der Reichen. Offiziell besichtigt sie mit mir die Museen und Kunstdenkmäler der Stadt, heimlich ist sie die Komplizin meiner unschuldigen Abenteuer.

Dank ihr lerne ich das alte Kairo kennen, das sich am rechten Nilufer erstreckt. Die Mauern des antiken römischen Kastells von Babylonia, die es ursprünglich umgürteten, stehen zum Teil noch, und man betritt es bis auf den heutigen Tag durch ein römisches Tor, das von zwei mächtigen Türmen flankiert wird. Dort in der Altstadt zeigt Nissreen mir die Abu-Sarga-Kirche, in deren Krypta sich der Legende nach einen Monat lang Maria mit dem Jesuskind auf der Flucht nach Ägypten versteckt haben soll. Wenige Schritte von hier entfernt, hinter der koptischen Sitt-Miriam-Kirche und ganz nahe beim koptischen Museum, steht die Keniset-Eliahu-Synagoge, die bedeutendste Synagoge Ägyptens; hier soll der Prophet Elias erschienen sein, soll Moses gebetet haben. Nordöstlich vom koptischen Museum, ebenfalls ganz in der Nähe, befindet sich auch die älteste Moschee der Stadt, die Amr-Ibn-el-As Moschee.

Das ist genau das Kairo, das ich liebe: das historische Kairo, in dem so viele Kulturen ihre Spuren hinterlassen haben, das Tor zum Orient. Es gefällt mir hundertmal besser als die Pyramiden und das wuchtige Ägyptische Museum, in dem sämtliche Scherben der pharaonischen Zeit angehäuft sind: der ideale Ort zum Selbstmord und es sollte mich nicht wundern, wenn sich hier (vielleicht nach dem Anblick einer mumifizierten Katze) tatsächlich der eine oder andere über die Balustrade schwingt. Gegen Abend überrede ich Nissreen meistens dazu, ins Gassengewirr der Altstadt einzutauchen, was unsere Leibwächter, die Ärmsten, jedesmal in helle Panik versetzt.

Wir stöbern in Antiquitätenläden entlang der el-Badestane herum, bis wir im alten Souk, Khan el-Khalili, landen; wir suchen bei der Ashraf-Bars-Bey-Moschee nach Amuletten und Parfümen; wir gehen in alte Konditoreien, in abgetakelte Restaurants oder in

Buchantiquariate, um alte esoterische Schriften aus-
zugraben. Im Dämmerlicht des frühen Abends gefallen sie mir am besten, die Altstadtgassen mit den
dampfenden Ölkesseln der Fritüre-Verkäufer und dem
Geruch nach Gewürzen, vor allem nach Kreuzkümmel. Ich staune immer wieder über die Sanftheit der
Frauengesichter, denen wir begegnen, ihre leuchtenden
Augen in den dunkel umschatteten Höhlen; die Männer, die in den Cafés sitzen, folgen ihnen mit schrägen,
bisweilen gierigen Blicken. Auch ich könnte sie stundenlang betrachten, diese Frauen und ihre ausladen-
den Körper, die liebevoll und schicksalsergeben alles in
sich aufnehmen; mit weichen Hüftbewegungen schreiten sie dahin, an jeder Hand geduldig ein paar Kinder
führend, Fleisch ihres Fleisches.

Manchmal ist es schon Nacht, wenn wir von den
Basaren in unser Hotel am Nil zurückfahren und dabei
auf der Salah Salem die Totenstadt durchqueren; dann
sehen wir vor uns die Zitadelle mit dem Moquattam-
Turm und die en-Nasir-Moschee aufragen, sie sind in
gleißendes Flutlicht getaucht; um uns herum die Grä-
ber und Moscheen der Totenstadt dagegen werden nur
von einzelnen Lämpchen erhellt, ansonsten herrscht
Finsternis. Das immense, dunkle Areal, das beinahe so
groß ist wie die hektische Zehn-Millionen-Stadt der
Lebenden, dieses *Memento mori* gigantischer Ausmaße
übt eine ungeheure Faszination auf mich aus. Der Kontrast zwischen Licht und Finsternis und der Gesang
der Muezzin, die von den Minaretten zum letzten
Abendgebet aufrufen, ist so beeindruckend, daß alle
im Wagen verstummen.

Zurück im Hotel besuche ich Amir, bevor er schlafen geht. Er berichtet mir, was er tagsüber gemacht hat, erzählt mir von seinen Ausritten und den Kamelen, die er gesehen hat, und schimpft mit mir: Ich sei eine Schlampe, weil ich ohne *Abaya* in Hosen auf der Straße herumlaufe und mit fremden Männern herumschäkere.

»Allah wird dich strafen«, poltert er. »Ich weiß, daß du nachts runtergehst, in die Tanzcafés, und mich alleine läßt. Und daß du tanzt, bis du umfällst. Du benimmst dich nicht, wie Mama Amina es dir beigebracht hat. Aber jetzt reicht es, morgen kommst du mit mir zu den Pyramiden.«

»Okay, Amir, wie du möchtest«, erwidere ich und küsse ihn, obwohl ich weiß, daß er das haßt. Er hat unglaubliches Heimweh nach Mama Amina, die in Riad zurückbleiben mußte. Man schämt sich ihres Geschreis und ihrer Manieren, aber sie ist der einzige Mensch, der Amir seit seiner Geburt stets nahe gewesen ist. Sie ist diejenige, die er liebt, diejenige, die ihm immer den Gutenachtkuß gibt und hundert Fußbälle auf einmal schenkt und beim Einschlafen seine Hand hält. Nur ihr glaubt er – und Gott, Mama Aminas großem Freund.

Wir gehen oft in den Country Club, den der Prinz uns empfohlen hat. Er ist der Treffpunkt der alten Aristokratie, untergebracht in einem staubigen, ockerfarbenen Kolonialstilgebäude aus den zwanziger Jahren mit einem windschiefen Portikus und knarrenden Holzfensterläden. Man erreicht ihn über eine lange Palmenallee, rechts und links davon sind die Sportanlagen: Tennisplätze, Aschenbahnen, Reitbahnen, alles seit langem nicht mehr benützt und unkrautüberwuchert. Nur Cricket wird noch gespielt, und zwar von greisen Ägyptern in hellen Leinenanzügen mit Knickerbockers.

Die Kellner, auch sie steinalt, tragen weiße Handschuhe, den traditionellen, bordeauxfarbenen Fes mit schwarzer Troddel, eine Jacke und einen roten Sarong. Gebückt schleichen sie mit ihren alten Silbertabletts umher. Vor dem Tanzsaal hängt ein Schild: »Kein Eintritt unter achtzehn Jahren« – eine surreal anmutende Aufschrift, denn von den Paaren, die sich auf der Tanzfläche »wiegen«, dürfte keines unter neunzig sein. An kleinen Tischen sitzen Damen, die sich sterbend Luft zufächeln. Und doch sind sie irgendwie schön, diese alten englischen Jungfern mit ihren dicken, rosaroten Armen und den gepuderten Dekolletés und die ägyptischen Aristokratinnen mit ihren scharf geschnittenen Profilen. Das Orchester spielt seit fünfzig Jahren dieselben Melodien, die Damen allerdings bewegen eher die Arme als die Beine, wenn sie in ihren Chiffonkleidern Foxtrott tanzen, Seidenrosen an die Brust gesteckt, die so verblüht sind wie ihre Schönheit. Mein Leibwächter bittet um die Erlaubnis, sich an unseren Tisch setzen zu dürfen. Mit Nahimes Zustimmung erteile ich sie ihm gern. Er ist Ägypter, zwei Meter groß, um die Dreißig, hat lockiges Haar, pechschwarze Augen und ein freundliches Gesicht. Indem er auf die alten Paare deutet, die an den Nachbartischen angeregt plaudern, erzählt er mir, daß die Unterhaltung in Ägypten als feine Kunst betrachtet wird, die es zu pflegen gilt. Die Ägypterinnen seien berühmt dafür, brillante und verführerische Unterhalterinnen zu sein, die ihren Charme bis ins hohe Alter bewahren.

Nahime wirkt in Gegenwart eines Mannes völlig verändert, sie errötet, wird verlegen, und wen wundert es, sie hat ja seit fast zwanzig Jahren kaum noch mit Männern zu tun. In Kairo ist sie glücklich, direkt euphorisch, sie kauft für alle Essen ein, läuft in Jeans und paillettenbesticktem T-Shirt herum und gerät immer wieder in einen wahren Shopping-Rausch: In einer Stunde kann sie fünfzig Blusen, siebenundzwanzig Paar Schuhe und dreißig Handtaschen kaufen, die sie nicht ein einziges Mal benützen wird.

Die Prinzessin verläßt das Hotel nie. Ab und zu bekommt sie Damenbesuch, aber den Rest der Zeit verbringt sie im Pyjama in ihrem Zimmer, genau wie in Riad. Sie haßt es, einzukaufen und läßt es von eigens damit Beauftragten oder von Nahime erledigen, und an öffentlichen Veranstaltungen, Empfängen oder dergleichen nimmt sie als Saudierin sowieso nicht teil. Sie ist geheimnisvoll, nicht weil sie eine Prinzessin ist, sondern weil sie sich niemals blicken läßt, auf Reisen schon gar nicht. Der Prinz dagegen ist viel unterwegs, wahrscheinlich geht er Männergeschäften nach, von denen wir Frauen allerdings nichts wissen. Das einzige Vergnügen, das sich die Prinzessin leistet, sind die von ihr selbst organisierten Privatveranstaltungen. Sie engagiert Schauspieler, Sänger, Bauchtänzerinnen, die besten Künstler, und lädt zu den Vorstellungen neben dem ein oder anderen Gast aus Kairo ihren gesamten Hofstaat ein, einschließlich Dienerinnen und Leibwächter. Ich kann sie gut verstehen: Bis auf Folklore ist in Riad alles verboten, was mit Theater und Musik zu tun hat. Außerdem dürfte Saudi-Arabien wohl das einzige Land der Welt sein, in dem ein Kinoverbot besteht.

Heute steht ein ägyptischer Abend auf dem Programm. Die beste aller Bauchtänzerinnen, eine schöne Frau in fortgeschrittenem Alter, deren Gage so hoch ist wie die von Frank Sinatra, singt mit großer Bravour arabische Liebeslieder und vollführt dabei scheinbar mühelos die kompliziertesten Tanzschritte. Dann tritt der berühmteste ägyptische Schauspieler auf, ein großer, korpulenter Herr um die Sechzig; er trägt einen langen Kaftan, der ihn als Mann aus dem Volk charakterisieren soll, und hält einen humoristischen Monolog über das Leben in den Altstadtgassen Kairos, wobei er wild herumgestikuliert. Alles lacht. Ich verstehe kein Wort. Halb versteckt sitze ich in einer dunklen Ecke des Saals; neben mir sitzt François, der schwule Pariser Friseur, den die Prinzessin für die Dauer ihres Aufenthalts nach Kairo hat kommen lassen. François flüstert mir homosexuelle Anzüglichkeiten ins Ohr und flößt mir mit großem Geschick immer wieder einen Schluck aus der Champagnerflasche ein, die er unter der Jacke hereingeschmuggelt hat. Seine Scherze sind manchmal hart an der Grenze, aber er ist eine Seele von Mensch.

Beispielsweise hat er großes Mitleid mit den Philippininnen; er sagt, sie werden von einer Agentur in Manila, die regelrechten Menschenhandel treibt, nach Saudi-Arabien vermittelt; man verfrachtet bis zu zweihundert auf einmal in ein Flugzeug und schickt sie los; bei ihrer Ankunft in Riad werden sie dann von den verschiedenen Haremsvorsteherinnen ausgewählt: »Geben Sie mir die zwei da«; »Nein, nicht die mit dem dicken Hintern, und die da auch nicht, die ist mir zu alt« – das scheinen die Kriterien zu sein. Als nächstes werden sie auf die einzelnen Paläste verteilt und dort kommen sie erst mal in Quarantäne, das heißt in ein abgeschlossenes Haus, um sicherzugehen, daß sie keine ansteckenden Krankheiten mitbringen. Nach der Quarantäne mit abschließender ärztlicher Generaluntersuchung unterschreiben die Ärmsten einen Zweijahresvertrag – zwei Jahre, in denen sie den Harem kein einziges Mal verlassen, es sei denn, sie haben das seltene Glück, ihre Prinzessin auf einer Reise begleiten zu dürfen. Genau wie in den Zeiten der Sklaverei, sagt François, mit dem einzigen Unterschied, daß ihr Sklaventum befristet ist; sie werden »nur« zwei Jahre ausgenützt und dann heimgeschickt. Die Philippininnen haben nicht die geringste Möglichkeit, sich ihren Arbeitgeber auszusuchen, oder die Vertragsbedingungen auszuhandeln. Auch sind sie rechtlich nicht geschützt, wenn etwas passiert. François kennt tausend Geschichten über die Philippininnen:

»Du weißt ja nicht, was ihnen blüht, wenn sie keine Arbeit im Ausland finden«, sagt er zu mir. »Sie müssen sich prostituieren, so groß ist die Armut auf den Philippinen. Für die Traumjobs bei den Arabern kassieren die Agenturen in Manila Provision von ihnen.« François hat persönlich mehreren Mädchen Arbeitsstellen in Europa verschafft und sie damit »gerettet«.

An diesem endlosen ägyptischen Theaterabend benehmen wir uns jedoch beide daneben; vor lauter Langeweile albern und kichern wir herum wie Pennäler. Der Prinz scheint sich ebenfalls zu langweilen. Hier gibt es einfach zu viele Musiker, zu viele Tänzerinnen, zu wenig Männer und viel zu viel steife Würde, als daß eine echte Feststimmung aufkommen könnte.

Die Prinzessin sitzt, die Hände auf ihre Sessellehne gelegt, die ganze Zeit über reglos da. Nach der Vorstellung begibt sie sich langsam zur Eingangstür des Saales, in dem ein prächtiges Bankett angerichtet worden ist: Wie gewöhnlich ist es so üppig, daß gut das Vierfache an Personen davon satt werden könnte.

In ihrem langen, knapp ausgeschnittenen Hautecouture-Kleid aus schottischem Tuch steht sie auf der Türschwelle und lädt ihre Gäste zum Diner ein. Mit festem Blick und freundlicher Stimme sagt sie: »Es ist mir eine Ehre, Sie einladen zu dürfen. Ich hoffe, daß alles zu Ihrer Zufriedenheit sein wird.«

Nachdem sie ihre Pflicht als Gastgeberin erfüllt hat, zieht sie sich zurück. Wahrscheinlich wird sie auf ihrem Zimmer im Schlafanzug ein belegtes Brötchen essen.

Nissreen empfängt mich auf dem Landesteg wie eine Braut ihren Bräutigam: in einem kurzen schwarzen Kostüm, dick geschminkt und mit einem bezaubernden Lächeln. Ich steige aus meiner Limousine aus und überreiche ihr einen Strauß Gladiolen, die einzigen Blumen, die ich auftreiben konnte. Wir küssen uns auf die Wangen und überqueren den Laufsteg zum Boot: Auf den Wassern des Nils erwartet uns die »Cleopatra«.

Ich hatte sie beim Spazierengehen am Ufer entdeckt und mich gleich in sie verliebt: Sie ist herrlich kitschig – ganz in Türkis und Gold bemalt und mit einem Sphinxenkopf am Bug versehen. Normalerweise schaukeln in diesem Schiff Touristen den Nil hinauf und hinunter, aber heute abend ist es ganz für uns reserviert. Zwei Kellner in langen Gewändern geleiten uns ins Restaurant, wo wir uns an einem Tisch mit phantastischer Aussicht niederlassen. Ich finde es wundervoll, mit dieser hübschen, jungen Frau hier zu sein, obwohl es mich auch ein wenig verlegen macht. Während das kleine Orchester im Hintergrund leise Liebesmelodien spielt, legt unser Schiff ab. Kairo gleitet an unseren Augen vorüber. Die Landschaft wirkt wie erstarrt in dem bleiernen, grauen Licht, das der Sandstaub in der Luft hervorruft. Der Fluß kommt mir geheimnisvoll vor, uralte Feluken bevölkern ihn, mit ihren großen Segeln erinnern sie mich an die Raubvögel, die über der Wüste kreisen. Nissreen und ich sehen uns an und lachen. Ich stoße mit Champagner auf ihre sternengleichen Augen an und gestehe ihr glücklich, daß ich mir niemals vorgestellt hätte, eines Tages im Schiff Cleopatras auf dem Nil zu Abend zu essen, schon gar nicht in Gesellschaft einer hübschen Ägypterin, die zu meiner Unterhaltung mitgekommen ist.

»Du führst schon ein seltsames Leben«, sagt sie lächelnd.

»Seltsam?« frage ich. »Ich finde diesen Abend einfach herrlich!«

»Ja, aber du wirst den ganzen Tag von Leibwächtern kontrolliert, du kannst nie machen, was du möchtest. Und ich bin ja auch so eine Art Wächterin für dich.«

»Na und? Meinst du, es würde mir mehr Spaß machen, mit einem schnurrbärtigen Dickwanst in einem Nachtclub herumzuhängen? Heute morgen habe ich mir die Haare schneiden lassen«, sage ich und drehe den Kopf, um ihr meinen neuen Schnitt vorzuführen. »Ich habe beschlossen, sie in Kairo zurückzulassen. Diese Stadt gefällt mir von Tag zu Tag besser.«

Nissreen schüttelt lächelnd den Kopf, dann schlüpft sie wieder in ihre Fremdenführerrolle: »Schau, was du dort zu deiner Linken siehst, ist die Salah-el-Din-Moschee.« Ihre pummelige Hand mit den langen, rot lackierten Nägeln deutet ans Ufer: »Dahinter liegt der Maniy-al-Palast, er ist heute ein Museum; Muhammad Ali hat ihn zu Beginn des letzten Jahrhunderts erbauen lassen. Rechts davon befinden sich der botanische Garten, der Zoo und die Universität.«

»Du bist heute abend wirklich sehr schön, Nissreen«, sage ich, um sie zu unterbrechen. »Ich bin es zwar langsam gewöhnt, unter Frauen zu leben, aber daß wir beide allein auf diesem Boot sind, nur du und ich, finde ich etwas ganz Besonderes. Komm, das muß ein unvergeßlicher Abend werden!«

»Ich begreife dich nicht: Du bist immer frei gewesen, was findest du an diesem Abend so aufregend?«

»Wundert es dich, daß ich nicht nach einem Mann verlange, daß ich einfach nur hier sitzen und mit dir plaudern möchte? Mich interessiert, wie du lebst und was du machst, ich mag deine Gesellschaft, und ich finde es toll, ein ganzes Schiff auf dem Nil zur Verfügung zu haben, nur um uns zu unterhalten.«

»Ich mag deine Gesellschaft auch«, erwidert sie. »Aber denkst du nie daran, dir einen Mann zu suchen?«

»Stimmt, darin unterscheide ich mich von den andern Haremsbewohnerinnen. Für mich sind die Männer nicht unerreichbar, sondern höchstens sechs, sieben Flugstunden entfernt – ich brauche die Prinzessin nur darum bitten, mich nach Hause zu lassen. Aber ich will dir was sagen: Die meisten arabischen

Frauen haben zeitlebens eine Art Schonfrist, sie können sich gar nicht vorstellen, was es heißt, mit den Männern auf ein und derselben Ebene zu verkehren – das ist kein Honigschlecken, glaube mir. Es gibt psychische Abhängigkeiten, die zehnmal schlimmer sind als eure Verbote. Momentan genieße ich es jedenfalls, daß der Mann an meiner Seite ein Leibwächter ist, der mir mit zwei Metern Abstand folgt, wohin ich will.«

»Ich würde lieber in Europa leben, oder noch besser in Amerika, dort wäre ich freier.«

»Aber im Westen lebt kaum jemand seine Freiheit aus. Wir sind alle in Rollen gefangen, Sklaven unseres beruflichen Images und der Statussymbole unserer Gesellschaft.«

»Ich verstehe dich nicht.«

»Das ist schwierig zu erklären. Zum Beispiel haben sich viele westlichen Frauen ein so ausgeprägtes Karrieredenken angewöhnt, daß ihnen der Wert des Mutterseins völlig abhanden gekommen ist.«

»Stimmt, sie schaffen es nicht, von den Männern respektiert zu werden.«

»Die Leute im Westen bemitleiden die arabischen Frauen; sie halten sie für arme, geistig minderbemittelte Geschöpfe, die sich von ihren Männern versklaven lassen. Wie ich das hasse. Ich meine, daß wir im Gegenteil sehr viel von ihnen lernen können. Außerdem haben nur sie selbst das Recht, ihre Lage zu kritisieren und gegebenenfalls zu verbessern.«

»Du hast das Glück, im Harem eines der besten Männer von Saudi-Arabien zu leben, deshalb sprichst du so. Dein Prinz ist berühmt für seine Freundlichkeit und Klugheit. Aber ein normales, ägyptisches Mädchen wie ich hat kein leichtes Leben. Bald heirate ich und ziehe nach Saudi-Arabien um. Mein Vater arbeitet in Riad und hat mir dort einen Ehemann gesucht. In Kairo kann man kaum noch leben, die Gehälter sind viel zu niedrig und die Wohnungssuche ist aussichtslos; es gibt Familien, die zwanzig Jahre warten, bis sie etwas Geeignetes finden, Eigentumswohnungen sind unbezahlbar; die meisten jungen Paare müssen bei ihren Eltern wohnen. Es gibt sogar Leute, die in den Gräbern der Totenstadt hausen, du hast sie selbst gesehen, die Kinder dort, wie sie an den offenen Abwasserkanälen spielen ... Brussans Tochter wartet seit fünfzehn Jahren darauf, daß ihre Wohnung endlich fertig ist.« Ich hätte Nissreen am liebsten an mein Herz gedrückt, während sie in ihrem perfekten Französisch gemächlich Wort an Wort fügt. In Kürze wird sie eine Sklavin des Petrodollars sein; sie wird auf nahezu alle Freiheiten verzichten müssen, und zwar gewiß nicht aus religiösen Gründen: Wenn sie finanziell dazu in der Lage wäre, würde sie in Kairo bleiben.

»Du wirst es schwer haben, dich in Riad einzugewöhnen«, sage ich sanft. »In Ägypten bist du viel, viel freier, hier kannst du sogar einen Minirock tragen, dort mußt du immer verschleiert aus dem Haus gehen. Hoffen wir, daß du einen guten, verständnisvollen Ehemann bekommst.«

»Dich hat kein Mann gezwungen, in einem Harem zu leben, warum tust du es trotzdem?«

»Weil ich neugierig bin und entdeckt habe, daß mir das Haremsleben gefällt. Als ich nach Riad kam, ging es mir sehr schlecht; das stille, zurückgezogene Leben im Harem hat mir geholfen, meinen inneren Schmerz zu überwinden. Und dann ist da Amir, den ich unheimlich mag, er ist ein tolles Kind. Im Harem habe ich meine Seelenruhe wiedergefunden, die Zeit, an mich selbst zu denken.«

»Magst du die Araber?«

»Ja, Nissreen. Ich finde, sie tun gut daran, den Frieden ihrer Häuser nach außen abzuschirmen. Außerdem gefällt mir, daß sie die Zeit vergehen lassen, ohne sie festhalten zu wollen. Bei uns im Westen kennt man die Stille nicht, und das Altwerden terrorisiert uns.«

»Wußtest du, daß viele arabische Prinzessinnen blond und hellhäutig waren und grüne Augen hatten wie du?«

»Nein, das wußte ich nicht.«

Ziehharmonikas und Trommeln erklingen. Eine junge, rot gekleidete Tänzerin kommt herein und stellt sich vor das Orchester. Sie ist klein und schmal, hat kajalumränderte Gazellenaugen und einen bernsteinfarbenen Teint. Zum Klang einer wehmütigen Melodie, die durch den Saal streicht wie der Wind über die Dünen, beginnt sie sich im Kamelschritt zu wiegen, ihre zierlichen Hände zeichnen dabei elegante Arabesken in die Luft. Irgendwann rutscht ihr eine Locke unterm Schleier hervor und fällt auf ihre runde Wange. Ob es nun am Fehlen männlicher Zuschauer liegt oder daran, daß sie noch so jung ist, jedenfalls huscht immer wieder ein Lächeln über ihr Gesicht – ein schönes, wildes Lächeln, das mich richtig erschauern läßt. Die Musik wird schnell und schneller, unsere Tänzerin schüttelt ekstatisch die Hüften; sie besitzt noch nicht die Erhabenheit der Profi-Tänzerinnen, die ihren Körper vibrieren lassen, ohne mit der Wimper zu zucken, aber mir gefällt ihr kindliches Ungestüm.

»Schön, wie sie tanzt, nicht?« sage ich.

»Ein bedauernswertes Mädchen«, erwidert Nissreen kopfschüttelnd. »Dieses Schiff gehört entfernten Verwandten von mir, deshalb kenne ich ihre Geschichte.«

»Warum bedauernswert? Sie ist hübsch, jung, eine gute Tänzerin …«

»Sie kommt aus Tanger. Ihre Familie hat sie mit einem Händler verheiratet, der etliche Jahre älter war als sie. Nach einem Monat Ehe hat der Mann sie als Jungfrau zu ihren Eltern zurückgeschickt, also verstoßen.«

»Warum? War er impotent?«

»Den Grund kennt niemand, aber sie kann nicht noch einmal heiraten. Keiner möchte eine Frau, die von einem anderen verstoßen worden ist. Ihre Familie hat sie zu Verwandten nach Ägypten geschickt, die ihr diese Arbeit vermittelt haben.«

Ich stehe auf, krame ein Bündel Dollarnoten aus meiner Handtasche und gehe zu dem Mädchen aus Tanger. Ich versuche ihr das Geld in den Rockbund zu stecken, wie ich es die Männer in den Cafés habe machen sehen, aber ich bin verlegen und stelle mich ziemlich ungeschickt an.

»Sorry«, sage ich zu ihr, »ich kann das nicht, ich bin eine Frau.«

Sie lächelt und hilft mir, meine Hand streift ihren schweißnassen Bauch und riecht später noch stundenlang nach Jasmin.

Wie eine Statue aus Stein

Auf dem Royal Terminal von Riad werden wir von Il Khansin, dem Wüstenwind, empfangen. Es ist März, eine Vollmondnacht, die Luft ist frisch, der Himmel leuchtet. Unsere Ferien in Kairo sind zu Ende, aber bevor wir in den Palast zurückkehren, »melden« wir uns bei den Großmüttern zurück. Der mütterliche Segen muß einen immer und überallhin begleiten – so wurde mir gesagt. Der Prinz besucht seine Mutter jeden Tag, meistens auf dem Nachhauseweg von der Arbeit.

»Herzlich willkommen daheim«, flüstert Achmed, während er meinen Wagenschlag aufreißt.

Leise rauscht unser Konvoi über die sechsspurige Autobahn, die mir längst vertraut geworden ist. Die Palmen und die Oleanderbüsche zu beiden Seiten heben sich klar gegen die mondhelle Wüste ab. Achmed hat Weihrauch entzündet, ein zarter Duft nach aromatischen Hölzern breitet sich im Wagen aus. Nach kurzer Fahrt sind wir vor einer mit blühenden Bougainvillea bewachsenen Palastmauer angekommen: Hier wohnt die Mutter des Prinzen. Wir passieren ein riesiges weißes Holztor mit Bronzebeschlägen, durchqueren auf einer Allee den weitläufigen Garten und parken auf dem runden Vorplatz der Villa; dort warten wir, solange der Prinz und seine Frau der Großmutter einen kurzen Besuch abstatten, dann geht's weiter zum nächsten Palast, denn auch die Mutter der Prinzessin will begrüßt sein.

Als wir zwei Stunden später endlich zu Hause sind, durchquere ich den Haremsgarten fast rennend: Wie habe ich mich in den letzten Wochen nach meiner weißen Villa und ihrem himmlischen Frieden gesehnt!

Amir bekommt jetzt abends wieder Französischunterricht von mir. Er ist mittlerweile fast acht. In diesen Tagen platzt er fast vor Stolz: Sein Vater nimmt ihn ins Büro mit, um ihm seine Arbeit zu erklären.

»Ich lerne, wie man Geld verdient«, sagt er zu mir. »Ihr Frauen gebt es bloß aus.«

»Na, dann kannst du mir ja jetzt ein Paar rote Schuhe kaufen, die wünsche ich mir schon lange.«

»Ihr Frauen seid auch wirklich nie zufrieden. Jetzt möchtest du auch noch rote Schuhe«, brummt er. »Warum sprichst du eigentlich mit andern Leuten Englisch und bloß mit mir französisch?«

»Weil du ein Prinz bist, und Prinzen sprechen nun mal französisch, das weiß doch jeder.«

»Stimmt nicht. Von meinen Freunden hat keiner eine Französischlehrerin, die in Hosen und mit offenen Haaren herumläuft wie du. Wahrscheinlich weißt du's nicht, aber Gott sieht alles, was wir tun, auch wenn wir uns verstecken. Wenn du möchtest, daß ich dich ins chinesische Restaurant bringe, mußt du dich ändern und wie Mama Amina benehmen. Sonst nehme ich dich nur ins *Pizza Hut* mit; dort können wir wenigstens Fußball spielen.«

»Auch du mußt dich ändern, lieber Amir«, gebe ich zurück. »Gestern abend auf dem Fest sollst du ziemlich unartig gewesen sein. Ich habe gehört, daß du ohne Jacke und mit heruntergerutschten Kniestrümpfen herumgerannt bist und fast deine Großmutter umgestoßen hast.«

»Ich will nicht mehr auf diese blöden Frauenfeste«, brüllt Amir. »Alle sagen immer ›Habibi, habibi‹ zu mir und dauernd will mich eine küssen, schmatz, schmatz, und dann habe ich ihren Lippenstift und ihre Spucke im Gesicht, richtig eklig. Ich geh zu so was nicht mehr hin! Und dann habt ihr mir noch so ein doofes Hemd angezogen, mit Spitzen, wie eine Frauenbluse. Wißt ihr nicht, daß ich ein Mann bin?«

Ich muß lachen. »Und du hörst gefälligst auch auf, ›mein Süßer‹ und so 'n Zeug zu mir zu sagen«, poltert er weiter. »Ich hasse es, daß du mir Küsse auf die Haare gibst, schmatz, schmatz, in aller Öffentlichkeit. Ich will das nicht!«

Die Prinzessin und ihr Mann sind verreist; sie sind zu einem Staatsbesuch nach New York geflogen. Amir erhält neuerdings Religionsunterricht von einem Imam, der mehrmals wöchentlich in den Palast kommt. Ein guter Moslem sollte den ganzen Koran auswendig kennen, Amir lernt ihn Vers für Vers. Da er in Kürze acht wird, bereitet er sich langsam darauf vor, ins Lager der Männer überzuwechseln. Ich bin nur noch eine halbe Stunde am Abend mit ihm beschäftigt, sonst habe ich nichts zu tun. In Kairo hatte ich mich wieder daran gewöhnt, unter Leuten zu sein, und ganz vergessen, wie lang und leer die Tage in Riad sind.

Ich fühle mich einsam. Carolyn fehlt mir sehr. Als sie noch da war, haben wir uns abends immer getroffen, miteinander geplaudert, uns die neuesten Erlebnisse berichtet oder eine Videokassette angeschaut. Vor zwei, drei Uhr nachts sind wir nie ins Bett gegangen.

Wir konnten herumalbern wie kleine Schulmädchen – beispielsweise bei voll aufgedrehter Musik durchs Zimmer hopsen und uns mit Kissen bewerfen. Unsere unschuldigen Exzesse waren gern gesehen. Je lauter wir lachten und schrien, desto zufriedener war die Prinzessin, denn das hieß, daß wir uns in ihrem Haus wohl fühlten – sie hatte ja gehofft, daß Carolyn und ich Freundschaft schließen würden. Und das haben wir auch, trotz aller Meinungsverschiedenheiten. Ich hätte allerdings nie gedacht, daß ihre Abreise eine regelrechte Depression in mir auslösen würde. Als ich sie dazu überredete, in die Vereinigten Staaten zurückzukehren, habe ich das hauptsächlich in ihrem Interesse getan und ein bißchen auch, um wieder allein zu sein. Irgendwie war ich überzeugt, ohne ihren ironischen Blick, der mich ständig an den Westen erinnerte, tiefer in die Welt der Araber eindringen zu können. Ich wollte eines Morgens aufwachen und mich fühlen wie sie: ohne persönliche Vergangenheit und mit einer Zukunft, die vom Willen Allahs geprägt ist. Carolyn hat diese Kultur nie akzeptiert, sie hat sie immer als Affront gegen ihr amerikanisches Individualitätsdenken empfunden. Carolyn hat ihren unbewußten Imperialismus keine Minute abgelegt, sie hat sich damit umhüllt wie mit einer *Abaya*.

Ich war über ihre Abreise erleichtert gewesen; ja, richtig erleichtert. Auch ich trug eine unsichtbare

Abaya: meine kindische europäische Schwärmerei, die Illusion, den Arabern ohne Carolyn näher kommen zu können – ganz nahe. Ich wollte selbst eine Araberin werden, wollte wie die Frauen hier alles hinnehmen können. Doch es ist anders gekommen. In der Einsamkeit dieser Frühlingstage, die mir viel, *zu* viel Zeit zum Nachdenken lassen, wird mir klar: Ich kann mich nicht verleugnen, und meine Vergangenheit kann ich auch nicht vergessen. Ich bin zwar nicht mehr dieselbe wie früher, aber eine Araberin werde ich niemals sein. Diese Einsicht gibt mir ein Gefühl der Machtlosigkeit, dem ich ohne Carolyn alleine gegenüberstehe. Meine romantischen Träume platzen wie Seifenblasen. Ich habe erfahren, was es heißt, die einzige Blonde unter Tausenden von Dunkelhaarigen zu sein, die einzige Christin unter Tausenden von Muslimen; ich habe es ausgekostet, mich als Exotin zu fühlen, aber jetzt erlebe ich dieses seltsame Gefühl kultureller Einsamkeit und ich hätte es mir nie so schlimm vorgestellt. Um mich herum sind Leute, die mich mögen, lauter nette Frauen, aber sie können nur teilweise nachvollziehen, wie und was ich empfinde. Mit ihnen teile ich allgemeine Gefühle wie Heimweh, die Liebe zu Amir, unsere schwesterliche Verbundenheit, doch der Rest, der ganze Rest – Humor, Wortspiele, Träume, Wünsche, Entdeckungen – all dies ist zu unterschiedlich, als daß wir es teilen könnten. Wir haben andere Wurzeln, andere Gewohnheiten, andere Bezugspunkte. Ich fühle mich allein. Zu Beginn meines Arabienaufenthalts war dieses Alleinsein ein Segen, weil es mir geholfen hat, zu mir selbst zurückzufinden. Jetzt leide ich unter einer Stille, mit der ich nichts mehr anzufangen weiß.

Nach zwei Jahren stellt der Harem für mich kein Abenteuer mehr dar. Ich komme mir nicht mehr vor wie an der Pforte ins Reich der Geheimnisse, sondern eher wie in Isolationshaft gefangen.

Am schlimmsten ist es abends, wenn ich von Amir zurückkehre, den verlassenen Garten durchquere, in dem kein Vogel mehr singt, und die Lichter des Harems eines nach dem anderen ausgehen, bis alles finster ist und still und man nicht einmal mehr das Geplapper der Philippininnen hört. Anfangs habe ich diese Stille genossen, jetzt empfinde ich sie wie die Vorbotin eines angekündigten Todes. Ich fühle mich hilflos und alleine. Ich fürchte, verrückt zu werden, und ich habe Angst – nicht vor ihnen, sondern vor mir selbst.

Wenn ich zwanzig Minuten nach acht meine Villa betrete, schalte ich als erstes den Fernseher an und dann gehe ich zum Kühlschrank. Ich hätte niemals sagen dürfen, daß ich Käsekuchen mag, denn seither überhäuft man mich mit Käsekuchen. In Riad gibt es alles, auch ein Geschäft, das siebenundzwanzig verschiedene Sorten von Käsekuchen anbietet: mit Schokolade, mit Erdbeeren, mit Birne, mit Karotten, mit Honig, mit Rosinen … Ich hocke mich vor den Fernseher und stopfe mich voll. Meine Augen sind auf den Bildschirm gerichtet, aber sie starren ins Leere.

Die nationalen Nachrichten mit ihrer Demagogie entlocken mir nicht mal mehr ein müdes Grinsen. Im wesentlichen informieren sie über den Tagesablauf Seiner Majestät; sie berichten, daß der König am Flughafen war oder eine Schule eingeweiht hat, daß er eine

Badewanne

Wir bringen Sie weiter

ausländische Delegation empfangen oder in Mekka gebetet hat. Dezente Hintergrundmusik, wie sie oft in Supermärkten gespielt wird, begleitet die Bilder. Seit es die islamistische Terrorbewegung gibt, hemmt die Regierung den Informationsfluß durch noch schärfere Zensurmaßnahmen. Die Invasion Kuweits wurde vom saudischen Fernsehen beispielsweise mit zwei Tagen Verspätung bekanntgegeben. Neuerdings warnt das Innenministerium die Bürger und Bewohner des Landes mit zahlreichen Verlautbarungen vor jeglicher Kritik an den politischen Verhältnissen. Auslandskontakte sind grundsätzlich verboten, und natürlich ist es strengstens untersagt, mit Anhängern islamistischer Gruppen in Verbindung zu treten. Trotzdem scheint sich via Fax, Internet und Radio eine wahre Flut verbotener Informationen über Saudi-Arabien zu ergießen. Abgesehen davon soll es Hunderte von Parabolantennen im Lande geben, mit denen man unzensierte, ausländische Sender empfangen kann; ich selbst habe auch eine »Schüssel« auf dem Dach, aber im Augenblick interessiert mich nichts von alledem. Nicht einmal die West-Filme auf Videokassette können mich mehr vom Hocker reißen: Sie kommen mir abstrakt und fremd vor, ohne jeden Bezug zu meinem Leben. Im Grund ist das Englisch, das darin gesprochen wird, ja auch nur eine Fremdsprache für mich. Es gibt Momente, da möchte man einfach seine Muttersprache hören, auch wenn man daran gewöhnt ist, im Ausland zu leben und mehrere Sprachen zu sprechen. Ich glaube, ich wüßte augenblicklich kaum noch, wer ich bin, wenn mich nicht ab und zu meine Schwester anrufen würde. Ihre Stimme ist wie ein Klebstoff, der die vielen Einzelteile, aus denen ich gemacht bin, zusammenhält. Nachts wache ich häufig auf. Ich habe unangenehme Träume, die mich in die Vergangenheit zurückversetzen, in Situationen, die ich längst vergessen glaubte. Meistens träume ich von fürchterlichen Auseinandersetzungen mit Leuten, von denen ich nicht einmal weiß, ob sie überhaupt noch am Leben sind. Ich träume von meiner Kindheit in der Schweiz, von meiner Ehe in Spanien, von den Verrücktheiten, die ich in New York angestellt habe – Fragmente, Flashbacks, Streitigkeiten, Vorwürfe, Beleidigungen. Oft träume ich auch, in eine Statue aus Stein verwandelt zu sein, diese ist aber nicht aus einem Stück gehauen, sondern gemauert, und ihr starres Gleichgewicht ist prekär, als könnte sie jeden Moment auseinanderbrechen. Wenn ich aufwache, bin ich wie gerädert. Alles tut mir weh, ich fühle mich aufgeschwemmt und vergiftet, habe Beklemmungen in der Brust und Stiche in der Nierengegend. In diesen Momenten überkommt mich ein heftiges, geradezu schmerzliches Heimweh nach Ibiza, meiner geliebten Insel. Ich sehne mich danach, im Meer zu schwimmen, wo sich mein Körper endlich wieder leicht anfühlen würde, ich sehne mich nach dem berauschenden Glücksgefühl, das ich empfunden habe, wenn ich der untergehenden Sonne entgegenschwamm und sich vom Strand her Trommelklänge in der Luft verbreiteten. Vor allem jedoch sehne ich mich nach der hierzulande unvorstellbaren Freiheit Ibizas, wo junge Mütter mit langem Haar und nacktem Busen ihren Kindern beim Planschen zusehen. Wenn ich alleine und ruhig vor mich hinschwamm und die gekräuselte Wasseroberfläche mit ihrem Funkeln mein Gesicht liebkoste, ereignete sich jedesmal das Wunder: ein Gefühl tiefen, brüderlichen Friedens, ein Einssein mit Menschen und Wind, Kindern und Möwen.

Ich bleibe so lange wie möglich im Bett in der Hoffnung, die Zeit würde im Schlaf schneller vergehen. Ich schlafe bis drei Uhr nachmittags und bin doch immer müde. Wie eine Kranke lebe ich im Bett. Ich ignoriere die Philippininnen und verlasse mein Zimmer erst um sechs Uhr, wenn sie gegangen sind. Auf dem Weg ins Bad, schalte ich in der Küche die fertig vorbereitete elektrische Kaffeemaschine ein, aber schon das kostet mich Mühe. Nach der Dusche gehe ich im Bademantel ins Speisezimmer und decke Frühstück und Mittagessen auf, die Soliman mir dorthin gestellt hat – solange ich nicht wenigstens die Deckel abgenommen habe, darf er nicht abtragen. Stehend picke ich mir das ein oder andere heraus, eine Krabbe, ein Gemüseröllchen, tunke ein Stückchen arabisches Brot in eine Soße, trinke ein wenig *Laban*.

Einer arabischen Volksweisheit zufolge soll ein Mann niemals eine Frau heiraten, die allein am Rand der Wüste lebt, denn sie hat mit Sicherheit einen *Dschinn* zum Liebhaber, einen Geist. Wer alleine lebt, ist gegen Geister und gegen die mysteriösen Triebe aus dem Unterbewußtsein nicht gefeit. Auch in meinen Bergen, in der Schweiz, heißt es, man soll sich nicht allein auf einsame Almen wagen, da man dort in einen Troll verzaubert werden könnte. Aber droht mir hier nicht dasselbe? frage ich mich. Seit Stunden hänge ich tatenlos in einem Sessel. Kann es mir in dieser Einsamkeit nicht auch passieren, daß ich meinen Geistern und Phantasmen zum Opfer falle?

Mit seinen Gedanken alleine zu sein, ist so gefährlich wie physisch allein zu sein. Die ganze Energie, die ich normalerweise in Beziehungen zu anderen Menschen auslebe, richtet sich nun gegen mich selbst. Solange ich Carolyn und meine Abenteuerlust hatte, die mich ablenkten, war ich sicher, aber jetzt? In einer fremden Umgebung allein zu sein, macht sehr verletzlich: In meinem Kopf verschwimmen die Grenzen zwischen Gut und Böse, Richtig und Falsch. Ich habe das Gefühl, wie ein Wrack aufs offene Meer hinauszutreiben; und ich spüre, daß ich meiner seelischen Gesundheit zuliebe die unreife, kindische Idee opfern muß, es sei möglich, mir eine neue Identität zuzulegen. Das war schon immer mein Problem: Ich galoppiere voller Schwung auf ein Ziel los, aber irgendwann merke ich, daß Teile meiner selbst auf der Strecke geblieben sind. So kann ich nicht weitermachen. Und ich muß auch aufhören, tagelang vor der Glotze zu hängen und mir amerikanische Programme anzusehen, die mir einen Lebensstil vormachen, den es nicht gibt.

»Die Prinzessin kann zickig sein, wie sie will, außerhalb des Palastes ist sie allemal auf mich angewiesen«, platzt es aus Maria heraus, während sie mit einem Frühstückstablett den grünen Salon durchquert. Es ist der typische Satz, den sie sich zum Trost sagt, wenn sie mit den Nerven am Ende ist. Auch die Prinzessin untersteht strengen Regeln, die für eine Christin wie Maria absurd sind.

Maria erzählt mir hastig, die Prinzessin sei miesester Laune aus New York zurückgekehrt und unausstehlich. Heute morgen habe sie sämtliche Haute-couture-Kleider abgelehnt, die ihre persönlichen Dienerinnen, darunter Maria, herbeischleppten. Keines war ihr recht. Maria sagt, sie hätten nicht mehr gewußt, was sie ihr noch bringen sollten. Zum Schluß habe die Prinzessin ein Kleid angezogen, das eine philippinische Schneiderin aus dem Harem für sie gemacht hatte.

Während ich meinen Weg zu Amirs Gemächern fortsetze, frage ich mich, ob diese Launen nicht unterdrückte Tränen sind – die Tränen einer Königstochter, die keinen Moment allein sein darf. Ich frage mich auch, ob die Prinzessin manchmal nicht Angst hat, daß ihr Mann sich eine weitere Frau nimmt. Sie hat ihm bisher nur ein einziges Kind geschenkt. In den vornehmen Kreisen von Riad gilt es zwar als schick, nur eine Frau zu haben, aber der Koran gestattet bis zu vier Gattinnen und den arabischen Männern liegt viel an Kindern. Oft passiert es einer Frau, daß sich ihr Mann eine neue, jüngere Gattin nimmt, wenn sie selbst in die Wechseljahre kommt. Als Trost bleibt ihr dann nur die Tatsache, die erste Frau gewesen zu sein, denn als solche hat sie mehr Macht als die anderen und wird am meisten respektiert. Außerdem könnte ich mir vorstellen, daß ein Mann *der* Frau, die ihn noch als kräftigen, jungen Burschen gekannt hat, sein Leben lang eine besondere Zuneigung entgegenbringt.

Ich sitze mit den anderen Haremsfrauen in einer weißen Marmorlaube im Garten. Es ist irgendein Festtag, wir liegen faul auf den gepolsterten Bänken herum und plaudern. Herrlich duftende, gelbe Kletterrosen winden sich um die schlanken Marmorsäulen, in unserer Mitte plätschert – frischem Frühlingsregen gleich – ein Springbrunnen; trotzdem werde ich meine melancholische Stimmung nicht los. Nur unter größter Selbstüberwindung habe ich mich hierhergeschleppt; ich wollte Mama Aminas jüngste Tochter Abir begrüßen, die uns einen Besuch abstattet. Jetzt sitzt sie neben mir, in einem weiten Blusenkleid, das Haar unter dem üblichen schwarzen Schleier verborgen. Abir ist dreiundzwanzig Jahre alt, sehr sehr schön und im neunten Monat schwanger. Ihre Hände mit den langen rosa lackierten Nägeln stützen den Bauch. Sie gibt ein herrliches Bild ab, obwohl sie förmlich aus allen Nähten platzt. Ihre samtigen dunklen Wangen, die schmale Nase, der glänzende Mund, die feuchten, kajalumrandeten Augen verleihen ihr die Sanftheit einer scheuen Gazelle. Sie lächelt. »Was für eine schöne, weiße Haut du hast«, sagt sie und streichelt mir das Gesicht. »Und deine Augen sind klar wie der Morgenhimmel.«

Die Berührung ihrer zarten Hände läßt mich genüßlich erschauern.

»Ich wünsche dir von Herzen, daß deine Schönheit auf das Kind in deinem Schoß übergeht«, sage ich lächelnd, aber innerlich bin ich traurig. Hier lebe ich in einer Gesellschaft, in der für eine Frau nur das Kinderkriegen zählt, und ich habe keine.

»Möge Allah ihr nach neun Monaten, neun Tagen und neun Stunden einen Sohn bescheren, der leuchtet wie der Mond«, meint Mama Amina besorgt.

Abir hat schon zwei Töchter. Eine davon, ein kleines Mädchen mit Rüschenkleid und rosa Lackschuhen, sitzt neben ihr. Die Ärmste sieht gräßlich aus; ihr Gesicht ist nämlich wie das der meisten saudischen Kleinkinder mit einem dichten schwarzen Flaum bedeckt. Mit ihren vielen Goldketten, den Armbändchen und Ohrringen sieht sie aus wie ein Zirkusäffchen.

Die Philippininnen stellen gemächlich ihre Tabletts vor uns ab: Pfefferminztee, Obstsäfte, Kuchen, Datteln. Kurz darauf erscheint die Prinzessin in Begleitung Marias. Sie ist barfuß, wie immer, wenn sie zu Hause ist, und trägt einen mit Bärchen bestickten Pulli und einen schlichten, langen Rock. Als Abir, ihre Milchschwester, aufstehen möchte, um sie zu begrüßen, wird sie von ihr sanft auf das Sitzkissen zurückgedrückt. Die Prinzessin beugt sich zu ihr hinunter, umarmt sie, macht ihr Komplimente über ihr Töchterchen, wünscht ihr, daß das nächste ein Sohn wird und dies alles unter dem zufriedenen Blick Mama Aminas, die beide mit demselben Mutterstolz betrachtet.

Die Prinzessin gibt Mama Aminas Enkelin einen Kuß. Jetzt kommt sogar Amir in die Laube gerannt. Er verhält sich der Kleinen gegenüber wie ein richtiger Kavalier; nachdem die erste Scheu überwunden ist, läßt sie sich von ihm ins Haus führen, um seine Spielsachen anzusehen.

Ich schaue den beiden nach, wie sie sich auf dem mimosengesäumten Gartenweg Hand in Hand entfernen – Amir in seinem amerikanischen Trainingsanzug, die Kleine in ihrem rosa Rüschenkleid – und muß wieder einmal zugeben, daß die Prinzessin recht hatte: Ich führe in Riad ein richtiges Familienleben, nur daß es nicht meine Familie ist. Je mehr man mich integriert, desto stärker empfinde ich mein Anderssein: Langsam verstehe ich, was Selma, die türkische Aristokratin, und Mrs. Allison und Madame Soraya mir klarmachen wollten.

Vielleicht wäre das alles nicht passiert, wenn Carolyn geblieben wäre. Mittlerweile komme ich daher wie eine alte Frau. Meine Beine sind dick geschwollen, und wenn ich ausnahmsweise einmal den Harem verlasse, muß Carina mich zum Auto begleiten, damit ich mich auf ihren Arm stützen kann. Mir ist alles egal geworden: daß ich immer größere Kleidernummern brauche, daß Nahime mir weite Spezialgewänder schneidern läßt, um meine Leibesfülle zu kaschieren, daß ich mich beim Gehen auf jemanden stützen muß. Seit Carolyn abgereist ist, habe ich niemanden mehr, der mich mit westlicher Unternehmungslust anstecken könnte. Die Leute im Harem fragen sich vermutlich, was mit mir los ist, warum ich ständig müde bin und keine Späße mehr mache, aber keiner sagt etwas. Ich gehöre zum Mobiliar und unterhalte mich mit den Wänden.

»Gott behüte, warum solltest du etwas tun müssen?« erwidert Tufa, als ich sie frage, was ich tun soll, wenn Amir mich nicht mehr braucht.

»Es war Allahs Wunsch, daß du in diesem Haus aufgenommen wirst«, fügt sie hinzu und streichelt meine Hand. »Keiner wird dich je wieder von hier wegschicken, und dafür brauchst du nicht das geringste zu tun.«

Ich schenke ihr ein resigniertes Lächeln. Die Gute

kann ja nicht ahnen, daß sich ihre freundlich gemeinten Worte in meinen Ohren anhören, als hätte sie mich zu ewiger Langeweile verdammt. Erschöpft sinke ich in ihr Sofa zurück und lege meinen Kopf auf ein Häkeldeckchen, das mit rosa und himmelblauen Schwänen bestickt ist.

Ich hatte ganz plötzlich das Bedürfnis, sie zu besuchen; Tufa ist eine der wenigen, bei denen ich frei ein- und ausgehen darf. Einen Moment lang hatte ich meine Energie wiedergefunden und gehofft, Tufa, die ehemalige Sklavin, die ehemalige Spielkameradin der Prinzessin, die nette Tufa könnte mir helfen, eine Beschäftigung zu finden.

»Ich geh dir einen Tee machen«, murmelt sie statt dessen und erhebt sich schwerfällig. Ihre sanften Augen sehen mich besorgt an: Sie begreift den Grund meiner Unruhe nicht, sie kann ihn gar nicht begreifen. Eine sinnvolle Tätigkeit zu haben, ist im Harem das allerletzte Problem. Ihre eigene Tätigkeit besteht darin, die wertvollsten Schmuckstücke der Prinzessin zu verwahren. Im ganzen Palast gibt es nur drei Zimmer, die abgeschlossen sind, zwei fürs Geld und eins für die Juwelen. Nahime hat die Schlüssel zu den Geldzimmern und Tufa den zum Juwelenzimmer. Als ehemalige Spielkameradin der Prinzessin genießt sie viele Privilegien, so ist sie zum Beispiel verheiratet und hat drei Söhne. Während sie sich in ihrem weiten Kasack und den Plastiksandalen leicht hinkend entfernt, lasse ich den Blick durch ihre Wohnung schweifen. Sie ist geräumig, komfortabel und mit Souvenirs aller Art vollgestopft: eine venezianische Gondel aus Muscheln, ein Miniatur-Eiffelturm, Spitzenfächer, Spieldosen und

Teegläser aus goldverziertem Glas – Geschenke, die ihr die Prinzessin von ihren Reisen mitbringt. Richtige Möbel hat Tufa eigentlich keine, nur ein paar Sessel, deren Samtbezüge mit geometrischen Mustern bedruckt sind, und die eine oder andere Plastiktruhe. Trotzdem ist kein Quadratzentimeter Platz frei, weder auf dem Boden noch an den Wänden. Überall liegen und hängen grellbunte Stoffe, Spitzen und Stickereien, vor allem jedoch greuliche Teppiche, auf denen die Porträts der saudischen Herrscher und die Stadt Mekka abgebildet sind. Ich habe in meinem Leben noch nie so viel Kitsch auf einmal gesehen, aber ich finde ihn göttlich.

Tufa kommt mit einem Weihrauchgefäß herein, läuft ein paarmal damit durchs Zimmer und um mich herum, dann holt sie den Pfefferminztee, stellt ihn auf einem Silbertablett vor mich und läßt sich aufs Sofa plumpsen.

»Die Prinzessin hat dich gern. Du hast dich mit Amir gut verstanden und deshalb wird man dich in diesem Haus immer schätzen«, sagt sie mit unglaublicher Langsamkeit, indem sie sich bald die Hände aufs Herz legt, bald zum Himmel hinaufdeutet, als wolle sie Allah persönlich als Zeugen anrufen. »Mach dir keine Sorgen, mein Herz«, fährt sie fort und streichelt mir das Haar, »nichts auf der Welt ändert sich ohne den Willen Allahs. Du wirst immer unter dem Schutz der Prinzessin stehen. Was könntest du mehr ersehnen?«

Heute erzählt mir Amir die Geschichte von El-Khidr, einem Engel vom Throne Allahs; El-Khidr bedeutet »der Grüne«, derjenige, der anderen »die Augen aufmacht«. Eines Tages bat Moses den Engel, der in Gestalt eines weißen alten Mannes auf der Erde umherwanderte, ihn begleiten zu dürfen. El-Khidr lehnte zunächst ab, weil er sicher war, daß Moses sein Tun nicht verstehen und ihn mit Fragen und Vorwürfen belästigen würde, doch Moses bettelte so inständig und versprach so glaubhaft, daß er den Mund halten würde, daß der Engel schließlich nachgab und ihn mitnahm. Sie bestiegen ein Boot und ruderten los, aber als sie auf hoher See waren, schlug El-Khidr ein Loch in den Rumpf des Bootes, so daß es augenblicklich unterging. Moses wunderte sich sehr und schimpfte mit dem Engel. Da erinnerte El-Khidr ihn daran, daß er ihn davor gewarnt hatte, Kritik zu äußern. Moses versprach erneut, zu schweigen. Wenig später begegneten sie einem schönen jungen Mann, El-Khidr tötete ihn, und Moses war so entrüstet, daß er ihm die heftigsten Vorhaltungen machte. Auch als El-Khidr kurz darauf in einer Stadt, deren Einwohner sie grob abgewiesen hatten, eine Mauer reparierte, die am Einstürzen war, konnte Moses den Mund nicht halten. Da hatte El-Khidr es satt und schickte ihn weg, vorher erklärte er ihm aber noch die Gründe für seine Taten. Das Boot hatte er versenkt, weil er wußte, daß ein böser König plante, es zu kapern; damit wäre eine arme Fischersfamilie um ihre einzige Verdienstquelle gebracht worden, so dagegen mußte sie lediglich das Loch im Bootsrumpf reparieren. Der junge Mann war ein abtrünniger Götzenanbeter gewesen, und er hatte ihn getötet, damit seinen Eltern, die gläubige Leute waren, ein anderer, tugendhafter und gottesfürchtiger Sohn von Allah geschenkt würde. Was schließlich die Mauer betraf, so war in ihr ein Schatz versteckt, der zwei Waisenkindern aus der Stadt gehörte; Gott wollte, daß sie ihn eines Tages entdecken und für einen guten Zweck verwenden würden. Moses begriff, daß er die Taten des Engels falsch gedeutet hatte; er bat El-Khidr um Verzeihung, aber dieser wollte ihn nicht länger bei sich haben.

Ich kannte den schwertbewehrten Racheengel der Juden, der bei Nacht kommt und ein Haus nur verschont, wenn er auf dem rechten Türpfosten die Lade mit den Bibelversen sieht. Ich kannte den blonden Schutzengel, an den die christlichen Kinder ihr Nachtgebet richten. Jetzt kenne ich auch den geheimnisvollen Engel der Moslems, der als Verkünder großer Veränderungen im Traum erscheint. Würde er doch auch mir erscheinen und meine Zweifel klären!

Der Preis der Freiheit

Heute versuche ich zu reagieren. Ich habe mir den Wecker gestellt und gehe ganz früh in den Palast hinüber. Die Philippininnen sind noch am Saubermachen, schweigend und mit gesenkten Köpfen verrichten sie ihre Arbeit. Ich begebe mich in den syrischen Salon, dessen Einrichtung ich schon lange ändern wollte. Als erstes überlege ich mir, wie ich die Gemälde umhängen könnte; ich schreite von Bild zu Bild, betrachte es und versuche mir einen neuen Platz dafür vorzustellen. Amy, die für diesen Raum zuständige Philippinin, staubt eine Sammlung chinesischer Jadefiguren ab. Mit ihrem pockennarbigen Gesicht sieht die Ärmste ziemlich schlimm aus, heute ist sie obendrein leichenblaß. Ich rufe Jakob an, aber er meldet sich nicht. Später versuche ich es von meiner Villa aus noch einmal, doch ebenfalls vergeblich.

Carina und Baby, die mir sonst beim Mittagessen Gesellschaft leisten, lassen sich nicht blicken; Soliman hat mir das Essen ins Speisezimmer gestellt und ist sofort wieder verschwunden; Nada serviert mit düsterer Miene und sagt kein Wort. Schließlich gehe ich aus lauter Langeweile ins Bett und schlafe bis Sonnenuntergang. Nach dem Abendessen basteln Amir und ich

Papierflugzeuge und veranstalten eine Luftschlacht. Ich habe schon fast gewonnen, als er unerwartet ein Geschwader ins Spiel bringt, das er heimlich auf dem Baldachin seines Betts versteckt hatte.

Am nächsten Morgen kehre ich in den syrischen Salon zurück. Amy weint, ich frage sie, was los ist. Sie antwortet mir nicht. Ich umarme sie, insistiere – nichts zu machen. Jakob meldet sich heute zwar am Telefon, aber er sagt, er könne nicht kommen. Ich rufe Nahime an, um sie zu fragen, wann Jakob frei ist; sie sagt, sie weiß es nicht. Die Philippininnen sind angespannt und reden nichts. Was, zum Teufel, ist hier los? Ich gehe in meine Villa zurück und warte nervös auf Carina. Als sie endlich erscheint, nehme ich sie ins Kreuzverhör.

»Was ist im Palast los?«

»Ich weiß nicht«, erwidert sie mit niedergeschlagenen Augen.

»Wie, das weißt du nicht? Seit gestern lauft ihr alle mit hängenden Köpfen herum. Sag mir, was ihr habt, sonst bist du keine gute Freundin.«

Carina bricht in Tränen aus.

»Sie haben Venus festgenommen!«

»Die Dienerin der Prinzessin?«

»Ja.«

»Warum?«

»Sie ist mit einem Mann überrascht worden.«

»Wobei?«

»Beim Sprechen.«

»Und jetzt?«

»Jetzt muß sie zwei Jahre ins Gefängnis.«

»Aber warum?« frage ich.

»So ist das in Saudi-Arabien eben, das weißt du doch«, schreit Carina und beginn erneut zu schluchzen. »Hier ist es verboten, alleine mit Männern zu sprechen. Nahime hat gesagt, sie habe uns gewarnt; jetzt sei es zu spät, sie kann nichts für Venus tun. Dabei hat Venus doch gar nichts Böses gemacht, sie wollte nur, daß dieser Mann ihr ein kleines Goldarmband kauft, dafür hat sie ihm Geld gegeben. Ein anderer Mann aus dem Palast hat die beiden angezeigt.«

Ich schweige betroffen und lasse mich in einen Sessel fallen. Venus ist zwanzig Jahre alt, ein bildhübsches Mädchen mit knielangem schwarzem Haar und einer Mannequinfigur – die Schönste im ganzen Palast. Ich habe keine Ahnung, wie die Gefängnisse in Saudi-Arabien sind, keine blasse Ahnung.

Seit Tagen bin ich völlig apathisch und will niemanden sehen außer Amir. Morgens wache ich schweißgebadet auf. Vom Bett schleppe ich mich aufs Sofa und sehe mir zwölf Stunden am Stück amerikanische Seifenopern an. Ich kann nicht mehr denken. Die Angst hat mir förmlich das Gehirn blockiert. Ich gebe Unsummen für Telefonate aus, rufe alle möglichen Freunde an, weiß dann aber nicht, was ich ihnen erzählen soll. Sie berichten mir von der Arbeitslosigkeit, von der Rezession; ich höre ihnen gar nicht zu. Hier regnet es sogar Petroleum. Was Geld, Arbeit, Freizeit ist, weiß ich nicht mehr. Ich verstehe nicht, wovon meine Freunde sprechen. Die Stimmung im Palast ist gedrückt, keiner scherzt, keiner lacht. Es heißt, man habe ein Exempel statuieren wollen. Was aus dem Mann geworden ist, weiß niemand, aber er ist mit

Sicherheit ausgepeitscht und dann ins Gefängnis geworfen worden.

Keine sechs Monate ist es her, daß Carolyn und ich uns damit vergnügt haben, Soliman auf den Arm zu nehmen und ihm wie alberne Schulmädchen alle möglichen Streiche zu spielen. Beispielsweise haben wir in meiner Küche Zucker und Kaffee verschüttet, damit er kommen und alles aufputzen mußte. Während er still vor sich hin wischte, brachen wir lärmend in die Küche ein; wir taten, als suchten wir etwas, und streiften ihn dabei absichtlich, wir tanzten und lachten uns kaputt über sein hübsches Gesicht mit den großen glänzenden Augen und den sinnlichen Lippen, die vor Angst bebten. Zuletzt nahm er immer Reißaus. Dieser starke, junge Mann, der in der Türkei seinen Militärdienst gemacht hat und uns beide um gut einen Kopf überragt, nahm vor uns Reißaus! Für uns war seine Flucht ein Spiel, für ihn eine Frage des Überlebens. Heute verstehe ich ihn.

Die über ihre Putzeimer gebeugten Philippininnen bringen mir meine Machtlosigkeit voll zu Bewußtsein. Diese Frauen haben Zwei-Jahres-Verträge unterschrieben, sie müssen Familien unterhalten, sie können nichts tun, als putzen und weinen, und ich kann ihnen nicht helfen, selbst wenn sie mich darum bitten. Wohl habe ich ihre Lebensläufe und Referenzen eingesammelt und Freunden in Europa geschickt, aber das ist auch alles, was ich für sie tun kann. Hier gilt das Scharia, für mich ebenso wie für sie. Manche dieser Mädchen und Frauen sprechen drei Sprachen: englisch, arabisch, chinesisch, sie haben höhere Schulen besucht, Kunstakademien, aber sie sind Philippininnen und deshalb putzen sie und weinen.

Ich steige den Aussichtsturm hinauf, die Treppen machen mir Mühe. Obwohl es nicht heiß ist, fühle ich mich kraftlos, ausgepumpt. Zum erstenmal in meinem Leben habe ich Angst davor zu kämpfen. Oben auf der Plattform setze ich mich hin, lege die Unterarme auf die Brüstung und starre in die Wüste hinaus. Ich weiß nicht, ist es eine optische Täuschung oder eine Fata Morgana, aber ich habe den Eindruck, als dehne sie sich vor meinen Augen immer noch weiter aus, bis schließlich die gesamte arabische Halbinsel, Düne für Düne, vor mir ausgebreitet liegt. Der Blick von hier oben ist wie ein Ausblick in die Unendlichkeit, tiefer Friede überkommt mich, und allmählich beginnen auch meine Gedanken wieder zu fließen. Wie zusammengerollte Igel öffnen sie sich, einer nach dem anderen, und blicken furchtsam in die Welt hinaus. Als die Dünen unter der gleißenden Sonne die Farbe wechseln und der Muezzin zum Mittagsgebet ruft, kehre ich in meine Villa zurück. Ich lege mich ins Bett und schlafe sofort ein.

Als ich aufwache, bin ich ein anderer Mensch. Ich spüre keine Angst mehr, sie ist verschwunden, weg. Ich sehe wieder klar. Und ich habe mich entschieden. Meine Zeit in Riad ist zu Ende. Ich könnte für immer hierbleiben; die Prinzessin hat mir vorgeschlagen, als Einkaufsberaterin für sie tätig zu sein, wenn Amir mich nicht mehr braucht. Ich könnte für den Rest meiner Tage ein beschauliches Luxusleben führen, vier Monate im Jahr Urlaub in Europa machen, viele Wochen mit der Prinzessin auf Reisen unterwegs sein. Das alles könnte ich, aber … *time ist over*. Meine Zeit in Saudi-Arabien ist abgelaufen, es hätte keinen Sinn, länger zu bleiben. Ich habe gesehen, was ich sehen wollte, erlebt, was ich erleben wollte. Jetzt muß ich gehen. Ich bin eine Nomadin. Wie schon oft in meinem Leben zieht es mich fort. Diese Nomaden hier werden mich verstehen. Ich bin der Prinzessin dankbar für die freundliche Aufnahme in ihrem Haus; sie hat ihr Versprechen gehalten und mir zu einem einzigartigen Erlebnis verholfen. Keiner hat mich gezwungen, in den Harem einzutreten, und keiner zwingt mich zu bleiben. Diese Leute haben ihre eigenen Regeln, und ich respektiere sie, doch ich habe begriffen, daß es nicht meine Regeln sein können. Die Freiheit ist nicht umsonst – sie hat einen Preis, aber es lohnt sich, ihn zu bezahlen. Um das zu verstehen, oder um es mir ins Gedächtnis zurückzurufen, habe ich »in die Wüste ziehen« und in einem Harem leben müssen. Ja: Die Freiheit hat ihren Preis, der Weg zu ihr ist steil und steinig, aber letztendlich wird man für seine Mühe belohnt. Ich habe – mit Allahs Hilfe – meine Wurzeln wiedergefunden.

Heute morgen bin ich fröhlich aufgewacht. »Wenn die große Hitze kommt, bin ich nicht mehr da«, war mein erster Gedanke. Es ist wie in einem modernen Märchen: Der Märchenprinz geht und ich gehe auch; ohne Tränen zu vergießen. »Meinen Charakter hat der Harem nicht verändert«, sage ich mir ein ums andere Mal und stopfe mich mit *Pancake* voll. Ich hatte keine Angst zu kommen und ich werde keine Angst haben zu gehen; meine letzten Monate hier möchte ich noch

einmal richtig genießen. Heute ziehe ich ein eng anlie-
gendes T-Shirt an, ich betrachte mich im Spiegel und
stelle mir vor, durch dicht bevölkerte Straßen zu gehen,
Straßen voller Männer und Frauen ohne Schleier. Ich
stelle mir vor, mit einem Freund in einer Bar zu sitzen
und einen Martini zu trinken, ohne die ständige Angst
vor der *Mutawa*. Ich denke daran, daß ich wieder aus-
geschnittene Kleider tragen, ins Kino gehen und
unzensierte Zeitungen lesen kann. Aber am Abend
weine ich. Wenn die Sonne hinter dem Horizont ver-
schwindet und der Gesang des Muezzin erklingt, weine ich. Im Dunkel der Nacht kommt mir zu Bewußtsein, wie sehr ich mich an dieses tiefe Blauviolett
gewöhnt habe. Der Gedanke, mich von Amir trennen
zu müssen, bricht mir das Herz. Ich habe ihm noch
nichts gesagt. Amir, mein kleiner Prinz ... ich glaube,
ich liebe ihn so, wie ich noch nie jemanden geliebt
habe. Niemand in meinem ganzen Leben hat mir so
viel Freude geschenkt wie dieses wundervolle Kind. An
diesem Winterabend bläst der Wüstenwind heftiger als
gewöhnlich und ich weine bittere Tränen. Mir kommt
es vor, als begehe ich mit meiner Abreise einen Verrat.
Vielleicht, weil ich von diesen Leuten unendlich viel
mehr bekommen habe, als ich ihnen geben konnte. Sie
haben mir eine Pause zum Nachdenken geschenkt, sie
haben während meines Wüstenabenteuers die Hand
über mich gehalten, sie haben mir hinter ihren hohen
Mauern Zuflucht geboten. Sie, die Reichen, die Mächtigen, haben mich den Wert der Einfachheit wieder-
entdecken lassen und mir gezeigt, wie wichtig vieles
ist, dem ich früher kaum Bedeutung beigemessen habe:
Gott, ein gutes Herz, ein Kinderlächeln, der Respekt

vor alten Menschen. Diese Einfachheit ist ein wahrhaft königliches Geschenk. Die Juwelen sind nur Masken, das wahre Antlitz dieser Leute ist ihre Schlicht-
heit.

Traurig gehe ich zu Amir. Heute abend bin ich nicht
in der Lage, auf seine Einfälle und Launen einzugehen.
Zerstreut laufe ich in seinem Zimmer dem Fußball hinterher. Er kickt wie immer munter drauf los, vollführt
die tollsten Dribbling-Kunststücke, aber ich bin nicht
bei der Sache. Irgendwann treffe ich den Ball so ungeschickt, daß er den Ständer mit den silbernen Koran-
seiten neben Amirs Bett umstößt. Und da passiert
etwas, womit ich nie gerechnet hätte: Amir, der im
Palast Vasen, Fensterscheiben und Bilderrahmen zer-
trümmert, ohne sich auch nur danach umzudrehen,
fängt an zu weinen. Unter Tränen sammelt er die silbernen Seiten ein, staubt sie mit seinem Schlafan-
zugsärmel ab, küßt sie.

»Ich weiß, daß du's nicht absichtlich gemacht hast«,
schluchzt er. »Aber wenn uns das noch mal passiert,
werden wir von Gott bestraft.«

»Verzeih mir, Amir, es tut mir ja so leid«, sage ich
und weine auch.

Die Tage vergehen, und je näher das Datum meiner
Abreise rückt, desto tiefer dringt eine andere, subtile-
re Art von Angst in meine Gedanken ein. Ich stelle mir
das zehn Meter hohe Haremstor vor, wie es – wahrscheinlich für immer – hinter mir zufällt, und habe
plötzlich Angst, für immer von einem Paradies ausgeschlossen zu werden, in dem ich eine Zeitlang leben
durfte. Ich habe Angst vor dem, was mich draußen,

jenseits der Mauern, erwartet, wo kein Prinz mich mehr beschützen wird. Es fällt schwer, das Land der Harems, des Propheten, der Glückseligkeit, der Kontemplation zu verlassen.

Wie oft bin ich nach dem Abendgebet in die Gärten hinausgegangen, um die Sterne zu betrachten? Unzählige Male. Mir ist klar geworden, daß die mit Uhren gemessene Zeit im Westen zwar vergeht, aber dem Menschen nichts schenkt. Ich habe entdeckt, daß die mit Beschaulichkeit zugebrachte Zeit keine verlorene Zeit ist, ich habe die Stille ergründet, die Seele des Menschen. Wie oft habe ich die Sterne vorher betrachtet? Und vor allem: Wie oft hatte ich das Gefühl, die Sterne betrachten mich?

Den Zustand der Glückseligkeit zu beschreiben, gehört mit zum Schwierigsten, was es gibt. Nicht, daß man in diesem Land poetisch werden möchte, man lebt hier einfach in einer poetischen Welt. An einem meiner ersten Abende in Saudi-Arabien hat die Prinzessin mich gefragt: »Warst du schon auf der Terrasse und hast unseren schönen Sternenhimmel gesehen?«

»*Habibi*«, sagt Mama Amina und umarmt Amir, »heute ist ein wichtiger Tag für dich; heute abend hältst du deinen offiziellen Einzug in die Welt der Männer. Und du mußt gleich zeigen, was du wert bist, mein Wüstenlöwe. Schließlich bist du ein Prinz, beim barmherzigen Gott!«

Amir ist heute abend zu einer Hochzeit eingeladen, an der er zum erstenmal auf der Seite der Männer teilnehmen wird. Muhammad und Brussans Sohn Aschraf sollen ihn begleiten. Die Vorbereitungen beginnen nach dem Mittagsgebet. Zu dieser Gelegenheit haben sich alle wichtigeren Haremsbewohnerinnen in seinem Schlafzimmer eingefunden sowie ein Heer von Philippininnen unter dem Befehl Mama Aminas, die zur Feier des Tages ihre wertvollsten Goldgehänge und Armbänder angelegt hat. Vor lauter Aufregung brüllt Mama Amina heute noch lauter herum als sonst.

Als erstes werden Muhammad und Aschraf gebadet, geölt und von Kopf bis Fuß einparfümiert, was Amir neugierig verfolgt. Dann tragen zwei Philippininnen eine kleine Ledertruhe herein. Mama Amina schließt sie auf und fördert mit größter Behutsamkeit eine Reihe kostbarer persischer Trachten zutage. Aschraf und Muhammad sind unglaublich stolz darauf, die traditionellen weißen Kandoras anziehen zu dürfen, deren lange Ärmel den Boden berühren. Auch Amir wird eines dieser Baumwollgewänder übergezogen, aber er ist kein bißchen stolz.

»Das ist ja noch viel schlimmer als das, was ich auf den Frauenfesten tragen muß«, tobt er und reißt an den langen Ärmeln herum. Mama Amina schließt ihn fest in die Arme.

»*Habib*i, das ist kein Frauenkleid, das ist ein Prinzengewand. Sei stolz, es tragen zu dürfen.« Während sie ihn weiter festhält, läßt sie sich von den Philippininnen eine Reihe gehäkelter, weißer Käppchen reichen, die sie Amir nacheinander anprobiert. Endlich hat sie eines gefunden, das genau paßt. Diese Käppchen sorgen dafür, daß die Ghutra nicht verrutscht, das mit zwei schwarzen Seidenkordeln befestigte Tuch, das die arabischen Männer auf dem Kopf tragen.

»Wie hübsch du bist!« rufe ich begeistert aus.

Amir gibt mir mit einem wütenden Blick zu verstehen, daß ich besser den Mund halte. Nun zieht Nahime einen edlen weißen Kashmirumhang mit goldbesticktem Saum aus der Truhe. Er ist wunderschön. Nahime geht damit vorsichtig auf Amir zu.

»Nein, nein, den ziehe ich nicht an«, schreit Amir auf englisch, verkreuzt die Arme und drückt störrisch das Kinn auf die Brust.

»Im anderen Zimmer wartet ein Fotograf, Amir«, sagt Madame Vidah, eine Freundin der Prinzessin, mit zuckersüßer Stimme. »Wenn du angezogen bist, macht er ein Foto von dir, ein Foto für deine Großmütter; sie erwarten das.«

»Ich will das lächerliche Ding aber nicht anziehen! Da kriegt mich keiner rein!« brüllt Amir.

»*Habibi*«, schaltet sich Mama Amina ein, »wenn du den Umhang anziehst, darfst du nachher auch den goldenen Säbel tragen.«

»Und den Dolch?« fragt Amir.

»Den auch, aber nur, wenn du den Umhang anziehst«, versichert ihm Mama Amina.

Amir zieht die Stirn kraus. In diesem Moment kommen zwei Dienerinnen mit einer Truhe aus der Schatzkammer zurück. In schönen grünen Lederetuis liegen prächtige Waffen. Bei ihrem Anblick schlüpft Amir augenblicklich in den Umhang. Mama Amina und Nahime befestigen das Wehrgehänge – breite Ledergurte die vor der Brust und im Rücken überkreuzt werden. Dann werden die Säbel aus ihren Etuis genommen; ihre Scheiden sind aus kunstvoll gearbeitetem Gold, die Griffe mit Edelsteinen bestückt. Die Kinder sind ganz aus dem Häuschen.

Nun zieht alles ins Spielzimmer hinüber; den kleinen Jungen wird gezeigt, wie man die Säbel zieht und handhabt, ohne sich und andere zu verletzen. Klirrend gleiten die scharfen Klingen aus ihren Futteralen; Aschraf und Muhammad machen tellergroße Augen. Als nächstes probieren die Kinder selbst, die Waffen zu ziehen und wieder einzustecken; es gelingt und sie strahlen vor Glück. Dann spielen sie die tapferen Krieger, indem sie sich die blanken Schwerter vors Gesicht halten und mit ernster Stimme schwören, das arabische Vaterland bis in den Tod zu verteidigen. Von echtem patriotischem Feuer gepackt, improvisieren sie sogar den traditionellen arabischen Schwertertanz.

Als die Einkleidung abgeschlossen ist, folgt mir Amir widerwillig ins angrenzende Zimmer, wo der Fotograf darauf wartet, ihn verewigen zu dürfen. Außer dem goldenen Schwert steckt auch noch ein kurzer Dolch mit smaragdbesetztem Griff in seinem Ledergürtel: In dieser Aufmachung, von Scheinwerfern bestrahlt, sieht mein Kleiner nun wirklich aus wie ein echter Prinz.

»Schade, daß ich dich auf dem Fest nicht sehen kann«, sage ich zu ihm.

»Tja, ich bin jetzt eben ein Mann … Aber du kannst dir ja nachher das Video anschauen«, tröstet er mich.

»Stimmt. Und wo du jetzt zu den Männern gehörst«, murmele ich leise, »ist es vielleicht besser, ich kehre nach Hause zurück, nach Europa.«

»Du gehst?«

»Ich glaube ja.«

»Schon morgen?«

»Nein, das nicht, aber in ein paar Wochen.«

»So schnell kannst du nicht gehen. Ich muß dir doch noch die roten Schuhe kaufen«, sagt er voller Ernst.

»Du hast recht. Ich warte, bis du mir die Schuhe gekauft hast.«

Ins Spielzimmer zurückgekehrt, erscheint ein Diener, um die Kinder abzuholen. Sie rennen jubelnd und schreiend zum Palasttor des Prinzen, wo Achmed mit einer neuen Limousine auf sie wartet. Wir Frauen bleiben alleine zurück und blicken uns stumm an. Wir fühlen uns leer. Mama Amina, in einer Ecke sitzend, beginnt zu schluchzen, zuerst leise, dann immer heftiger.

Innehalten und die Sterne betrachten

Zwei Jahre sind vergangen, seit ich den Palast der Prinzessin verlassen habe und in einer Vollmondnacht auf dem Flughafen von Rom gelandet bin, aber meine Seelenruhe habe ich erst vor kurzem wiedergefunden. Die Rückehr nach Europa fiel mir viel schwerer als der Neuanfang in Saudi-Arabien. Anderthalb Jahre lang habe ich vergeblich versucht, mich wieder an die Hektik der europäischen Großstädte zu gewöhnen. Die Erfahrung im Harem hat mich stärker beeinflußt, als ich dachte. Schließlich bin ich auf meine geliebte Insel Ibiza zurückgekehrt, und hier fühle ich mich endlich zu Hause. Unter einem uralten Johannisbrotbaum sitzend habe ich einen ganzen Sommer damit verbracht, Emina Cevro Vukocic von meinem Leben in Riad zu erzählen. Das hat mir geholfen, endgültig wieder Ordnung in meine Gedanken zu bringen – obwohl ich meine Geschichte eigentlich nicht deshalb erzählt habe. In erster Linie wollte ich mich der Prinzessin gegenüber dankbar zeigen, die immer so freundlich zu mir gewesen ist. Ich konnte es nicht länger hinnehmen, daß jeder in Europa über die Araber lästerte und von mir bestätigt haben wollte, wie schlecht es mir in Arabien ergangen war und wie sehr ich dort gelitten hatte ...

Selbst der weltoffenste Europäer ist im Innersten überzeugt, seine Kultur stehe über allen anderen; von dieser Vorstellung kann er sich einfach nicht trennen.

Es ist November, und Ibiza ist atemberaubend schön. Man kommt sich vor wie im Märchen. Rosarote Erika und himmelblauer Rosmarin färben das Unterholz der Wälder. Wenn ich mit Blick auf das azurblaue Meer frei und alleine zwischen Pinien und blühenden Sträuchern umherspaziere, empfinde ich einen tiefen inneren Frieden. An besonders schönen Morgen gehe ich bis zu einer kleinen Bucht, wo Bauern mit großrädrigen Karren noch heute Algen einsammeln, die sie zum Isolieren ihrer Hausdächer benutzen. In dieser Gegend gibt es auch ein altes Bauernhaus mit einem Brunnen, um den sich eine weiße Buschrose rankt, eine Art, die heute kaum noch zu finden ist, mit glänzenden dunkelgrünen Blättern. Die kleinen Röschen duften in dieser Jahreszeit herrlich und ganz intensiv. Mir genügt eine einzige auf meinem Nachtkästchen, um wunderbar einzuschlummern. In ihrem vollen Duft schwingt ein Hauch von Zitrusblüten mit, eine frische, freie Note, hell wie das silberne Lachen einer kleinen Odaliske.

Wie ich bereits sagte, fiel mir die Rückehr nach Europa unendlich schwer. Anstatt mich daheim zu fühlen, fühlte ich mich schutzlos und allein. Plötzlich gab es keinen Achmed mehr, der mich bewachte, keine Nahime, die mir jeden Wunsch von den Augen ablas, keinen Muezzin, der vom Minarett herunter alle paar Stunden zum Gebet aufrief und meinen Tagesrhythmus bestimmte; ich trieb haltlos dahin, von Freiheit berauscht, aber zutiefst verunsichert. Viele Monate lang mußte ich mir regelrecht einreden, daß ich heute so gut wie früher in der Lage war, mein Leben in die Hand zu nehmen. Nur so, und indem ich mir immer wieder die Frau, die ich vor meiner Abreise gewesen war, in Erinnerung rief, gelang es mir allmählich, mein Selbstvertrauen zurückzugewinnen.

Aber lange kam ich mir in Europa vor wie ein Fisch auf dem Trockenen. Ich sah den westlichen Lebensstil plötzlich mit ganz anderen Augen. Ob in Paris, Genf oder Madrid, ich traf in allen Häusern dieselben Designerobjekte an, ihre Bewohner hatten alle dieselben Wünsche und Vorstellungen. Alles ist standardisiert, es gibt so gut wie keine kulturellen Eigenheiten mehr, und die Menschen wirken überall nervös und gestreßt.

Eine Zeitlang habe ich versucht, in Paris das Leben des Durchschnittseuropäers wieder aufzunehmen, der acht bis zehn Stunden am Tag arbeitet, Yuppie-Kleidung trägt und gesellschaftliche Kontakte pflegt, die ihm beruflich von Nutzen sein können. Ich dachte, in Paris könnte ich glücklich werden, denn dort steht doch die Wiege jener europäischen Kultur der *egalité* und *liberté* – auch zwischen Mann und Frau –, die ich im Harem so vermißt hatte. Aber es war ein Irrtum. Paris war nicht mehr so, wie ich es mit zwanzig erlebt hatte, meine ehemalige Traumstadt hatte sich verändert und ich mich auch. Richtig wohl gefühlt habe ich mich nur im beleuchteten *Court Carré* des Louvre, wo ich in stillen Nächten spazierenging, aber außerhalb dieser »Schutzzone« fühlte ich mich total entfremdet. Von der Terrasse meines kleinen »Studios« in der sechsten Etage aus, unter mir die Dächer eines *hôtel particulier*, sah ich zu meiner Rechten die Fialen der Kir-

che von St. Germain aus Auxerrois mit ihren schönen
Engeln, zu meiner Linken den Louvre und vor mir, in
einiger Entfernung, den Montmartre. Der Platz vor
meinem Haus war Szenarium krasser Gegensätze: Zur
Zeit der großen Modenschauen, die im Carré des
Louvre stattfinden, versammelt sich dort die Haute-
volee; gleichzeitig strömen von allen Seiten die Pariser
Clochards herbei, denn vor der Kirche gibt ein mild-
tätiger Pater warme Suppe aus.

Ihm habe ich zuletzt meine ganze teure Garderobe
geschenkt, und dann bin ich gegangen, obwohl mich
viele um meinen Job als *Buyer* beneideten. Paris war
kalt, windig und verregnet. Wenn ich mit hochge-
schlagenem Mantelkragen zu einem Termin eilte, fragte ich mich jedesmal: Wozu die Rennerei? Ich dachte
an den himmlischen Frieden in meinem Harem in
Riad, ich sehnte mich nach meinem mauerumschlos-
senen Garten an den Gestaden des großen Sandmeers,
ich vermißte die Schönheit jener zauberhaften Welt,
die mein Leben von Grund auf verändert hatte. Ich
spielte sogar mit dem Gedanken, dorthin zurückzukehren … Die Erinnerung an den Harem wollte und
wollte nicht verblassen, und der Grund war: Ich war
einfach nicht zufrieden. Paris war mir zu laut, genau
wie mir davor New York zu laut gewesen ist. Das
Schwierige an schwierigen Lebensphasen ist, daß sie
sich wiederholen. Man gerät in dieselben Sackgassen,
stößt sich an den gleichen Ecken. In Paris fühlte ich
mich kulturell nicht weniger einsam als im Harem.
Meine Arbeit zwang mich zu einem regen gesell-
schaftlichen Leben, und wo ich auch hinkam, wurde
ich über meine »Erfahrung im Harem« ausgefragt. Alle

waren neugierig, alle wollten etwas wissen, aber wenn ich ihnen sagte, daß ich dort ein ganz beschauliches Familienleben geführt habe, wollten sie mir nicht glauben – vor allem die Männer, die »Harem« mit »erotischem Abenteuer« gleichsetzten; keiner nahm mir ab, daß ich dort zwei Jahre in absoluter Keuschheit zugebracht hatte. Jedenfalls bin ich noch nie so oft zum Abendessen eingeladen worden wie in dieser Zeit. Als ich das einem französischen Regisseur erzählte, den ich bei Freunden kennengelernt hatte, meinte er lächelnd: »Und das wundert Sie, Madame? Hier im Westen rangiert der Harem nach wie vor auf Platz eins der sexuellen Wunschphantasien; es gibt keinen Mann, der nicht heimlich davon träumt, wenigstens eine Nacht lang mehrere Frauen zur Verfügung zu haben.«

Die Männer sahen mich an, als hütete ich allerlei pikante Geheimnisse, und meine ablehnende Haltung fachte ihre Neugier nur noch mehr an. Manchmal habe ich sie zum Spaß ein bißchen auf den Arm genommen und Mama Amina imitiert:

»Zuerst müßt ihr mir Gold und Schmuck schenken«, sagte ich zu ihnen, »und dann erzähle ich euch etwas.«

Später ist mir dieses Spiel auch langweilig geworden. Außerhalb des Harems gab es Männer, so viel ich wollte, Männer, mit denen ich mich völlig frei unterhalten konnte, und dazu zwang ich mich regelrecht, ich betrachtete es nach meiner langen Klausur als eine Art Therapie, aber sie ging mir bald auf die Nerven, und daran waren nicht allein die Männer schuld.

Hier, auf Ibiza, bin ich nun endlich wieder entspannt. Es gibt keinen störenden Lärm, ich schlafe gut und so lange ich möchte. Nach dem Aufwachen stelle ich die Espresso-Maschine auf den Herd, dann gehe ich vors Haus, verfüttere Brotkrumen an die Spatzen, die in der blühenden Bougainvillea pfeifen, und genieße dankbar den ersten Ausblick des Tages – das Meer, das ich von meinem Hügel aus bis zum Horizont überblicke, und den hohen Himmel über mir, an dem für gewöhnlich eine Schar Tauben ihre Kreise zieht. Ich verzichte auch hier darauf, selbst Auto zu fahren, und da mir auf Ibiza kein Achmed zur Verfügung steht, gehe ich zu Fuß. Auf dem Weg ins Dorf halte ich einen Schwatz mit Doña Catalina, die aussieht wie Mama Amina. Sie ist ungefähr genauso alt und trägt immer einen knöchellangen schwarzen Rock und eine Bluse mit langen Ärmeln. Statt eines schwarzen Schleiers hat Doña Catalina einen weißen Strohhut auf dem Kopf, statt an Allah glaubt sie an Jesus Christus, statt Datteln erntet sie *Almendras*, Mandeln, die sie mit einem langen Bambusrohr geschickt vom Baum schlägt, aber genau wie die Frauen im Harem erzählt sie mir von ihren Kindern, die verheiratet sind, schenkt mir Körbchen voller Feigen und führt mir stolz ihre Hammelherde vor. Doña Catalina und meine betagten Nachbarinnen, Eulalia und Maria, sind *paiesas*, Bäuerinnen, und echte *Señoras*; sie haben immer ein bißchen Zeit für mich, immer ein freundliches Wort, und vor allem: Sie sprechen die Sprache des Herzens. In ihrer Gesellschaft fühle ich mich wohl und aufgehoben, ihre einfachen Gesten und ihre Sätze erinnern mich an die der Haremsfrauen und haben etwas unglaublich Beruhigendes: »*hay tiempo*«, »*ya lo veremos*«, nur keine Eile, wir werden schon sehen, »*mañana...*«

In der beschaulichen Art der Inselbewohner, die alles gemächlich angehen und nie etwas überstürzen, erkenne ich mich wieder. Ich habe begriffen, daß man nur durch ein friedliches Leben zu innerem Frieden gelangt, und genau das ist es, was ich mir hier gönne: den großen Luxus eines friedlichen Lebens. Karriere- und Konsumdenken lag mir noch nie besonders, im Harem habe ich es vollends verlernt. Dort habe ich dafür andere Fähigkeiten entwickelt: die Fähigkeit warten und den Augenblick genießen zu können, die Fähigkeit zur Ruhe. Auf Ibiza besitze ich weder ein Auto noch einen Kühlschrank, aber nachts kann ich von meinem Garten aus die Sterne betrachten und dann kehrt Ruhe in mich ein und ich fühle: Hier bist du daheim.

Früher oder später kommt bestimmt ein neues Abenteuer auf mich zu, plötzlich und unerwartet, wie es in meinem Leben immer war. Ich sehe diesem Moment gelassen entgegen, es genügt ja, wenn man die Gelegenheiten am Schopf zu packen weiß. Ich denke nie darüber nach, was in zwei oder drei Monaten sein könnte, ich will nicht darüber nachdenken, sonst käme ich womöglich vor lauter Nachdenken nicht zum Leben. Aber ich weiß, daß es gut ist, hin und wieder innezuhalten und die Sterne zu betrachten.

Und genau das habe ich im Harem gelernt.

Nachwort

Maria, meine Großmutter mütterlicherseits, war Christin. Emina, meine Großmutter väterlicherseits, war Muslime. Beide Frauen waren sehr gläubig und aufgrund ihrer Güte bei allen beliebt. Von ihnen habe ich gelernt, einen Menschen nie nach seiner Religion oder Kultur zu beurteilen.

Ich möchte Denise dafür danken, daß sie es mir ermöglicht hat, diese Geschichte zu erzählen und dadurch den Kontakt zu einem Teil meines kulturellen Erbes wieder aufzunehmen, gerade jetzt während des entsetzlichen Bosnien-Dramas, das meine Verwandten und Freunde aus Mostar in die Diaspora gezwungen hat.

Keine Kultur – weder die christliche noch die muslimische – hat nur positive oder nur negative Seiten. Denise und ich hoffen, daß immer mehr Menschen zu dieser Einsicht gelangen, denn auf ihr gründet der Frieden.

Emina Cevro Vukovic

»Ich komme aus einem Land, in dem Atem, Augen, Erinnerungen eins sind, einem Ort, an dem du deine Vergangenheit mit dir herumträgst wie das Haar auf deinem Kopf.«

Sophie ist zwölf Jahre alt, als sie ihr Heimatdorf in Haiti Hals über Kopf verlassen muß. Sie muß sich von ihrer geliebten Tante Atie trennen, die sie großgezogen hat, und sich auf eine völlig neue, komplizierte Welt einstellen: Sie soll nach New York zu einer fremden Frau – ihrer Mutter.

Mit magischer Eindringlichkeit und emotionaler Intensität schildert Edwidge Danticat den Werdegang der jungen Sophie, die vor allem eines lernen muß: sich selbst und ihren Ursprung zu verstehen.

Edwidge Danticat

Atem, Augen, Erinnerungen

Econ | ULLSTEIN | List

Den Tod seiner Mutter nahm Yoram Kaniuk, der weltweit bekannteste hebräische Schriftsteller, zum Anlaß, die Lebensgeschichte seiner Eltern zu beschreiben. Sein Vater und seine Mutter lernen sich in Palästina kennen: Sarah ist aus Odessa eingewandert, und Vater Mosche hat sich in Berlin als Kaffeehausgeiger durchgeschlagen. Beide können in Israel nicht heimisch werden – zu intensiv sind die Bande an die deutsche Kultur. Ein ergreifendes Buch voll bewegender biographischer Bilder.

»*Ein von den Füßen auf den Kopf gestellter Shakespeare – Yoram Kaniuk ist unstreitig einer der größten Schriftsteller unserer Zeit.*«
L'Arche

»*Kaniuk verbindet ein höchst raffiniertes Enthüllungsspiel mit dem sehr archaischen, sehr biblischen Motiv der Rache.*«
Der Tagesspiegel

Yoram Kaniuk

Das Glück im Exil
Roman

Econ | **Ullstein** | List

Dolores Price ist dreizehn, als ihre kleine Welt aus den Fugen gerät. Von einem Tag auf den anderen verläßt ihr Vater die Familie und stürzt ihre lebenslustige Mutter in eine tiefe Krise. Wie ein plötzlich gestrandeter Wal kommt Dolores sich vor. Aber große Mädchen weinen nicht, und deshalb beginnt Dolores ganz allein ihre Suche nach Liebe und Wahrheit.

»John Updike hat einmal über J. D. Salinger angemerkt, daß er seine Charaktere mehr liebt als Gott; das läßt sich auch über Wally Lamb sagen. Charaktere wie Dolores Price nehmen den Leser gefangen – selbst in ihren dunkelsten Momenten.«
New York Times Book Review

»Dolores Price ist eine Figur, die man niemals wieder vergessen wird.«
Booklist

Wally Lamb

Die Musik der Wale
Roman

Econ | **Ullstein** | List